湛庐CHEERS

与最聪明的人共同进化

HERE COMES EVERYBODY

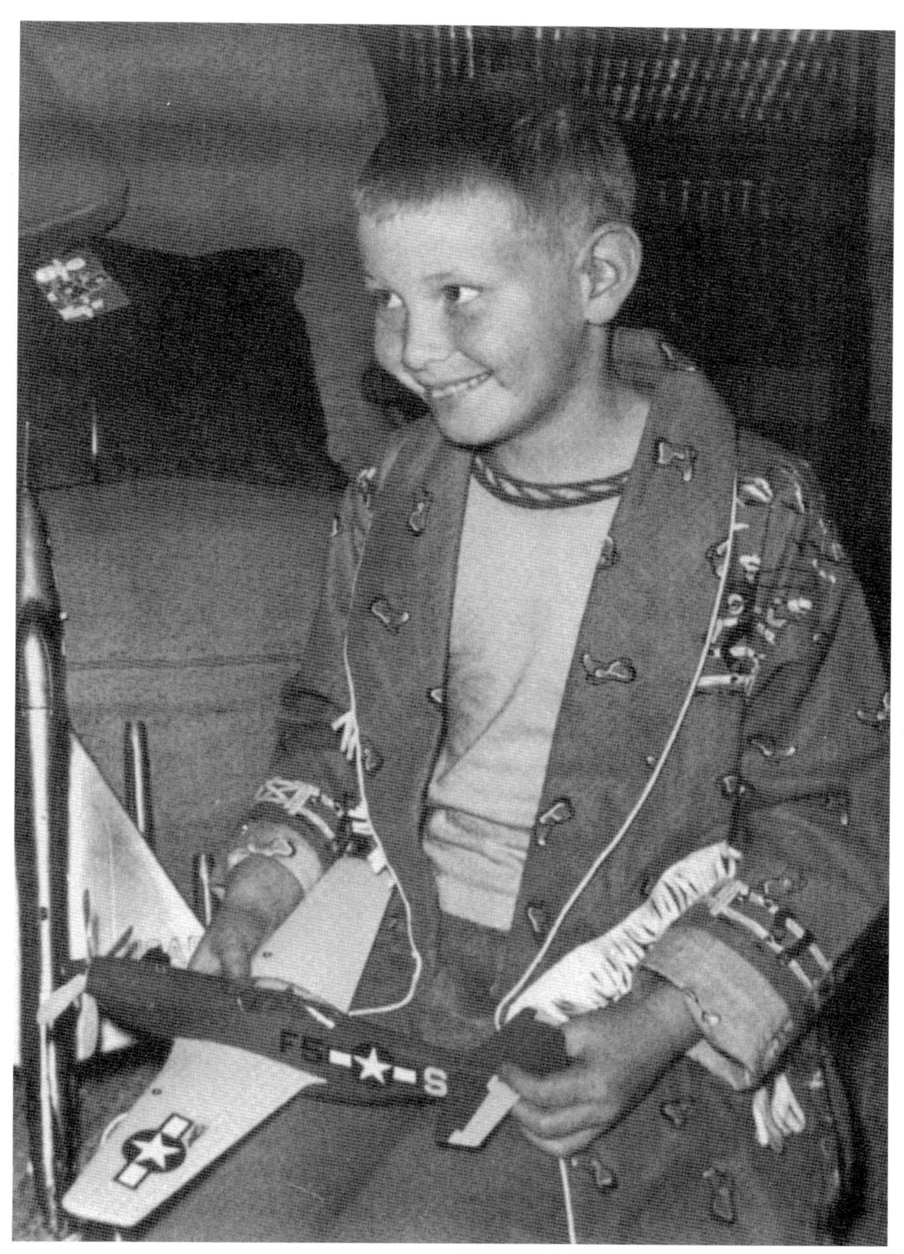

▲ 我很幸运，很小的时候就找到了自己的爱好。我清楚地记得，我5岁那年就已经知道了自己的一生会与飞机相伴。这是我8岁时的一张照片。圣诞节早上，我收到了父母的礼物——一只飞机模型，我特别开心。

▲ 1955年复活节，母亲、妹妹和我穿着节日的盛装。

◀ 1948年，我父母的婚礼。

▼ 我在得克萨斯州的丹尼斯长大，在那里留下了很多美妙的经历。我们家离城镇比较远，对一个小男孩来说，有足够多的机会来冒险、探索世界以及培养自我独立性。坐船去特克索马湖给我留下了开心的回忆。照片中是1960年夏天的父亲、妹妹和我。

▲ 这张照片摄于1968年年末，在库克先生的悉心指导下，我刚刚获得私人飞机驾驶员证书不久。这张照片是我作为飞行员第一次带母亲和妹妹飞行后的留念。

▲ 1969年5月，我从丹尼斯高中毕业。毕业典礼之后，我第一次带祖父母飞行。他们打算第二天去罗马旅行，想要确认一下他们确实准备好了要乘坐环球航空公司的飞机。

◀ 1942年，穿着海军军官制服的父亲。他成长于20世纪30年代的大萧条时期，在第二次世界大战期间为国效力。他属于最伟大的那一代人。他的价值观现在依然激励着我：尽公民义务，无私奉献，甘于牺牲。

▲ 我在美国空军学院一年级时第一次驾驶军用喷气式飞机。我们被允许驾驶洛克希德T-33，这样的飞行旨在提醒我们一段艰苦的旅程就要结束了，我已稳稳地踏上了梦想之路。

▲ 1971年夏天，我被派往伯格斯特龙空军基地。这张照片上的我正坐在RF–4C的后座上进行日常飞行训练。

▼ 在美国空军服役期间，我最初是在亚利桑那州格兰岱尔附近的卢克空军基地任战斗机飞行员。照片摄于1975年，我和武器管制员戴夫正打算登上F–4鬼怪II型战斗机进行飞行训练。

▲ 1973年6月6日，我从美国空军学院毕业，院长阿尔伯特·克拉克为我颁发了毕业证书。毕业时，我被授予了“杰出飞行技术学员”的称号，这是对我学习驾驶飞机、滑翔机以及空降跳伞所获成绩的认可。

▲ 1989年6月17日，我和洛里结婚大喜。

▲ 上图：照片摄于我和洛里徒步攀登惠特尼山的前一天。尽管要做的事情充满巨大的困难，但是我们知道自己已经准备好了迎接即将面临的挑战。

▲ 下图：1999年，为做好即将徒步攀登惠特尼山的训练，洛里和我带着女儿们进行了一次侦查之旅。我们从利弗莫尔一路飞到毕晓普。坐在后座上的凯莉，已做好出发的准备。

◄ 2002年春假期间，洛里和我带女儿们去了华盛顿。她们随我一起参观了史密森国家航空航天博物馆。

► 洛里对户外运动的热爱极大地感染了我，有时候我们会一起去冒险。照片是2000年我们一起去约塞米蒂国家公园进行雪地探险时拍摄的。

▲ 我母亲在丹尼斯小学教了25年的一年级。我回去参加我的第四十次高中聚会时，震惊地发现，许多人都曾是她的学生。他们和我分享了关于母亲的美好回忆。在她的职业生涯中，她曾打动了那么多年轻的生命。

◀ 母亲是个很出色的音乐家，对古典音乐有着深刻的理解。照片中的我们在丹尼斯，父亲刚去世不久，母亲坐在钢琴边弹奏，将音乐的快乐又传递给了我的女儿凯特。

▲ 2001年7月，凯特和凯莉第一次坐上了我驾驶的商务航班。毫无疑问，整个旅行中，迪士尼的美景是最令她们着迷的，但能够向她们展示我的工作以及我对飞行的热爱，仍令我激动不已。

◄ 在机场安检不像如今这么严格的时候，我飞航班前，洛里有时候会带着女儿们到机场来和我告别，这张照片摄于1994年，我驾驶波音737，凯特来送我。

▲ 2002年8月，我第一次驾驶空客。

► 2001年阵亡将士纪念日，我们向女儿们谈到了这个节日的重要性，洛里想看看我的空军制服是否依然合身，很明显，还能穿，只是有几处显得有点紧了。这是一个很好的机会，我们教育凯特和凯莉，曾有无数高尚的人为国捐躯。

▲ 洛里和我义务训练导盲犬17年，照片中是我们训育的狗闪烁（Twinkle），它刚刚生了四个幼崽。我的女儿凯特也训练了两只小狗。我很欣慰地看到她和凯莉一起努力，确保那两只小狗能很好地服务于未来的主人。

▲ 洛里和我一起度过了许多美好的时光，她是一个很棒的女人，我非常感激她为家庭所付出的一切以及她带给家人的快乐。（摄影师奈杰尔·帕里提供）

CHEERS
湛庐

最高职责

Sully

My Search for What Really Matters

［美］切斯利·萨伦伯格（Chesley B. Sullenberger）
杰夫·扎斯洛（Jeffrey Zaslow） 著

杨元元 译　　黄友义 审校

谨以此书献给
我的妻子洛里以及我的女儿凯特和凯莉。
你们是我生命中最重要的三个人，
我对你们的爱是无法用语言表达的。

本书也献给
1549 航班的所有乘客和机组成员以及他们的家人。
由于 2009 年 1 月 15 日的事件，
我们的心和精神永远地连在了一起。

——SULLY

中文版序

真是令人难以置信，自2009年1月15日的“1549航班事件”到现在，一晃几年时间过去了。2010年3月，也就是我开始民航飞行30年后，我从航空公司飞行员的岗位上正式退休。幸运的是，在一生中的大部分时间里，我都能依据自己的爱好从事我所热爱的职业，与成千上万的同事们并肩战斗。随着退休生活的开始，我得以有更多的时间与家人在一起，拥有更多难得的机会造访新的地方，结交非凡人物，聆听他们的故事。同时我也有幸能到世界各地旅行，跟大家谈论那些对我和广大旅客来说都很重要的话题。

在中国，航空业的发展前景尤为光明。中国是一个发展势头非常迅猛的国家，在航空业方面进展神速。随着经济的持续增长，越来越多的人会选择乘坐飞机出行，对于幅员辽阔的中国来说更是如此。航空旅行促进了商业发展、信息交流和人际交往——它把来自东南西北的人们联结在一起。这些都是航空业对经济和文化所做的巨大贡献，看到这一行业的发展态势真令人兴奋。

作为一名亲身经历了航空业发展历程的飞行员来说，我可以证实：驾驶新飞机、飞向新的目的地，这样的工作是多么令人激动！对于同样是飞行员的那些读者来说，你们很清楚能够成为第一个驾驶新机型的飞行员是多么难得的一种经历！这种兴奋感会渗透到飞行团队的每个人心中。

航空业的发展还为世界各地的人们来到中国提供了便利，他们可以看到中国取得的进步，领略中国悠久的历史文化以及在中国从事商业活动。大概在20世纪80年代初，我很高兴能在中国的沿海地区短暂停留，并造访了香港和澳门。尽管此后我没有再来过中国，但跟全世界亿万观众一起，我兴致盎然地观赏了2008年北京奥运会的电视直播。我和我的家人一起观看了开幕式和闭幕式，对其中美轮美奂的表演惊叹不已。我期待着下一次访问中国的机会，对于中国人民和中国文化能有更多的了解。

我要感谢杨元元先生翻译了《最高职责》一书。一个有着像他那样飞行资历和工作背景的人，把他的专业精神贯穿到这项任务之中，对我来说是一个很高的荣誉。从他参加空军到中国民航飞行学院的经历再到南方航空公司的任职，杨元元先生以自己的实践在航空领域做出了职业表率。感谢他的帮助，把我的故事带给中国人民。

在过去的几年时间里，当我得闲回想那不平常的一天所发生的事情时，对于我和同事们精诚协作所取得的令人满意的结果，我甚为感动，这一经历更加强化了我一直以来所持有的信念：飞行员的职业不只是要求精湛的技术、渊博的知识以及只能来自经验的判断力，同时还要求有一种对于卓越的不懈追求。这个职业要求具备一种更深的理解力。正是基于对飞行职业的深刻理解，我和我的机组人员才能够迅即做出反应，并以一种新的方式把我们已有的知识应用到我们从未受过特别训练的新的情境之中。

我们能够做到这一点是因为我们是在一个历经数十年发展起来的、健全的安全系统中操作，我们拥有卓有成效的安全文化。通过机组资源管理以及其他开创性的探索，我们学会了减少驾驶舱层级管理，不仅是作为机组里的飞行员和乘务人员在一起共事，而且是与空中管制员以及其他相关人员作为一个紧密协作的团队，默契地通力配合。我们了解有效领导和服从技巧的重要，知晓指挥者和被指挥者彼此之间以及同乘客之间的角色定位和职责要求。我们必须提醒自己听从这一团队中不管来自哪一层面的专业意见。为了一个令人满意的结果和共同的目标，每一个从事飞行职业的人，都需要承担应尽的责任。归根到底，一切都是为了我们的乘客。

在过去的几年时间里，我和我的副驾驶员杰夫·斯基尔斯一起（我们这对黄金组合已广为人知），开始为我们职业中一直关注的飞行安全、飞行员的职业素养等问题大声疾呼。当我和杰夫开始意识到，1549航班的故事并不会像大多数其他故事那样被淡忘时，我们就产生了一种强烈的责任感，那就是我们一定要竭尽全力做好这件事，只要大家的注意力依然集中在我们身上。我知道，作为航空机组人员的你们若处在同样的境地，也一定会义不容辞。

在整个职业生涯中，我最为钦佩的是那些在工作中恪尽职守，有着全神贯注的专业精神，并总是想使下一次飞行有所超越的人。通过从已发生的事故中吸取宝贵的教训，我们的航空业正在日渐得到改善。这些教训是以许多生命的代价换来的，我们绝不允许这些教训被遗忘，绝不允许重蹈覆辙。我们必须铭记什么才是重要的，并且深明其中的缘由。

Chesley B. Sullenberger

——SULLY

译者序

本书描写了作者自己作为一位飞行员的生活，不仅仅是水天一色中飞机惊心动魄地迫降在哈得孙河上的那 3 分 31 秒，他还用生动的笔触描写了自己的飞行经历与生活中的点点滴滴。读后让人觉得这是一本文风朴实，同时又很有内涵的书，让我们在酣畅淋漓的阅读中了解一名飞行员的成长与生活，而掩卷深思，又能悟出一些人生的哲理。

我也是一名飞行员，同本书作者一样也是 20 世纪 60 年代末第一次单独驾驶飞机飞上蓝天，也经历过在飞三叉戟客机时发动机空中停车的情况，只不过那是三台中的一台。我挺喜欢这本书的。

我的英语是自学的，以前翻译过许多飞行方面的技术资料，但翻译这本书困难颇多，问题不少。要特别感谢黄友义同志，他为本书的审校和最终翻译出版付出了辛苦。黄友义同志是国际翻译家联盟第一副主席、中国翻译协会副会长兼秘书长，以及全国翻译资格（水平）考试英语专家委员会主任，他的帮助使我从中受益匪浅！

我还要感谢杨继如、樊军和郑双忠几位年轻同志在本书翻译过程中给予的帮助。当然，还要一提的是我的女儿杨茜，她教给我从网上查阅英语词句的方法。

为了使读者，尤其是没有飞行技术方面背景的朋友更方便地阅读本书，我查阅了大量的技术资料，为中文版加入了近两百条的译注。

希望读者，尤其是热爱飞行事业的青少年朋友能够喜欢这本书。

杨元元

想听南航机长姚永强为你
讲述奇迹迫降哈得孙河的故事吗？

扫码下载“湛庐阅读”App，
回复“最高职责”，查看纪录片《奇迹迫降哈得孙河》，
共同见证惊心动魄的奇迹时刻。

什么是彩蛋

彩蛋是湛庐图书策划人为你准备的更多惊喜，一般包括①测试题及答案 ② 参考文献及注释 ③ 延伸阅读、相关视频等，记得“扫一扫”领取。

——SULLY

目录

看到两个女儿手挽着手蹦蹦跳跳地走在塔霍湖边的街道上，我哽咽了。这使我想起已经错过了的东西，但也提醒我，我们大家拥有彼此是多么幸运，我们有责任幸福地一起生活。

空军学院的学习生涯在很多方面都让我受到教育，包括人的品格，怎样做一个全面发展的人，以及成功来自勤奋。这里教给我们的不仅仅是军事技能，还塑造了我们坚强的性格。

到1980年我的空军生涯快结束时，我的头脑里已经有了点幸存者的感觉。尽管我从未打过仗，但飞行中那么多荆棘丛生的险情已让我提高了警惕，我深知什么叫作绝处逢生。

离开空军后，我进入了民航业，虽然我不是战斗机飞行员了，但我一直以战斗机飞行员的标准要求自己，正如妻子所说，我把驾驶飞机当作一门艺术，精雕细琢。

我经常会同情旅客，体谅他们在现时的航空旅行中所遇到的问题，我总会尽心尽力地确保他们的利益不受损害。尽管很多时候都是小事，但不做的话，我会不安，而保持这份“关怀感”，会让我感觉心满意足。

我们要丢掉抱怨与憎恨，忘掉成长中的、身体上的或其他的不幸，不要因那些我们所不能掌控的事物而徒生烦恼，不要局限在日常熟悉的环境里。生活中我们要尽力保持乐观，并勉励自己一切皆有可能。

权威也意味着沉重的责任。机长应具备领导能力，要带领机组每一名成员像一个整体一样思考和行动。机长可能随时需要运用多年积累的有深度的经验、广博的知识以及能力来迅速地考量、权衡他所掌握的一切之轻重，以及他未知的事情。

我从未统计过我曾降落过多少不同的跑道，也没法准确说出从空中看到过多少个城市，但我会努力观察一个地方的特别之处，然后在头脑中形成一幅画面。即使过了好些年再去时，这些过往形成的印象也会对我有所帮助。

我的脑海闪过一个念头，不像我已经飞行了 42 年所经历过的起起降降，这一次想把飞机完整无缺地降落在跑道上，恐怕是难于上青天了。

看着窗外,我感觉到我们在快速下降。我必须立即做出决定:我们有足够的飞行高度和飞行速度掉头飞回机场而且在掉到地面上之前抵达跑道吗?没有时间来计算这些,但是我根据从窗外观察到的情况很快建立了一个关于我们所处位置的三维构思模型。

这是我一生中最难熬的一天,但我却对能有这样的结局感到谢天谢地。我们没能挽救那架空客320飞机,它已经沉入河底。但飞机上的人们都将与他们的家人团聚。全部,155 人,一个都不少。

我已成为人们倾诉的对象,因为在这次意外事件和之后持续的反响中我已成了一名公众人物。倾听人们的心声,关注他们的故事——这是我新工作的一部分。

我们突然成了名人之家,每天都不断有电话打来邀请我们参加各种从未经历过的活动,这些活动的举办者在以前是根本不会理睬我们的。我们慢慢也适应了,但洛里和我还是会彼此望着对方说:“我们怎么会来这儿?”

1 ——SULLY 刻骨铭心 犹新记忆

永生难忘的第一次飞行

飞行仅仅持续了几分钟，但许许多多细节和画面仍然在我的脑海中清晰而鲜活地闪动着。

那天刮的是北风，而一年中这个季节常常是刮南风的。随着咯噔咯噔的机轮声，飞机滑行在周围有些像得克萨斯田园风光的机场滑行道上。我仍记得，在准备起飞时，发动机暖机时散发出的滑油味以及空气中弥漫的机场草地剪割后鲜草的味道飘进了驾驶舱。

我仍然能清晰地回忆起，当飞机滑行到跑道头时我对各类驾驶舱内起飞前影响安全的警告之警觉已提至最高级别。我逐项完成了检查单并做好了起飞的准备。我也仍然记得飞机在离地升空的瞬间，而 3 分钟后我不得不在生死攸关的情况下全神贯注地驾驶飞机返场着陆。

这一切至今仍然鲜活地历历在目。

一名飞行员一生当中会经历成千上万次起飞着陆，其中绝大多数犹如过眼云烟，但总会有那么一两次特殊的飞行令飞行员面临挑战，给他以经验，或者让他改变，从而使他对这次飞行的分分秒秒永生难忘。

我一生当中也有过为数不多难以忘怀的飞行经历，当时的经历引发的五味俱全的各种感慨及随后的浮想联翩一直萦绕在我的心头。这次是在 2009 年 1 月寒冷的一天，我降落在纽约的哈得孙河上。但在这之前，让我至今仍记忆犹新的一次飞行经历是我第一次单飞，那是在 1967 年 6 月 3 日周六下午稍晚些的时候，地点是得州舍尔曼（Sherman）草地机场。那一年我 16 岁。

每当回顾那些把我打造成一个男人、一名飞行员的种种动力时，这些往事就像电影，一幕一幕在我眼前闪过。无论在飞行中还是在地面上，我在成长过程中都得到了颇有成效的培训，获得了宝贵的经验，这些塑造了我。我感激所有给予我帮助的人们。所有的这些像我们在银行储蓄一样，需要时一并取出。我驾驶 1549 航班安全迫降在哈得孙河上，几乎是下意识地毫不犹豫，这都是多年日积月累的阅历开花的结果。

在我刚刚 4 岁多一点的时候，我的想法是长大了做一名警察，后来我又想当一名消防队员。然而 5 岁时，我真正知道了我一生中要从事的职业，那就是我的理想——当一名飞行员飞上蓝天。

从那一刻开始，我对这一理想从未踌躇过，相反，由于我童年时家住得州的丹尼森（Denison）郊区，附近机场的战斗机常常在我家房子上空飞来飞去，呼啸而过，看着它们更坚定了我长大后做一名飞行员的想法。

我的家在距离佩兰空军机场（Perrin）北部 9 英里（14 公里）湖边的一片住户稀疏的土地上。因为是在乡下，喷气式飞机飞得很低，也就是 3 000 英尺（914 米）高，所以总能听到它们飞过来了。父亲把他的双筒望远镜给我，我总喜欢用它瞭望着远远的天边，希望着能看到些什么，以此来满足我神游似的幻想。而一旦看到喷气式战斗机，它们越飞越近，速度极快，我就更加惊喜不已。

那是 20 世纪 50 年代，当时的喷气式战斗机比现在的飞机噪音要大得多，可我从来没发现住在得州北郊那个地方的人们对噪音有什么抱怨。当时第二次世界大战刚刚结束不久，我们是胜利者。空军可是荣耀之至。这种情况持续了几十年。当空军机场周围的居民开始议论飞机的噪音，基地的飞行员感到需要回应这些抱怨时，他们在汽车后保险杠上贴上标语，上面写道："喷气机的噪音：自由之声。"

飞机的各方面都令我着迷——它们不同的声音、不同的外形，让它们像火箭似的直冲蓝天的发动机动力，尤其是坐在驾驶舱操纵它的飞行员，技术精湛得令人肃然起敬。

在我 6 岁时，我自己制作了第一架飞机模型，仿制查尔斯·林德伯格（Charles Lindbergh）"圣路易斯精神号"（the Spirit of St. Louis）飞机[①]。我阅读了许多关于"幸运的林德"的书，我知道他飞越大西洋其实不仅仅是幸运，他做了详细的计划，他做了充足的准备，他有坚强的毅力，他在我心目中简直就是英雄。

到了 1962 年，我 11 岁了。我读了所有能找到的有关飞行的图书和杂志。也是在那年我第一次坐飞机。我妈妈是小学一年级的老师。妈妈让我陪着她去奥斯丁（Austin），参加全州家庭教师协会的大会。那也是妈妈第一次坐飞机。

达拉斯勒沃菲尔德（Love Field）机场位于我家以南 75 英里（120 公里）。当我们到达那里时，这个在我心中很是神秘的机场，到处是令我崇敬的人们，有飞行员、空姐以及穿着入时的旅客正整装待发。

在候机楼，我站在新落成的"得州巡警"雕像前，看到匾牌上写着"一场骚乱，一名巡警"，讲述的是 19 世纪 90 年代一个小镇上发生骚乱的传说。当地治安长官请求一队巡警来制止镇上发生的暴虐，当镇上的居民看到只来了一名巡警时大吃了一惊，他们想请求多派些人来但又担心被拒绝。"这里有几场骚乱啊？"巡警例行公事地问道，"啊，只有一场乱子，那来我一个人就行了，看我的吧。"

那天在机场，我还看到了另外一位英雄人物。我对早期的水星探测

① 美国飞行家查尔斯·林德伯格，其驾驶的飞机名为"圣路易斯精神"，从美国长岛一个机场起飞，单台发动机（莱特 J5），飞行 33.5 小时，单人驾机不着陆飞越大西洋，降落在法国巴黎布尔热机场（即是今天巴黎航展的机场）。有书和电影记载这一壮举。——译者注

项目十分着迷，所以这时一个矮小而精干的人走过候机楼让我激动不已。他穿着制服，系着领带，戴着帽子，十分面熟。我认出他就是电视里说的那位个子瘦小而能力极强的陆军中校约翰，水星探测项目组的代言人。我不好意思走上前去跟他说话，一个能跟那么多太空飞行员打交道的人并不需要我这么个 11 岁的小孩凑上前去揪他的衣角。

那一天多云，还下着小雨。我们走出候机楼经过柏油停机坪登上了布兰尼夫航空公司（Braniff International Airways）①的航班，一架康维尔 440 飞机②。我妈妈带着白色的手套和帽子，我穿着运动夹克和休闲裤，当时外出的人们总是穿着最好的衣服。

我们的座位在飞机客舱的右侧。妈妈当然喜欢看看窗外的风景，但她太了解我了，说："你坐靠窗户的座位吧。"尽管飞机还纹丝未动，我的脸就已紧紧地贴在舷窗上，恨不得把窗外的任何东西都尽收于自己的眼底。

当飞机在跑道上滑跑起飞升空时，我的眼睛睁得大大的。我的第一个印象是地面看上去像是一个纵横交错铁路网的模型，第二个印象是我要当一个能在蓝天飞翔的飞行员。

我再次飞上蓝天是几年以后的事了。在 16 岁时，我向爸爸提出去学习飞行。在第二次世界大战时爸爸是海军里的一名牙医，他非常崇敬飞行员，也十分清楚我的愿望。爸爸通过朋友认识了一位驾驶喷洒农药的飞机的驾驶员库克（L.T. Cook Jr.），在他家附近有属于他自己的机场。

在第二次世界大战之前，库克先生曾经在联邦政府民用飞行员训练项目中担任飞行教员。那个时候美国的孤立主义者不愿意卷入欧洲的战争，但是罗斯福总统知道美国很可能会参加这场战争，因此需要成千上万

① 布兰尼夫国际航空公司是存在于 1928—1982 年之间的美国航空公司，主要经营美国中西部、西南部和国际航线。由于包括燃油价格不断上涨、公司过度扩张、多变和激烈的同业竞争以及 1978 年美国颁布航空放松管制法等因素，1982 年 5 月 12 日停止营业。——译者注

② 康维尔 440，1955 年 12 月 15 日首飞，1956 年 1 月 30 日取证。1956 年 3 月 8 日加入美大陆航空公司航班，共 199 架飞机，飞机全重 22 540 公斤（49 700 磅）。——译者注

的训练合格的飞行员。从1939年开始，像库克这样经验丰富的飞行员们已经在培训民间的飞行员了。以便一旦战争需要时，他们已经做好了准备。尽管这个培训项目当时有争议，但是后来美国参战了。这些培训过的飞行员都参加了援助盟国的战斗。库克先生和跟他一样的飞行教员成为战斗在美国本土上的无名英雄。

我见到库克先生时，他有50多岁，是一个寡言少语但办事严肃认真的人。库克先生大部分时间在进行用飞机洒农药等通用作业飞行。但如果他看上什么人比较聪明，气质性情上适合飞行，库克先生会收为学生教他飞行。

我想他看到我时一定会很喜欢。我个子高高的，是一个文静而认真热心的孩子。我的父母一直教育我对年长的人要有礼貌，所以我在他面前也很谦恭。我又是一个典型的性格内向的人，而他也是一个寡言少语的人。他看出我虽然不爱说话，但是我的态度是认真的，又有很高的热情。他告诉我，飞行需要每小时收取6美元使用飞机的费用，这是“湿租价格”，其中包括燃油费用。此外，他每小时另外收取3美元教学费。父母替我支付使用飞机的费用，我用自己给教堂打扫卫生挣的工钱支付训练教学的费用，每30分钟1.5美元。

我积累了数十年的飞行日志记录本，里面包含着我那么多年数千次的飞行记录。而我的第一本飞行日志上第一次填写的日期是1967年4月3日，那是库克先生带我飞的30分钟。驾驶的是一架前后座的阿尔卡(Aeronca)①7DC型飞机。那是一架设备简单的螺旋桨飞机，造于20世纪40年代末期，它甚至没有无线电收发装置。第一次飞的时候，大部分时间是我自己亲手在操纵飞机。

我坐在前座，库克先生坐在后座，后座也有一套操纵系统。他教学的方法是飞行界常用的术语“我跟着你做”，意思是说，他的手松开驾驶

① 阿尔卡飞机制造厂于1928年建于美国辛辛那提，至1955年共生产55个型号17 408架轻型飞机。7DC出厂于1946年，为上单翼两座单引擎后三点（即起落架为两主轮在机翼部，尾部有一尾轮）轻型飞机。装有一台85马力发动机，最大空速160公里/小时。——译者注

杆而留在旁边让我做，一旦我出现明显的错误，他可以立即上手纠正。他在后座看着我的动作，还不时透过发动机的轰鸣声大声喊着提示我。像许多那个年代的飞行员一样，他用飞行卡纸板卷成喊话筒遮蔽噪音，将他的指令传入我的耳朵。只有必要时他才喊话，称赞的话语更是罕有。一切正常，几周下来，我感觉他认为我已经入门了，是块学飞行的料。每天晚上我在家里也在研究着飞行，自学飞行的函授地面课程，准备通过私人飞行驾照的笔试。在库克先生看来，我是专心致志的。

有时我来上课时库克先生不在，我就开车跑到镇上，因为我十分了解他,知道在哪儿能找到他。他在当地的"奶品皇后"店（DairyQueen）[①]喝咖啡。见到我，他喝完后会在柜台上扔下小费，跟我们一起返回机场。

在后来的几个月里，库克先生一共教我飞了 16 课，每课平均 30 分钟。到了 6 月 3 日，我的总飞行时间积累到了 7 小时 25 分钟。那一天，他带我飞了 10 分钟后，拍了拍我的肩膀。

"好啦"，他说，"自己做着陆，着陆后滑行到机库。"我按他说的做，到了机库后，库克先生跃出后舱对我说："OK！ 自己单飞三个起落吧。"

他并不希望我靠撞大运，他也不是那样的人。他不是做事莽撞，无情无义的人，而是做事非常实际，有情有义。他做出了这样的决定是因为他认为：这个孩子已经准备好了，让他单飞吧，绝不会从天上掉下来。对此我自己也信心十足。

而在今天，一个孩子不可能这么快就单独飞行了。今天的飞机要复杂得多了。任何一个人单独驾驶飞机上天前，要完成各种各样的程序以及办好各种保险事项。今天的空中交通管制系统也复杂多了。飞行教员也有更多的安全以及谨慎方面的考量。

而那一天，在得州北郊的乡村大地上，我不用去联系空中管制，也

① 1938 年，美国人麦卡洛尝试制作冰激凌新产品。1940 年，第一家 DairyQueen 冰激凌店在美国伊利诺伊州的乔利埃特开业。由于创始人麦卡洛先生喜欢把母牛称做"乳品行业的皇后"，冰激凌店因此而得名。——译者注

没有被要求去遵守那么多的法规。只有我、飞机，还有在地面上一直注视着我的库克先生！

那天刮着北风，我要滑行到跑道的另一端去向北起飞，而训练时很少这样。我系好安全带准备滑出。

机场是南端低，向北上坡，北端高。尽管库克先生刚刚剪过草地机场上的青草，跑道仍然不像柏油或平平的草地跑道那样平整。

飞机滑到了跑道头，驾驶舱里就我一个，一生中的第一次。我检查了磁电机点火系统和润滑油压力，确认发动机、方向舵、升降舵和副翼工作正常。逐项完成了检查单后，我的手紧握驾驶杆，深深吸了一口气，松开刹车，开始了我的起飞。库克先生刚刚告诉过我，飞机离地要快许多，因为现在飞机上少了一个人。

飞机对正跑道，准备好起飞，接着就是离地升空。当一个新的飞行员第一次自己飞时，一定要有人对他说点什么，这时的库克先生用了最简洁的语言，也就是站在跑道的边线上用点头来示意。我的飞机爬升得越来越高了，飞机下面站在地面上的他变得越来越小。我的心中对库克先生充满了感激。

飞机爬高到距地面 800 英尺（244 米），我围着机场盘旋了一圈，真正领略到了自由飞翔的兴奋，一种成功感油然而生。经历了听讲、观摩、提问以及刻苦地学习，我梦想成真。我自己一个人翱翔在蓝天上。

那一刻我并没有为自己的成功和美好的前程沾沾自喜。我集中全力操作，容不得有任何放松。我知道棒球帽下的库克先生正仰着头向上在仔细地观察我。我想做得棒些给他看，每一个动作都力争做得准确无误。我不希望着陆后他给我讲评时，罗列长长的清单一条一条来指出我的问题。

飞行中，库克的指令犹在耳边："蹬点方向舵，保持飞机不侧滑。"尽管他已不在飞机上了，但他教我的声音犹在耳边，依然伴随。

我一直忙于操作，无暇去看外面的风景。我飞过一个小池塘，舍尔曼小镇就在我的左边，而我想的不是去欣赏这些，我想的是尽量飞得好一些，这样库克先生就会让我再次单飞。

他指令我围着机场飞一个长方形直角的起落航线，转一圈下来约 3 分钟，这样来练习着陆动作。着陆后连续起飞又回到空中再做了一次，在连续 3 次后，最后着陆滑回。

我的整个第一次单飞经历差不多仅仅 9 分钟，但我知道它对我是多么重要的一步。我曾经读过一本书：在 1903 年，奥维尔·莱特（Orville Wright）[①]的第一次飞行距离仅为 40 码（36.5 米），升空离地距离为 20 英尺（6 米），飞行持续了 12 秒钟。

单飞结束后，库克先生站在那里欢迎我。当我关停发动机后，他说我做得不错，完全是按照他的要求做的。虽然他没说“好样的”，但我知道我通过了测试。他告诉我这个夏天他要忙着用另一架飞机喷洒农药，而我可以用他的这架阿尔卡飞机自己练习飞行。我们商量好了，每隔几天我过来单飞几次以便磨炼自己的技术，还是每小时收 6 美元。

现在，我已经 58 岁了，总飞行时间已经达到 19 700 小时。但追溯我飞行的职业生涯，就是从那个下午开始的。那是我一生中的转折点，尽管带飞加上单飞总飞行时间还不到 8 小时，但是库克先生给了我飞行的信心。在他的引导下，我认识到我自己可以把飞机安全地飞到蓝天上，又安全地降落回地面。正是那第一次单飞锁定了我与飞行职业的不解之缘并影响了我的一生。

在当时我还没有完全清楚这一点，而今天回头来看我学飞行走过的路是很传统的，人们开始学习飞行时都是如此：一位年纪大一些的、经验丰富的飞行员在一望无际的天空下的草地机场上教一个年轻人从最基础开始做起。

当我回忆起这些，我的心中充满感激。我是一个幸运的年轻人。那是我飞行生涯完美的开始。

---

① 飞机发明者美国人莱特兄弟，1903 年 12 月 17 日在美国试飞成功。——译者注

在我上中学时，除我之外没有人愿意当一名飞行员，我的志向和爱好与众不同。同学里我也有朋友，但在大多数孩子看来我是一个害羞、好学、真诚的人，总是爱看一些飞行杂志，一有空儿就往机场跑。我不是个善于交际的人。我喜欢坐在驾驶舱中的感觉。

从某些方面说，我在那个机场里快速成长，学到了很多东西，使我看到生活中的希望永远与一个一个风险同在，无限风光在险峰。

有一天，当我走出库克先生的机库时，我看到一架涂着白漆及调整片漆成红色的派珀飞机（Piper Tri-Pacer）[①]摔在机场跑道的北端，机身已扭曲。库克先生将情形告诉了我：他的一位朋友试图驾驶这架派珀飞机着陆，在向机场进近过程中，他要穿过 U.S.82 号公路。当他发现沿着高速公路有一条 20 英尺（6 米）高的电缆后为时已晚，他拉起机头使飞机躲过电缆。但这个动作使飞机减速太快以至失速，失速后的飞机一头撞到地上，他当场死亡。

还没有人来收拾遇难飞机的残骸，惨状依然留在机场的一端。我走了 1/4 英里（400 米）来到飞机边上，看到驾驶舱里到处是血。在那个年代，飞机驾驶员座椅只有安全腰带而没有肩带。我想他的头一定是猛烈地撞在仪表板上。我试着设想这一切发生的情形——他拉起机头避开电线，飞机失速，之后猛烈地撞击地面。我壮着胆子趴在驾驶舱边，看着，琢磨着。转过头去离开是很容易的事，但我没有这么做。

对一个 16 岁的孩子来说，这样的场景使我警醒，非常深刻地印在我的脑海里。我认识到驾驶飞机是不能犯错误的。飞机及周围环境的一切要在你的掌控之中，在查看飞机驾驶舱内仪表等的同时，要向外观察电线、鸟、树和雾，时刻保持高度警觉，警惕将会发生的一切。什么事可以做和什么不可以做同样重要。一个简单的失误也许会让你丧命。

这一事件悲惨的场景没有让我犹豫和停滞不前，反而使我立誓从中

---

① 派珀飞机，美国派珀公司制造的上单翼轻型飞机。PA-20 Tri-Pacer 首飞 1949 年，由 PA-17 两座改进为四座，后三点。1953 年 PA-22 又改进为前三点。PA-20 生产 1 120 架，PA-22 生产 9 490 架。——译者注

吸取前车之鉴，最大可能地降低飞行中的风险。

飞行过程中我从不玩花活儿，因为那会要命的，但我自己有从中找到获得乐趣的方法。我跟父母及妹妹约好时间，我驾驶着飞机飞越我家的上空，左右摇摆机翼向他们问好。那时我家居住的地区人烟稀少，因此法规允许我将飞机高度降低至距我家 500 英尺（152 米）的上空。飞越时，家人没有办法看清我的面孔，但他们可以看到我在向他们招手。

到了 1968 年 10 月，我飞行了已经有 70 小时，我准备申请私人驾驶执照，这需要经过美国联邦航空局考试官的检查。我过关了！拿到执照后我就可以带一名乘客飞行了！

我想把第一名乘客的荣誉给我的妈妈。我的飞行记录簿记载着带我妈妈飞行的日期是 1968 年 10 月 29 日，也就是我拿到执照的第二天。在飞行记录簿里，那一天的旁边标记了一个小星号作为对特殊日子的小标记。这在 20 世纪 60 年代就相当于今天的电子邮件的小笑脸标记。

那天，我妈妈一点儿也不紧张，只有自豪。我帮她坐进后舱，系好安全带。我向妈妈简单介绍了会听见什么声音，会看见什么东西，胃也许会有些反应。我想也许正是我那种认真的态度，使别人感到我既负责任又有能力。

我是一个遵规守矩的人，因此妈妈对我满怀信心。妈妈坐在后面，她的生命在我手中。她不会给我任何要求和提醒。我像妈妈的专职司机一样拉着她在天空中翱翔，落地后下飞机，妈妈拥抱了我。

可以带人飞行开创了一片新天地。之后，我带我的妹妹、父亲、祖父母都飞了。我又鼓足勇气带别人飞。一个伶俐可爱、身材苗条的女孩，名字叫卡洛尔（Carole），她有着棕色的头发，戴着一副眼镜。我们是丹尼森高中的同学，还曾一起参加了教堂的唱诗班。我有些迷恋她，我也挺希望她能注意我。许多漂亮姑娘都知道充分利用自己的美丽四处展示获取好处，卡洛尔漂亮，但她不这么做，她性格不是很外向，但开朗、与人为善，这正是她吸引别人之处。

在电影《壮志凌云》（*Top Gun*）[①]播出之前，没有姑娘对飞行员经历感兴趣。再加上我又不是汤姆·克鲁斯，开飞机对一般人来说是一件很高深莫测的事，没有人真正看到过我飞行。我也没有一个赢得飞机着陆比赛获奖后将照片在当地报纸刊登出来的机会。我所做的都在高高的天上，别人看不见。对姑娘谈谈飞行，她们看上去好像从来也没什么感觉，有时甚至感觉她们对我所说的不屑一顾，当然也许是我没有找到合适的语言来描述飞行的魅力。

不管怎么样，我想尝试着让卡洛尔感兴趣。她与我一样也是个内向的人，所以我们在一起常常也没有多少话。当我问她是否愿意坐我的飞机时，我心里一点儿底也没有。就是她想去，我猜她的父母也不会同意。但她问她的父母时，他们居然同意让我带她飞 45 分钟，并说要飞越阿肯色州的阿肯色河、波托河到史密斯城堡（Fort Smith）。

这是我勤奋耕耘获得结果的日子，我特别高兴。回过头来看，她的父母能同意真是了不起。从实质上讲，他们同意一个不到 18 岁的男孩子驾驶着一架飞机带着他们还未成年的女儿做跨州界的飞行，而且是一架轻型飞机，想想也是一件不容易的事情啊。

就这样，我们一起去飞了。那是一个晴天，有点冷，但气流平稳，能见度极好，几英里外任何方向都可以看得清清楚楚。飞机的噪声很大，所以飞行中交谈很不容易。我几乎是高喊着告诉她："我们下面是红河。"她也高喊着回答："什么？"我又再喊一遍。不过，我还是很高兴和她一起飞。

那天我们飞的是赛斯纳 150 飞机[②]，我租了两个小时。那是一架很小

① 《壮志凌云》是一部励志电影，讲述了汤姆·克鲁斯扮演的飞行员麦德林以自己老飞行员父亲为偶像，几经沉沦，终于奋起，驾驶银鹰，纵横蓝天，最终成为一名飞行精英的故事。——译者注

② 赛斯纳 150，赛斯纳飞机制造公司（Cessna）是一家位于美国堪萨斯州的飞机制造商。1927 年 9 月由 Clyde V.Sessa 和 Victor H.Roos 建立。共生产近 20 万架飞机，其产品线从小型双座单引擎飞机到商用通勤小喷气机。150、172 系列活塞单发螺旋桨小飞机共生产 43 000 架，称为空中之鹰（Skyhawk）。——译者注

的飞机，只能并排乘坐两个人。飞机的驾驶舱才3英尺（0.9米）宽，我的右腿碰着她的左腿，那是没有办法的事啊！

想象一下，一个17岁的男孩和这么漂亮的女孩并排坐在一起，在足足两个小时里，她的腿碰着我的腿，我的胳膊挨着她的胳膊。股股香水味从她那边飘逸而来，也许是洗发水的味道。一次当她斜着身子从我这边的舷窗向外看时，她云鬓似的头发散落在我的手臂上。我从来没有经历过这些。这时我才发现，飞行也能让我萌发情爱的心动。

这是不是让我难于集中精力驾驶飞机呢？不！我想这又是一个例证，那就是飞行员要学会分清主次。我当然知道卡洛尔就在旁边，但我有我的职业操守和责任。我真想抱抱她，但我想我最重要的任务是要保证她的安全。

我们的关系再没有什么进展，尽管那次飞行中我们紧紧并排坐在一起，我大声地告诉她得州乡村的地标景物。我们降落在史密斯城堡机场并在那里吃了午饭——好啦，只留下甜蜜和温馨的回忆。

在一个飞行员的飞行生涯中可以有成千上万次起飞着陆，大部分如过眼烟云，但总有那么几次是难以忘怀的。

最后一次到库克先生的机场是在20世纪70年代晚些时候，我在80年代前期一直没有和他联系。后来我听说他得了癌症，从颈部和颌部切除了几个肿瘤。有人推测他之所以得癌症是因为他长期从事农药喷洒作业，接触化学雾状物质所致，因为他几乎天天在做此事。库克先生于2001年去世。

当我将全美航空1549班机紧急迫降在哈得孙河上后，人们将成千上万的电子邮件和信件发给我，表达他们的感激之情，感谢我和机组挽救了机上155人的生命。在一大堆信件中，我万分感动地发现有一封寡居的库克先生夫人的来信。我已经好多年没有她的音信了。信中的话更是让我感慨万分。她写道："如果库克还活着，他对你所做的不会感到任何惊奇！"她还写道："但他一定会欣慰之至并为你深感自豪！"

从各方面来讲，所有我的良师益友、心中的英雄和爱我的人、引导过我的人、鼓励过我的人、发现我身上潜质的人都在 1549 航班飞机的驾驶舱里陪伴着我。在我们双发停车，千钧一发、必死无疑的情形下，想到那么多人培养我多年，历历在目的点点滴滴都在支撑着我。库克先生的教诲是其中的一部分，他的精神引导着我完成这 5 分钟的飞行，库克先生是一个至上的在进退维艰时刻掌舵的人。那天飞越纽约上空时也正是如此。

那次之后，我回忆了许许多多，包括所有给予我特别帮助的人，有我阅读过的成百上千册关于飞行的书籍，有我在军队当飞行员时目睹的一幕幕飞行险情，有我在航空公司的职业飞行生涯里屡遇的险情和挫折，有飞行历史上的传奇经历。还有许许多多，都在长长的回忆之中。

我认为，这次将飞机迫降在哈得孙河上的飞行，它不仅仅是从拉瓜迪亚机场（LaGuardia Airport）[①] 开始的。应该是从数十年前，在我孩童时代的家里，在库克先生的草地机场上，在得州北方的天空中，在那居住着我的夫人洛里（Lorrie）、两个女儿的加利福尼亚的家里，以及数十年驾驶飞机的经历，所有这一切都从四面八方汇集给我力量完成这次飞行。

1549 航班也不仅仅是 5 分钟的飞行经历，而是我的一生让我安全地把飞机降落在哈得孙河上。

---

① 拉瓜迪亚机场位于纽约皇后区，纽约中心区域的东北方向，距离曼哈顿 15 公里，是纽约地区 3 个大型民用航班机场之一。两条跑道：04/22 号跑道长 7 001 英尺（2 134 米），13/31 号跑道长 7 003 英尺（2 135 米）。另外两个大型民用航班机场分别是肯尼迪国际机场和纽瓦克国际机场。——译者注

2 ——SULLY

往事如烟 历历在目

我的飞行员生活开始了

对我来说，幸运之至的是我在很小的时候就发现了自己在飞行方面的激情，而且让激情伴随着我的每一天，天高任鸟飞。幸运之神伴我一路走来，就像我能很幸运地成为一名战斗机飞行员。接着就是在我离开军队时，又在航空公司谋到一份飞行员的工作，而那时这种工作并不好找。

经历过这些年，我仍然认为我是幸运的，幸运之处在于我依然保持着对飞行的热情。这些年航空运输业出现了不少的问题，许许多多的事情让人难以招架和厌倦，但我始终能够在飞行职业中发现自己的目标和满足感。

当你操纵着飞机翱翔在地球表面之上时，你会感觉到那种无拘无束的自由。摆脱了地球吸引力的束缚，犹如你从人生那些凡人琐事中脱身而出。尽管只有几千英尺的高度，但在那里你会获得更加宽广的视角，身处那个高度，地面上的困难和问题都会显得不再那么重要了，飞机还在爬升，当你飞到高度层 350，即 35 000 英尺（10 670 米）的时候，那些问题愈加显得无足轻重了。

我热爱飞行，因为它是对人管理智慧的挑战，飞行的全过程都需要睿智的心里计算并要想在前面。比如，你要改变机头相对于地平线的俯仰角哪怕是一度，如果当时的空速是比较典型的商用运输机的飞行速度，即每分钟 7 海里（13 公里），这就会增加或减少飞机 700 英尺 / 分钟（3.6 米 /

秒）的爬升或下降率。我享受在飞行中把涉及各方面的计算在心中掌控，关注天气情况以及与乘务组、空中管制员、副驾驶、维修组整合为一个团队协同工作，对飞机能做与不能做什么一直保持着明了的情景意识。尽管现在的飞行大部分时间在使用自动驾驶，但飞行员们必须用他们自己睿智的心算来作为计算机的备用系统。我特别喜欢这样的挑战。

我也很愿意让更多的人分享飞行的激情。而令我有点失望的是现在许许多多的孩子们对飞行并没有特别地着迷，我看着不少的孩子在走过飞机驾驶舱时并没有留意多看上几眼，他们都几乎全神贯注于他们的电子游戏机或 iPod。

当有的孩子对“我的办公室”，即在机头的驾驶舱探头探脑时，他们的热情会立刻感染我。看到孩子们对我一生追求的东西有兴趣时，会令我的满足感油然而生，此时如果乘客们正在登机而我和副驾驶又不是很忙，我们会十分乐意请好奇的孩子们坐坐我们的驾驶员座椅，让他们提些问题，也让他们的父母给孩子照一张头戴机长帽子的照片。

作为一名飞行员，要通过实实在在的所作所为有益于社会。用飞机将 183 名旅客[①]送到他们需要或他们想去的地方，这总让人感到欣慰。我的职业就是让人们家庭团聚和朋友相见，送他们去享受期待已久的度假，也许是去参加亲人的葬礼，也许是参加新工作的面试。一天下来，飞了三四个航段，我把四五百名旅客安全地运送到了目的地，这时我就有一种成就感。所有的人都有他们自己的故事、动机和需求——而能帮助他们，使其如愿以偿，收获感在我心中荡漾。

这就是我工作的动力，是一件我心所向往的事情。

那天，我没有与妻子吻别。

那是个周一的早上，5:30，我离开家去执行一个四天的航班组合，我的排班表上四天共有全美航空公司的 7 个航班，最后一个航段是在

① 这是典型的空客 321 飞机载客量。——译者注

1 月 15 日周四，就是 1549 航班从纽约飞往夏洛特（Charlotte）[①]。

离家那天我没有亲吻我的妻子洛里，因为这么些年了，我知道她睡觉很轻，即使我每次出差都想轻轻地吻她，并小声地说“我爱你”，但如果在凌晨 5:30 这样做，对她太不公平了。我必须要走了，留下她一个人在床上，过会儿她会睁开双眼，凝神盘算着白天她和两个女儿要做的事情——而这一切我既没有参与，也帮不上任何忙。

尽管我热爱飞行也有激情，可总是这样出差对一个飞行员的生活来说有不少艰辛。每个月离家在外都在 18 天左右，孩子们生活中的一半时间我都不在，亏欠她们的真是太多太多了。

我这样做并不是说我热爱飞行胜过爱自己的妻子和孩子。事实上，近几年我和洛里谈起过除航空公司之外我是否可以换个差事，能离家近一点，尽管一个男人重新塑造自己并不容易，但我还是有信心能够找到一个新的工作，还要与我目前在航空公司做机长的收入不相上下，以满足家庭开支的需要。我还想这项新的工作最好能把我从前积累的这些经验都用得上。与此同时，我对飞行事业仍兢兢业业。这方面洛里很理解我。她理解飞行对我来说意味着什么。我们能找到妥善解决的办法。

就这样，在那个周一，像以前许多次一样，我起床离开。当我把车从车库开出，离开我在加州丹维尔（Danville）的家向旧金山国际机场开去的时候，洛里和我们的女儿，凯特（Kate）16 岁，凯莉（Kelly）14 岁，她们都在熟睡之中。

旭日东升，伴随着早晨的霞光，车已开出了 35 英里（56 公里），穿过了旧金山海湾的圣马特奥大桥（San Mateo Bridge）[②]。我必须赶上早上 7:30 去夏洛特的航班，这班我不飞行，是乘坐航班过去。

---

① 位于北卡罗来纳州占地 136 413 平方公里，其面积于美国 50 州中排名第 28，是该州第一大城市。——译者注

② 旧金山圣马特奥大桥，它是连接美国旧金山市伯岭甘区（Burlingame）与海沃德区（Hayward）的跨海通道，位于美国道主干线 92 号高速公路的起始段。大桥全长 14 公里，双向四车道，建于 20 世纪 70 年代。大桥所处海域风平浪静，一年四季气候宜人。——译者注

航空公司中的每名飞行机组成员都有自己的运行基地。我的是在北卡罗来纳州的夏洛特。在 20 世纪 80 年代早期的时候我的基地曾经在旧金山，那时候我还在太平洋西南航空公司（Pacific Southwest Airlines, PSA）[①]飞行。1988 年太平洋西南航空公司被全美航空公司兼并，我又成了全美航空公司的一名飞行员。那之后，1995 年全美航空公司关闭了旧金山的基地，我先是被派遣到匹兹堡，后来又换到了夏洛特。洛里和我还是愿意住在加州，像许多住家离工作基地相距遥远的人们一样，我还保持着这种跨州跑来跑去的方式工作、生活。我十分感谢公司能够同意我这样做，当然这样来回跑的花费和辛苦是不言而喻的。

我去工作的时候是不用买机票的，但每次都是候补。有时客舱满座没有位子了，我就坐在驾驶舱内的备份座椅[②]上，那是我的宝座。尽管这样，大多数时间只要可能，我还是愿意坐在客舱中，离开驾驶舱，离开飞行员驾驶飞机的地方，这样我可以自己看看书，或闭目养养神。

因为我穿着飞行制服坐在客舱中，旅客们有时候会问我一些关于飞行的问题，比如为什么会颠簸呀？或在上面的行李舱内如何能挤一挤放下他们的行李袋。其他时间里，常常没有人过多注意我。

那天我乘航班飞往夏洛特，和往常一样，我在客舱中坐在一排三个座椅的中间的位置[③]，像往常一样默默无闻，对这个周末将要发生的许多事没有丝毫预感。也不知道这将是我作为一名飞行员的轻车熟路地生活的最后一次了。

我是一个循规蹈矩的人。有时候我对生活的精确细致会让夫人洛里眨动着美丽的双眼摇头。她说我是一个有控制力、做事死板

① 以圣地亚哥为基地的太平洋西南航空公司，1988 年被全美航空公司收购。——译者注

② 民航客机的驾驶舱里除两个飞行员的座椅外，还会有一两个备份座椅，主要用于政府监察员对机组检查时使用。——译者注

③ 在美国，通常航空公司的雇员在公务免费乘机时，安排坐在乘客不愿意挑选的一排三个座椅的既不靠窗也不靠走廊的中间座椅。——译者注

的人，尽管她相信这是我能成为一名优秀飞行员的原因之一，但与我一起生活有时候对她也并非易事。洛里了解其他飞行员的配偶都以同样的语言形容她们的另一半。他们出去飞航班一走好几天，一旦回到家里，总想什么事都做点主，不管亲人们是否喜欢，比如把洗碗机中的盘子重新摆放一下，重新安置家里的东西以便看上去更加井井有条。我猜想我们这种飞行文化（在我们所有的训练中养成的）使我们有很强的组织性，或者用洛里的话说，这是飞行职业的人格特色在起作用。无论如何，我认为她说的不无道理。而我严谨地对待每一件事，这让我在许多方面受益匪浅。

航空公司给飞行员编排的四天一组的航班组合几乎不变，所以我每次整理携带的行李也都一样。我历来不带不必要的东西，穿上我的机长飞行工作服——上衣和裤子，在飞行员专用的出差拉杆箱里我放进三件干净的衬衣、三套内衣、三双袜子、刮胡刀、运动鞋、雨伞、iPod、用于看电子邮件的笔记本电脑和四本书。我还带来美国时讯杂志《空中向导》（*Sky Guide*），那上面有北美所有航空公司的航班时刻表。在我衬衣的口袋里有一张我们航空公司的排班行程单，上面有四天里我的全部航班行程，包括去匹兹堡和纽约。那些地方天气会比较冷，也许雪也多，所以我带上了长大衣、手套和毛线帽子。

当我在飞航班过程中在城里过夜时，我喜欢听 iPod 里面的音乐。只要有时间我特别喜欢离开旅馆去走路锻炼身体，边走边戴着耳机听音乐。这一段时间我特别喜欢娜塔莉梅（Natalie Merchant）[①]、绿日乐队（Green Day）[②]、杀手乐团（Killers）[③]以及黑暗摇滚（Evanescence）[④]

① 娜坦莉梅生于 1963 年，是美国一个专业的音乐家。喜欢园艺和绘画，1981 年加入了另类摇滚乐队“10000 迷”，1993 年开始她的独唱生涯。——译者注

② 绿日乐队是 20 世纪 90 年代之后美国朋克音乐复兴时期的重要乐队之一，其成员深受 70 年代朋克音乐时期经典乐队影响，简明上口的流畅旋律让他们的音乐更便于流行。——译者注

③ 杀手乐团成立于 2002 年，来自美国拉斯维加斯，由主唱布兰登·夫洛尔（Brandon Flowers），电吉他手戴夫·柯宁（Dave Keuning），贝司手马克·斯托默（Mark Stoermer）和鼓手罗尼·凡纳塞（Ronnie Vannucci）四人组建。——译者注

④ 黑暗摇滚乐队是来自美国阿肯色州的一个组合，由其主唱艾咪发起组织，以“女版林肯公园”为旗帜，并自称“黑暗摇滚”，大受好评。——译者注

的音乐。我还会反复聆听奥地利传奇小提琴家弗里茨·克莱斯勒（Fritz Kreisler）[①]的作品。他谱写并录制了《爱之忧伤》（*Love's Sorrow*）和《爱的喜悦》（*Love's Joy*），这些激情四射且很有节奏的曲子伴随着我的步伐，令我在喧嚣的城市里散步时旁若无人，沉浸在无限的遐想之中。

最近几年来，我在出去飞航班的一路上越来越多地考虑我的将来。我已经 58 岁了，无论如何也要面对 65 岁从驾驶舱退休的现实。退休后我能做些什么呢？自从 2001 年“9·11”事件以后，航空公司情形不佳，采取了紧缩政策，我的年薪减少了 40%。原来我抱以厚望的全美航空公司养老金制度从 2004 年开始已经停止了，取而代之的是一项由政府支持的退休金计划，远远无法与原来的办法相比，其结果是我的养老金缩水了近 2/3，我的这种情况在航空界几乎人人如此。

我尝试着从一些别的渠道赚点儿钱。多年以来，我买了些不动产，有赚有赔。我在加州北部有所房子，原来租给捷飞络（Jiffy Lube）[②]更换润滑油特许经销商，但他们已经决定不再续租了，而我一时又找不到新的承租人。我坐在飞往夏洛特的航班上，有时脑子中还考虑着这方面的事。

大约一年前，我开始自己做些生意。我开办了一家叫“安全和可靠性之路”的顾问咨询公司。这倒是一件适合在我飞行多年退休以后从事的工作。在我迫降在哈得孙河上之前的许多年里，我对航空安全问题一直充满着研究的热情，这种热情甚至可以回溯到我作为战斗机飞行员的时候。所以，这次四天的航班我带了三本书都与这个公司的业务有关。

公司刚刚起步，我在一步步稳健地把它建立好，谋划着将航空业安全方面从宏观战略到微观战术的做法引入其他行业领域使其受益。飞行

① 弗里茨·克莱斯勒，美籍奥地利小提琴家、作曲家。1875 年 2 月 2 日生于维也纳。曾在维也纳音乐院、巴黎音乐学院学习。参加过第一次世界大战，1938 年入法国籍，1943 年又加入了美国籍。——译者注

② 捷飞络，北美汽车快保业领导品牌，创立于 1979 年，是由世界 500 强企业之一的荷兰皇家壳牌集团全资控股的汽车快速保养连锁服务的著名品牌。目前，捷飞络在美国和加拿大拥有超过 2 200 家连锁店，每年为超过 3 000 万辆次汽车提供保养服务。——译者注

员们在驾驶舱内许多程序都使用检查单[①]的方法以减少错误的发生。我的公司鼓励其他行业也这样做。像医学界就模仿着飞行员的检查单建立了制度。世界卫生组织推荐的外科手术检查单，要求医院的手术小组对患者各种过敏症做逐项检查，同时，手术器械、针、纱布按照程序清点，确保不留在病人体内。

我认为商业航空在安全上有卓越的表现。我们把许许多多的旅客夜以继日安全地运送到他们的目的地，飞行中的安全风险已被降至很低，我们的安全记录由于我们的精心操作而持续，特别是在面对经济危机航空产业受到很大冲击的情况下，我们在保持好的安全记录上没有任何妥协。

我带的书中有一本是西德尼·德克写的《文化：平衡安全性与责任》（*Just Culture: Balancing Safety and Accountability*）[②]，是从我家当地的图书馆借来的。德克在书中提到当人们对安全问题进行报道时，如何在追究责任和了解真相之间保持平衡。我深信我们可以创造一种文化，包括政府、社团组织都可以鼓励人们报告他们自己的或观察到的安全方面存在的问题，由此达到更加安全的目的。这本书符合我自己对安全问题的研究观点以及我多年作为飞行员所积累的经验体会。

当坐在中间座位飞往夏洛特的途中，我专心致志的读着书，并不时记下与顾问咨询公司相关的笔记。而身两旁旅客的谈话，我几乎充耳不闻。

当我以旅客的身份坐在飞机的客舱时，尽管我在看书，或小憩一会儿，或考虑着家里的租房生意时，我仍然对飞机飞行以及飞行员正在做的事保持着总体的了解，我自己的身体仍然可以感觉到飞机姿态的改变。而其他与我同机的绝大多数旅客要么忙于埋头看书，要么在笔记本电脑上敲打着键盘，他们对于飞机的运动包括细小的变化是不会有感知的。而对我来说，

---

① 检查单，飞行员在驾驶飞机时，各类操作程序包括正常和非正常的（即飞机有故障时），除个别紧急情况需记忆项目外，均印在一本小册子或显示在荧光屏上（检查单），操作时逐项逐条一人念，一人做，确保不犯错误。——译者注

② 《文化：平衡安全性与责任》由阿什盖特出版公司（Ashgate）2007 年 12 月出版。萨伦伯格的书在飞机迫降后遗失，后纽约市市长彭博赠与萨伦伯格一本。——译者注

即使不是有意识地，仅凭感觉我也能知道飞机是在爬升，还是在下降，飞行员在收放襟翼[①]，还是在调整发动机推力。对飞机飞行情形的感知是飞行员们自己独有的。

我乘坐的航班在 7:30（西部时间）准时离开旧金山，下午 3:15（东部时间）抵达夏洛特。我在机场吃了点儿东西之后走向登机门，开始我四天一组的航班组合中的第一个航段，飞回旧金山。飞机是空客 321，它可搭载 180 名左右的旅客。

当我走到登机口时，我对乘客微笑着并与三名空中乘务员希拉·戴尔（Sheila Dail）、唐娜·登特（Donna Dent）以及多琳·威尔士（Doreen Welsh）打了招呼。我以前和希拉、唐娜都一起飞过。多琳好像几年前也一起飞过，那时我们的运行基地都还在匹兹堡。因为全美航空公司几年都没有招收新的空中乘务员了，我们大家都是老字辈了。多琳今年已经 58 岁了，是 1970 年进的富贵草航空公司（Allegheny Airlines）[②]，已经有 38 年的飞行经验了。另外两位，希拉 57 岁，唐娜 51 岁，都在航空公司工作了 26 年以上。

在登机门口，我还和与我同机组飞行的副驾驶杰夫·斯基尔斯（Jeff Skiles）握手致意。我们从未见过面，于是互相介绍了自己。我们俩加上三名乘务员组成了机组，执行后面四天的飞行航班。

尽管这么多年我一直在飞，而和一些从未谋面的副驾驶、乘务员一起飞行仍很正常。即使是在航空业持续缩减的情况下，全美航空公司仍有大约 5 000 名飞行员和 6 600 名空中乘务员。每个人都认识是不可能的。

按照航空公司规定，每次在开始执行航班任务前，每个机组都要有

① 襟翼是在机翼前缘和后缘的几块可伸出、收回的机翼。一般在起飞着陆阶段使用。飞机着陆前放出，增加了机翼的面积，由此降低飞机的速度，进而减少着陆后滑跑的距离。在机翼前缘的还称为缝翼，和后缘襟翼同步运作。空客 320 的襟翼手柄分为 0、1、2、3 和全放 5 档，表示放出程度的不同。——译者注

② 富贵草航空公司，存在于 1952—1979 年，富贵草源自宾州西部的亚利根尼河和亚利根尼山脉，是全美航空公司的前身。——译者注

一个预先准备会，这对于每个人能很快地融入机组十分重要。大家就会像一个团队一样协同工作，执行好第一个航班并为后续的几个航班打好基础。这样，在旅客登机前，杰夫、希拉、唐娜、多琳和我站在头等舱的过道上用几分钟的时间开了个会，我讲了几点。

作为一名机长，我得先来个开场白定下调门儿。我要让他们感到我是一个平易近人的人。我对乘务员们说，在后面这几天的飞行中希望你们成为我的眼睛和耳朵，对于我在驾驶舱内无法观察到的事，只要是重要的都要告诉我。我要求她们在需要做其空中工作如送餐、清洁以及其他事时都应先告诉我，我会尽力给她们些帮助。我要让她们知道，我对她们是关心的。我说："我没办法让你们拿回退休金，但我能做点小事提高你们的生活质量，比如我们飞完当天最后一个航班达到目的地，我会及时与酒店联系派车接我们，以免我们要站在那儿等二三十分钟。"

杰夫今年 49 岁，我们一见面就非常友好，接下来的几天我对他也有了不少了解。像我一样，他也是 16 岁取得私人飞行执照，但是他出身于飞行世家，父母都是飞行员。杰夫加入全美航空公司 23 年，飞行了 2 万小时，已经晋升为机长。只是由于航班和飞机的缩减，按照飞行员的资历长短论资排辈，他现在只能在副驾驶的位置上飞行。我在公司已有 29 年，算得上是资历最深的飞行员之一了。

杰夫原先飞的是波音 737，已经 8 年了。刚刚改飞空客飞机。这次与我进行的四天 7 个航段是他完成了与教员飞行训练后首次与机长飞行[①]。杰夫一边放飞行箱一边说："这次是我第一次在没有教员指导下的飞行。"

当我与其他飞行员飞行时，我从不试图将他们分为飞得好和坏。我总是想着在驾驶舱内对他们个人以及他们的飞行风格加深了解。没有必要那么快给别人下行与不行的结论。不管怎么说，杰夫给我的第一印象很不错。

---

① 飞行员改飞一种新机型，要经过理论、固定模拟器、全动模拟机、本场训练、教员带飞的航线训练后成为正式的副驾驶，这时才可以与不是教员的机长飞行。——译者注

从刚进驾驶舱做飞往旧金山的飞行前准备开始，我就发现杰夫既尽职尽责，又对空客各种设备的使用也非常明了。要不是他告诉我这是他训练完后第一次飞行，我还真看不出来。

从飞机推出离开登机口，直至起飞，爬升至 10 000 英尺（3 048 米），航空法律规定机组不许谈论任何与飞行细节无关的闲话。而在巡航高度飞往旧金山的一路上，我们有很多时间聊聊天，相互了解。他告诉我他有三个孩子，分别 17 岁、15 岁和 12 岁。我们自然谈论了一会儿孩子的话题。

飞机飞越冰雪覆盖的落基山脉时，一种常常在天空中才能觉察到的心动油然而生，一种一切在我脚下的至高无上的感觉，无数颗星星以及几大行星围绕着我。欣赏着这一切，感觉我们真像与群星一起在无垠海洋般的天空中翱翔。

我非常喜欢约翰·梅斯菲尔德（John Masefield）[①]的一首诗《海恋》[②]，其中一句是这样写的："我所需要的是一艘大船和一颗引航的星星。"因为我这条航线飞的次数太多了，在一年中特定的时间飞往西海岸，即使不使用全球定位系统或驾驶舱中的磁罗盘也没问题。我只要把金星定位在驾驶舱挡风玻璃的左前角，保持这个飞行就可以飞到加州。

我和杰夫提到，我希望我的两个女儿在我飞航班时能到驾驶舱，看看只有飞行员的眼睛在天空中能看到的景色。"9·11"事件以前这件事是允许的，而"9·11"之后对进入驾驶舱有了更严格的限制。我的两个女儿再也不能看到我能够看到的景色了。

我们还谈到了第二职业的问题。和许多飞行员一样，杰夫看上去也

---

① 约翰·梅斯菲尔德（1878—1967），英国作家和桂冠诗人。他是长篇叙事诗大师。——译者注

② 《海恋》是约翰·梅斯菲尔德最著名的诗，由此，他被誉为"大海的诗人"。诗人在诗中表达了他从尘嚣中回归大海，回归大自然的豁达之情。而这种回归大自然并非宿命的避世，而是迎战前的稍息，因为他还要"破浪前行"，还要迎接"黎明破雾而至"。诗人在诗中还表达了他向往自由，要做"快乐的流浪人"，"随海鸥去，随鲸鱼去"。正如现代人，不再为了传统的"根"，而据守故里。只要你不怕流浪，愿意奋斗终生，终将无怨无悔。——译者注

需要些额外的收入。他住在威斯康星州的麦迪逊。他飞行之余在一家房地产开发公司做一些承包商的事情。

杰夫跟我说，来之前他曾经在谷歌网上搜索过我的情况，想找到我的邮箱和地址，目的是想和我交流一下航班日程方面的事情。在迫降哈得孙河之前，我个人在互联网上寂寂无名，所以他在网上搜到的第一个信息是关于我的顾问咨询公司的。

杰夫说："当我读了你的公司介绍，"他咧咧嘴笑了笑，"老兄，我以为我就够能吹牛皮的了，但还是被你夺了头魁！"

他在谷歌上搜索我引起了我的兴趣——我回想飞了多年还真想不起来有哪个飞行员这么做过——同时他对我直言不讳的评价我也觉得有趣。"我觉得我就够能吹的了，"他告诉我说，"你的公司按你说的听起来简直是无事不能。后来我又仔细看了看,原来你的公司就你一个人。真有你的。我非常赞赏那些拿了一颗橡树果，经过三吹两吹变成一棵橡树的人。"

我知道我的公司不属于财富500强的商业帝国，但对杰夫的描述我也不敢苟同。我真的是对安全问题以及如何把航空界的安全经验推广至其他领域充满热情。我告诉杰夫，我为此项工作甚感自豪。尽管如此，杰夫率直的谈话方式还是令我感到十分有趣。在飞往旧金山的巡航途中，谈到我自己的公司初见端倪的咨询业务时我们俩都笑出声来。

几个航段中杰夫操作飞了好几段，他的操控能力很强，让我很省心，印象深刻。当然我们都知道，由于他在空客飞机上飞行才几十小时，公司的规定我们必须遵守。他不能在有冰雪的跑道上操作起飞、着陆。一些特殊的机场——如有高的障碍物或复杂的进、离场程序——都在对他的限制之列。旧金山就是这样的机场之一，所以要由我做着陆。

在旧金山，我们降落在跑道上时是晚上8:35。我是早上7:30离开这里的，晚上又回到了这里。好事是我们的航班没有延误。这给了我时间从机场的停车场开车往东北方向50分钟到达丹维尔。今晚我可以和洛里以及孩子们在一起了。

航班组合飞过程中能回家的机会很少，一般都是连飞四天不着家，这次算是奖励吧。如果一切正常，在整个四天的航班飞行中，我都能有这样回家的机会。

到家已是周一晚上 9:45 了。孩子们正准备上床。我没有和她们一起待多少时间。不过，第二天早上，我开车送她们去了学校。

凯莉现在读 8 年级，她要在早上 8 点到学校。我吻了她并告诉她周末见。

然后是开车送凯特上中学。实际上，车是凯特驾驶的。她只持有学习驾照，尽管这不是驾驶课，但她开开车至少可以增长些经验，不然的话她还要去学必要的课程才行。她握着方向盘，我坐在她右边客人的位置，好像在飞机上既是副驾驶，又是“飞行检查员”。这当然是航空上的术语，是指一个有教员资格的飞行员与另一名飞行员一起飞来检查评定他或她的飞行技术状况。

和凯特坐在自家的丰田 SUV 车上，看她驾驶就像我和杰夫一同飞空客飞机一样。我留心观察，不时鼓励她，并记录下她开车存在的问题。

尽管凯特有一点点过分的自信，但她车开得还是不错的。她对应该知道的道路交通规则还不完全清楚，因此我告诉她交通规则能够防止道路上的无序现象。在航空界，我们把她这种现象叫做“选择性遵规”。不过，总的看她开得不错，我对她的开车能力充满信心，那天早上我也告诉了她这些。她在学校门口停车，我吻了她，并告诉她周末见。

送完孩子回到家，我给洛里泡了杯茶。我们认真聊了一会儿家中的事。捷飞络润滑油代理商已经在 6 个月以前就决定不再续租我们的房子。我们的这块商业不动产仍然闲置，这让我们家面临着收支上的窘迫。在没有租金收入的情况下，还要还清贷款，我们还能坚持多久呢？我对洛里说：“挺不了太久。”我们商量是否需要卖了家里的房子来解决资金上的问题。那当然是下下策。我们俩也商量了除了卖房之外的其他几个方案来解决这个问题。当然了，这个严峻的现实困难今天只能暂时放下，等到这周晚些时候我飞完回家后再说。时间也到了我该返回旧金山机场的时候了。

走之前，我自己做了两个三明治，一个是火鸡肉的，一个是花生酱和果子冻的，和一个香蕉一起放在了我的餐盒中。8 年以来，这几乎成了我的固定模式。在大约 8 年以前，航空公司给飞长航线的飞行员和空中乘务员提供餐食，经济上的不景气导致这一点点的福利都被减掉了。

由于今天离家的时候不是凌晨，我能够与洛里吻别。一小时后，我又来到了机场，航班是飞往匹兹堡，飞的机型是空客 319，我按规定做飞行前准备。在我和杰夫起飞后的巡航中，我自制的午餐，三明治和香蕉，帮我解决了肚子问题。

飞行在很多方面吸引着我，飞行给人以满足感——特别是当我从驾驶舱的挡风玻璃向外面望去时，我很幸运自己能在 3 万英尺的高空欣赏无限风光。但我也必须承认：闻着飘进来的头等舱客人们开餐时精选的牛肉与葡萄酒的美味，我却吃着甜三明治（PB&J）[①]——这从一个侧面告诉人们，飞行员有着高贵的职业外表，但内在并非人们想象中的那样。

我们降落在匹兹堡已经是周二的晚上了。我和杰夫、空乘人员乘坐一辆面包车到了机场附近的拉昆塔酒店。

10 小时后，我们还有飞行任务，这很接近我们所谓的“最少过夜时间”。法规要求，在两次飞行之间机组过夜休息的最少时间为 9 小时 15 分钟。这看上去时间充裕，但实际上时间还是很紧的。时间计算是从飞机到达停机门放好轮挡开始算起，持续到第二天早上飞机撤掉轮挡推出为止，这个期间，我们要下飞机，在到旅馆的路上来回奔波。飞早晨航班时，我们必须至少提前一小时离开旅馆，有时需要一个半小时。再加上洗漱、吃饭的时间，实际上真正睡觉的时间也就是六个半小时左右。

我们的航班是早晨 7:05 起飞，飞往纽约的拉瓜迪亚机场，抵达的时

① PB&J，一种甜三明治。PB，其实是指 Peanut Butter，花生酱，J 指的是 Jam，果酱。面包上抹上一层花生酱，再来一层果酱，夹起来，就是人人都爱的 PB&J。——译者注

间是 8:34。由于纽约下雪，由我操纵飞机做着陆，然后又搭载着新的一拨旅客按计划应该在上午 9:15 返回匹兹堡。但是，由于天气和空中交通管制原因，我们在拉瓜迪亚机场地面延误了 45 分钟。

像以前那样，我拿出这周的航班行程单并在每一航班的边上标记上起降的时间，以此使自己清楚每个航班实际的飞行时间，也以此来保证自己得到相应的报酬。飞行员是按照飞行小时领取工资的。飞行时间的计算是从飞机在某城市机场停机门拿开轮挡推出移动开始算起，至下一城市机场到达停机门为止。

航班延误会使每个人感到沮丧，当然也包括飞行员，从报酬的角度讲，飞机离开登机门后即使是在滑行道上这些时间都在取酬范围之内。如果停在登机门未动等待，这个我们是没有报酬的。

不管怎么说，我们在中午之前又回到了匹兹堡。由于到下一个航班之前有 22 个小时的休息时间，我们可以去离机场远一些的酒店度过周三的夜晚。我们住在城里的希尔顿饭店。那天下午下着雪，我穿得暖暖和和的，一边听着手机中的音乐一边在匹兹堡大街上走路锻炼身体。本来和杰夫说好共进晚餐，后来他有事了，整个晚上是我一个人度过的。空中乘务员也是她们自己过的。

由于几年来一直没有招录年轻人，全美航空公司的飞行机组人员年龄都比较大。我们飞行完后都有点累，也不像以前年轻时有那么多社交活动。过去那种狂热的“是喝咖啡、喝茶，还是跟我走”[①]的年代已经离我们远去了。那是我年轻时候的事了。这几年，大约有三分之一到一半的空中乘务员和飞行员成为航空业界所谓的“砰—咔嗒”生活一族。他（她）们砰的一声关上酒店房间的门，然后咔嗒一声将门锁上。他们没什么社交活动，常常是一个人呆在屋里度过整个航班执勤中途休息的时间。

说归说，事实上他（她）们中的绝大多数并不会真的和门置气。他们会亲切地说声“晚安”，之后走进房间就再也不出来了。

① coffee, tea or me，早期美国性解放时女人向男人求婚的自白。——译者注

我很了解这种长期出差在外飞行是个苦差事。我的同事们一是觉得累,另外也不愿意进城去乱花钱。我更是一个不喜欢社交的人。不过我想,每个月离开家 16 天或 18 天,也就是在外面度过 60% 的时间,所以我不能把几乎是我生命中的一半时间打发在旅馆的房间中看闭路电视。因此我总想至少走走路或跑一会儿步。即便是我一个人,也会找一个没去过的餐馆吃吃饭。我总得有生活啊。如果机组中有的成员愿意加入,我会很高兴他们陪着。如果没有,我一个人也不错。

在那个周三的晚上,我给家里打了电话,和女儿们聊了一会儿,告诉她们我是怎样在雪地里走路锻炼,问她们在学校做了些什么。她们都已经是十多岁的姑娘了,渐渐地都有了自己的生活,对我一天的工作生活细节并不感兴趣。而做爸爸的总是想方设法与她们交流,给她们一些新鲜的经验和体验。

第二天早上,1 月 15 日,仍然是下雪的天气。杰夫和我今天的航班是飞空客 321 飞机从匹兹堡到夏洛特。

由于在匹兹堡飞机需要除冰,我们飞抵夏洛特的时间晚到了 30 分钟。我们在夏洛特换了飞机,由空客 321 换成了空客 320。这架 A320 飞机正是我们迫降在哈得孙河上的那架飞机。航班从夏洛特飞抵拉瓜迪亚是下午两点多。纽约当天下雪,但我们飞抵时雪刚刚停了。

在拉瓜迪亚机场,航空公司的地面服务代理开始让乘客登机。我拿到了航班号为 1549 的飞行计划[①],从纽约飞往夏洛特。我下飞机在候机楼花了 8 个多美元买了一个金枪鱼三明治,想一会儿在飞回夏洛特爬升至巡航高度时享用。

回到登机门,旅客已经开始登机。我也没有机会和他们聊点什么,只是后来才知道旅客们谈及了我,说我满头灰白的头发,看上去比我的年龄要老,因此,他们认定我是个有经验的老飞行员。我对他们中有的人点点

① 航空公司的每一个航班都会有一份飞行计划。上面有飞行的航路、高空的风向、风速、油量、飞行时间、备降机场等各类有关此班飞行的信息。——译者注

头，微笑着拿着三明治走进驾驶舱。

在飞机做地面过站勤务时，我检查了油量和天气报告，接着从头至尾检查了飞行计划。作为副驾驶，杰夫的分工是围着飞机走一圈对飞机外部按规定进行检查。我们俩都没有发现任何不正常的地方。

航班是满载，150 名旅客，加上机组——我、杰夫、希拉、唐娜、多琳。在飞机准备从停机门推出时，杰夫和我还谈起这四天我们配合得不错。这是我这四天航班组合的最后一段。我计划是抵达后下午 5:50 离开夏洛特，乘坐航班飞旧金山，然后回家。杰夫乘坐晚上的航班，回头飞去威斯康星。

我们是在东部时间下午 3:03 推出的，滑出后加入到长长的排队飞机行列中等候着轮到我们起飞。

在我和杰夫的耳机中，传来拉瓜迪亚机场塔台空中管制频率中连续不断指挥着一架一架的飞机的技术术语。我们听着，同时观察着两条交叉跑道上起起落落的飞机。这是美国最繁忙的机场之一。就像每天一样，这里正上演着一台精心设计的芭蕾舞，在这个舞台上每个人都精确地知道自己应处的位置。

下午 3:20:36，塔台管制员通知我们："仙人掌（Cactus）[①]1549，这里是拉瓜迪亚塔台，可以进入 4 号跑道并等待。一架飞机准备在 31 号跑道着陆。"塔台的指令含义是允许我滑进现用的 4 号跑道，停在跑道上等待起飞的指令。同时塔台也通知，我们会看见另一架飞机在 31 号跑道上着陆。（仙人掌是全美航空公司的无线电呼号，是我们与原来的美国西部航空公司合并后新起的。一些飞行员和管制员都希望能保持我们原来的呼号"US Air"以避免混淆。飞机上喷涂的标记与呼号不同容易出错，特别是在国外机场。）

3:20:40，我操纵飞机滑行到位。杰夫向塔台管制员报告："仙人掌 1549 在 4 号跑道上等待。"

① 仙人掌为全美航空公司的呼号，就是在空中管制无线电通话里自己航空公司的名字，像 China Southern 是中国南方航空公司的呼号一样。——译者注

飞机在跑道上等了 4 分 14 秒，我们收听着耳机里管制员与飞行员在无线电中简明而极专业的对话，比如：“美洲 378，可以着陆 31 号跑道，030，10，另一架飞机在 4 号跑道上等待。”这是塔台管制员告诉美洲航空公司 378 航班，可以在 31 号跑道上着陆，风向是东北风，风速是 10 海里 / 小时（5 米 / 秒）。并告诉他，我和杰夫在 4 号跑道上等待。

3:24:54，管制员指令我和杰夫：“仙人掌 1549，4 号跑道可以起飞。”

3:24:56，我回答管制员：“仙人掌 1549 可以起飞了。”

飞机在跑道上开始滑跑。不一会儿，我检查速度表到 80 海里时，我喊“80 海里”，杰夫回答“检查”。这是两边速度表对照检查，喊话与手册要求的程序完全一致。

不一会儿，我喊“V1”，这表明我已经看到飞机速度达到了一定值，也就是过了这一点后即使飞机的一台发动机失效，我们也不能中断起飞了，否则飞机无法在剩余的跑道上停下来。只能继续起飞，且飞机已达到这样的速度一台发动机也可保证安全离地。几秒钟后，我喊“抬前轮”。这也是我们的标准喊话，是告诉杰夫我们已经到达一定的速度值，他可向后拉侧方操纵台上的驾驶杆，这样飞机机头抬起来就离开地面。到离陆这一段都是很正常的程序。

3:25:44，塔台管制员指令我们：“仙人掌 1549，联系纽约离场，再见。”这是告诉我们,关于我们飞行进一步的无线电指令由设在长岛（Long Island）的纽约区域终端进近雷达管制指挥。

3:25:48，我回答拉瓜迪亚塔台管制员：“再见。”直至这一点，我四天的航班组合都飞得很正常。几乎每次起飞着陆都是如此这般。我都飞了 42 年了，真希望这次航班也能一如既往。

今天的航班尽管在早些时候有一点点的延误，但我们居然赶回来了一些，因此当时我的心情还很不错。目前能知道的夏洛特至旧金山我回家乘坐的航班是正点的，而且还有中间的座位是空着的。看起来今天我能在洛里和孩子们睡觉前回到家了。

3 ——SULLY 前事不忘 后事之师

那些曾经发生的空难

在人类不懈奋斗的历史长河中，航空业的发展还只是近代的事情。莱特兄弟的第一次飞行是在 1903 年，仅仅是 106 年之前。我今年 58 岁，已经飞行了 42 年。由此而言，航空真是年轻的事业。我的经历几乎占其开创以来一半的时间。

在过去的 106 年中，有许许多多的人为此做出了贡献。他们勤奋工作，他们不断实践，他们在工程技术上的不断突破，使得航空业很快地从开始险象丛生的新兴行业成长为各类风险已被控制在很小范围的大众化行业。如今，飞行可能看起来很容易，但大家不要忘记它曾经以至现在仍然是危如累卵。

我并不是说旅客们不应对航空旅行感到安全舒适。我只是想强调，目前我们国家平均一到两年发生一次灾难性的空难事故，很容易引起行业的自满。满招损，谦受益。正如中国晚唐诗人杜荀鹤的诗《泾溪》所言“泾溪石险人兢慎，终岁不闻倾覆人。却是平流无石处，时时闻说有沉沦”。我们的警惕性丝毫不能放松。

远在我驾驶 1549 航班水上迫降之前，我一直注意研究各航空公司发生的飞行事故，我发现尤其是近几十年的典型空难事故中飞行员们的经验尤为难能可贵。对驾驶舱语音记录器留下的未生还飞行员最后时刻的对话记录，我会认真阅读并深思熟虑。

我如此认真地研究这些空难事故还有另一个原因，那是在20世纪90年代初期，我参加了由全美航空公司几十名飞行员组成的工作小组，研究一项航空安全的新课题，我们叫做CRM——机组资源管理。在执飞1549航班之前，我一直对自己在机组资源管理理念课程所做出来的专业化贡献最为引以为豪。在我们共同努力下，全美航空公司飞行员的文化理念，包括在驾驶舱的对话、领导权与决策权都得以改进。像曾与我共同在研发组工作的朋友、副驾驶杰夫·迪尔克斯米尔（Jeff Dierckmeier）评价的那样："开始之时只有少数人坚信自己的理念，但最终他们对飞行安全发挥了巨大的推动作用。"

我对飞行安全的兴趣可以回溯到我十几岁刚刚开始飞行的时候。我总想了解飞行员在极富挑战性的飞行中做出的最佳决策。这些飞行员无论男女，都是我竭力仿效的榜样。

所以我总是想仔细地了解飞行员的每个动作以及背后相关的整个细节，并扪心自问，如果我处在那种情形下，我能做得如此成功吗？

几年前，我曾被邀请在法国举行的一个关于不同行业安全问题的国际会议上做专题演讲。由于商业航空业超好的安全记录，人们让我在两个专题小组讨论会上发言，讨论如何能将航空安全上的努力成果转化到其他行业。我谈到一些其他行业领域已认识到，可以把航空业的安全理念与其业务相结合，进而从中得到益处。

达到这种高水平的安全，要求整个组织中每一层级的人员都对其做出最高的承诺，而且要持续努力，常备不懈。

作为我们这些飞行员，目前我们担心的是航空公司都面临着巨大的财务压力。今天许多旅客都以票价来选择航空公司，如果一个航空公司的票价比竞争对手低5美元，那客人就会买这家航空公司的。这样的结果便迫使航空公司降低成本，以低票价提高竞争力。这确实是让人们航空出行更便宜了。在客舱中减少免费的服务项目显而易见，但旅客没有办法看到的是航空公司如何在另一些方面削减成本。比如，一些规模较小的支线航空公司通过降低招募机组的标准来达到降低成本的目的，有的给飞行员的年薪才 16 000 美元。经验丰富的飞行员（他们的经验能够在紧急情况下发挥作用）是不会来这里工作的。

至今，我已经飞行了 19 700 小时。回想 2 000 或 4 000 小时时，我那时也知道的不少，但与现在的经验的深度和广度相比却不可同日而语。从那时起，这么多年我磨炼技术，增长经验，经风雨见世面才有今天。现在，支线航空公司雇用一些只有 200 个飞行小时经验的飞行员，让他（她）们当副驾驶。这些飞行员也许接受过附加的训练，飞行的能力也可能不低，但经验的积累需要时间，要一个小时一个小时日积月累，经历多少春夏秋冬才能真正了解和掌握飞商用喷气飞机内在的学问和技术。

还有一个问题。航空公司都曾拥有自己的大型机库，由他们自己的机械师在这里维修飞机。机械师们定期检查、翻修飞机的各个部件，包括无线电、刹车、发动机等。他们了解自己机队里的每架飞机的每个部件、每个系统的细节。而今天许多航空公司把飞机的维修及部件的大修外包出去了。问题是，外面的机械师对每架飞机够了解吗？如果一个部件送到国外去大修后，再送回来时可靠吗？

客观地说，当这些工作都外包时，维修是在另外的公司完成的。航空公司不得不付出更大的努力来管控全部的维修过程，这样才能保证部件和维修的质量已达到本公司手册要求的相同水平。

航空公司每一项业务选择都基于其成本考虑，这有其特殊的复杂性，应当仔细斟酌才行。但有一个问题我们必须一直放在心上，即我们主观上不愿意看到的安全出现问题。

每一起空难几乎总是事件因果链的最终结果。如果任何一个链环出了问题，问题就有可能由此及彼地发展。几乎没有一起空难仅是由一个问题造成的。在许多情况下，一个问题导致另一个问题，进而风险加剧以至不可收拾。航空安全上，我们需要关注整个链条上的每一个链环。

发动机厂商知道，如果有一天他们的发动机撞上了一群鸟，进入进气道的鸟会对发动机造成严重的损伤。怎样解决这个问题呢？制造厂商们便把饲养的大禽鸟事先宰杀掉，然后用一个气动的炮将死鸟打进发动机旋转着的叶片上来测试。以鸟的牺牲来取得数据，进而保护人的生命安全。由于许许多多的机场周围鸟群越来越多，这一项测试是至关重要的。

鸟类当然有资格在广阔的蓝天飞翔，但如果人类的飞行活动越来越多，我们就需要更好地了解这里面的风险，以及如何防止鸟击[①]。在1549航班迫降后的事故调查中，调查员们也在考虑是否需要改进发动机验证的标准。

回顾飞行发展的历程，航空领域在安全上的每一个进步都是用血的教训换来的。这有点像我们总是等死亡人数达到一定高值时，才引起公共意识或采取行政措施一样。许多最惨重的空难必然会在飞机的设计、训练、法规、航空公司的运行规则方面引起最重大的改变。

媒体对航空公司空难连篇累牍的报道以及公众对这些惨案的积极反响，有力地推动了政府和航空界对安全的重视。

人们对乘坐飞机旅行有着极高的期望值，他们也应该如此。但是，他们并不总是全面地对待航空风险。想一想2008年全美国因车祸死亡37 000人，几乎每周死亡700人，而我们很少关注，其原因就是每次事故大多是造成1到2人死亡。现在我们可以试想一下，如果每周有700人死于空难事故，这就等于几乎每天都摔一架商用客机。果真如此的话，机场和所有的航空公司就都要关门了。

在航空界，零事故始终是我们追求的目标。为了接近或完成这个目标，我们必须有完整的方案以确保持续不犯错误，即使做到这些要花很多钱也必须去做。我们必须在过去106年里航空界做出了不懈努力的基础上继续前进，而不能躺在前辈人做出的努力上高枕无忧。我们需要持续地在改进人员素质、完善系统和技术进步上增加投入，以保持较高的安全水平，这

① 飞机与鸟的撞击。——译者注

样我们才能劳有所获。这一切并不会自然而然地发生，需要我们做出不懈的努力。其他许多产业和职业领域都有着相同的规律。

商用航空是一个涉及多种知识、技术的专业，勤奋、正确决断和经验也都至关重要。我们手中掌握着上百名旅客的生命。飞行员们知道责任重于泰山。这也是为什么早在执飞 1549 航班之前，我就孜孜不倦地学习研究别人的经验，职责所在啊。

当我走进 1549 航班的驾驶舱时，心中装着许许多多的飞行员们在我之前所做的不懈努力和贡献。

1944 年 9 月 20 日，两名先驱的试飞员，冒着生命危险驾驶 B-24 解放者轰炸机（B-24 Liberator）[①]迫降在弗吉尼亚的詹姆斯河（James River）[②]上。这是整架飞机第一次由人操纵着在水上迫降。像水上飞机一样，飞机在水面上滑翔了几百英尺，飞机的前部几乎完全损毁，一群机械师从停泊在附近的一艘船上观察到了整个过程，记录下飞机降落在水面的整个过程。所幸飞行员都幸免于难。

第二天，《新闻日报》（*Daily Press*）在航海新闻专栏中列出醒目标题：B-24“水上迫降”，进行了飞机结构试验——詹姆斯河上的测试，目的是为了减少未来的生命牺牲。

在 1944 年的这一天之前，同盟国的轰炸机在第二次世界大战中已进行过多次水上迫降，多数是在英吉利海峡。绝大多数飞机灌满水后很快沉没，几百名机组人员葬身大海。他们是多么渴望得到能够水上迫降成功的程序啊。

---

① B-24“解放者”轰炸机是美军在第二次世界大战中的一种主力轰炸机，四发远程轰炸机，波音公司制造，1941 年交付使用，主要用于欧洲战场，共生产约 18 181 架。——译者注

② 美国弗吉尼亚州中部河流。由杰克森河和考帕斯御河（Cowpasture）汇流而成，在博特托尔特（Botetourt）县北部切过阿帕拉契大山谷（Great Appalachian Valley），是美国弗吉尼亚州最长的河流，长达 340 英里（547.160 公里）。——译者注

《新闻日报》最近的一篇报道披露，在弗吉尼亚水上那次迫降之后13年，关于故障飞机必须水上着陆最佳程序的整体报告才写出来。报告中提出，水上迫降时应收起落架而不是放下。报告提出飞机近水时的速度越小越好，机翼上的襟翼应在放下位置接水更有利。报告还强调机头抬高一些在多次成功案例中显示出是非常重要的。这些程序至今仍是水上迫降的指南。1549航班迫降时，以上信息都萦绕在我的脑海里。

作为一名航空史学的研究者，当我阅读到早期的飞行员们在特殊情况下所采取的处理动作时，我心里充满着敬畏之情。那时，他们不像我们今天有大量信息源帮助做出决断，他们也没有后来这几十年在设计飞机时反复试验得出的数据给飞机运行带来助益，他们仅仅是凭心灵感应的睿智应用最基础的杆、舵和仪表驾驶飞机。

在1549航班水上着陆之前，发生在1956年10月16日泛美航空公司6航班的水上迫降也许是最为著名的一次。这个航班是从夏威夷的火奴鲁鲁飞往旧金山的，搭载25名乘客，货舱里还装着44箱活的金丝雀。

午夜时分，这架波音377（同温层巡航者）飞机[①]两个发动机停车了，剩余的两台发动机不得不保持最大推力，耗油量很大。

42岁的机长理查德·奥格（Richard Ogg）知道飞离夏威夷太远了，返航是不可能的，而距前方的旧金山也太远，飞抵同样不行。于是，他选择了在水上着陆。飞机在空中盘旋了几个小时，一方面消耗掉飞机的燃油以减轻飞机的重量，另一方面等着天亮。同时，美国海岸警卫队的快艇也正好在那里准备对旅客和机组进行救援。

早上快8点时，机长操纵飞机进行水上迫降。由于接水时的碰撞，飞机的机尾被撞断，机头也破裂了，但所有旅客和机组都被安全救出。奥格机长在飞机内检查了两遍，确认没有任何人留下后，最后一个离开了飞机。

① 波音377（同温层巡航者）飞机是第二次世界大战后波音公司在B29轰炸机基础上改造的商业飞机，于1947年7月首飞，至1950年共制造56架，其中泛美航空公司订购了20架，并于1949年开始运行。该飞机起飞全重145 000磅（66吨），装有四台3 500匹马力的惠普螺旋桨发动机，巡航空速300英里/小时，可搭载55~100名旅客。——译者注

21分钟后，飞机沉入太平洋。

6航班的境况与我操纵的1549航班大不相同。最重要的一点是，奥格机长有很长的时间做好自己的计划，而杰夫和我几乎连一分钟都没有。而且奥格机长是降落在广阔的海洋上，不像我们只是一条河。但我一直都钦佩奥格机长能够安全地实施水上着陆。我知道并不是每一个飞行员都可以做到这一点的。

1549航班的事见诸媒体后，《旧金山纪事报》采访了奥格寡居的妻子佩姬（Peggy），问她这次在哈得孙河上的迫降与她丈夫1956年在太平洋上的迫降有何相同之处时，她谈到她的丈夫是一个很有责任心的人。当年，他丈夫就曾经告诉记者："这就是我们的职业内涵。我们必须把它做好，别无选择！"

奥格机长是1991年去世的。临终前，他的妻子坐在床边陪着他。看到奥格朦胧的眼神望着远方沉思，妻子问他在想什么。他告诉她："我是在想飞机水上迫降后，那44箱可怜的金丝雀在货舱中沉入了海底。"

我亲身经历调查的第一起空难是太平洋西南航空公司1771航班[①]空难，是从洛杉矶国际机场飞往旧金山国际机场的。1989年12月7日，飞机撞在加州卡尤科斯市（Cayucos）附近农场的丘陵上。

这次空难的细节不易忘怀，让我深感不安。空难起因是一个名字叫大卫·伯克的人，曾在全美航空公司做过机票代理，35岁。他被安保电子眼拍到涉嫌从空中酒吧收入中偷窃69美元，因此被解雇了。他要求重返自己的工作岗位没有成功。因此这次他买了1771航班的机票，因为他的前主管是这次航班上的旅客。

这是在"9·11"之前，那时只要有机场的工作通行证件就不用过安检，所以伯克携带一把点四四的马格楠左轮手枪登上了飞机。登机后过了一会

① 太平洋西南航空1771号班机是由洛杉矶国际机场飞往旧金山国际机场的定期航班，机型为四个发动机的BAe 146—200型。——译者注

儿，伯克在飞机上的清洁纸袋上写了一段话给他的前主管:“你好，雷（前主管的名字），我想我们两个落到如此下场真是有点讽刺。还记得我请你大发慈悲放我的家庭一马吗？好吧，我一无所有，你也会一无所有。”

飞机正飞行在22 000英尺（6 705米）的高度，座舱语音记录器记录下了客舱中像是开枪的声音。随后记录下空中乘务员走进驾驶舱后说:“我们遇到麻烦了。”机长问:“什么麻烦事？”之后是伯克的声音:“麻烦事就是我。”

随后语音记录器记录了搏斗声和枪声。调查员们判断，伯克开枪打死了机长、副驾驶之后开枪自杀。这之后飞机进入了俯冲。判断这是由于飞行员的身体前倾压住了驾驶杆。飞机以每小时700英里（1 127公里）的速度撞地，猛烈的撞击使飞机粉身碎骨。机上43个人无一幸免。

作为航空公司驾驶员协会安全委员会的志愿者，我在事故现场以一名调查员的身份参加了“生存因素”工作小组，负责调查机组怎样做才能使空难免于发生。当然，在那样的情况下，他们几乎是什么事也做不了。联邦调查局很快接手，事故现场即变成了犯罪行为的调查现场。几天之后手枪被找到，还有六个空弹壳。随后，写了字的清洁纸袋、伯克用来躲过安全检查的通行证件都被发现了。

当我到了那里时，事故现场就像户外摇滚音乐会现场似的，乱七八糟的垃圾、残骸散落在整个山坡上。除了起落架的大锻件、发动机核心机外，整架飞机几乎找不到一块稍大的碎片。犹如站在一个大屠杀现场，让人心神不安。想象在我们头顶上发生的惨烈场面，空气中充满着航空煤油与血腥气混合的味道。

我认识失事飞机上的一名乘务员。想象机组和乘客们最后时刻的煎熬真让人不寒而栗。在这样的调查组中工作让你集中思考的问题就是如何防止类似事件的发生，唤起你不再让灾难重演而必须做出不懈努力的信念。

1771航班事故之后，一些航空公司的雇员都要按一般旅客那样接受安全检查。一些有关航空领域工作人员证件管理的规章也开始制定。联邦法律就要求航空公司的雇员在停职后退回他们的证件。不过，在安检方面仍有层出不穷的问题需要面对。站在加州的这个小山坡上，我无论如何也没有想到 2001 年 9 月 11 日客机的驾驶舱会以那样的方式被突破。

在事故调查组工作时我还承担过其他一些任务，被指定走访空难中的幸存者。

1991 年 2 月 1 日，在洛杉矶国际机场发生了一起跑道上飞机相撞的事故。飞机分别是全美航空公司的 1493 航班和西部天空航空公司的 5569 航班。发生事故的部分原因是机场空中管制员允许全美航空公司的波音 737 着陆，而同时同一条跑道上西部天空航空公司的通勤支线飞机——一架费尔柴德美多 III 型客机[①]正在跑道头等待起飞。西部天空飞机上的全部 12 个人以及波音 737 上的 23 名旅客死亡。分配给我的调查任务是对 737 上 67 名幸存者中的一些人做访谈笔录。

国家运输安全委员会（NTSB）给我们提供了一份很长的调查问卷，其中的问题包括：你们回忆一下在机舱广播中听到了什么？紧急出口的灯亮了吗？你有没有帮助别人逃出去？有没有任何人帮助你逃出去？

这些问题的设计都是为了帮助航空界从这次事故中吸取教训并进行改进。

尽管调查空难事故不是一件让人心悦的工作，但我自己对有机会来做这件事还是很珍惜，也感到幸运。当我与幸存者谈话时，我认真地倾听，力争明白他们所说的一切，清晰地记录下每个细节，之后我再把相关细节整理成文字，说不定哪天我自己还需要参考这些记录呢。

① 费尔柴德美多 III 型飞机，由费尔柴德公司（Fairchild）制造生产的双发涡轮螺旋桨 19 座通勤短程飞机，1969 年 8 月首飞，1970 年 7 月取得合格证，巡航速度 255 海里（473 公里），起飞全重 12 500 磅（5 679 公斤），共生产超过 1 000 架。1990 年前后中国民航海南航空公司曾使用过该型飞机。——译者注

4 ——SULLY

潜移默化 见微知著

“量两次，锯一次”

我成长在一个每人都要劳动干活的家庭里。

每当我想到陪伴我成长的劳动的理念和价值，并且在我成为飞行员，飞行了700万英里（1 127万公里）的过程中，我都会想起小时侯父亲给我的一把榔头。

我父亲和母亲是1948年结婚的，他们从外祖父那里买了一块地，借了3 000美元建了一个又矮又小的房子，只有一间卧室。而随后的几年，经过父亲辛勤的劳动，住房一次又一次地扩大着。他的这些建设工作是在三个有时并不很情愿的人帮助下完成的。那三个人是我的母亲、妹妹还有我。

我的父母出生在得州的丹尼森。我的母亲一生只住过两个地方，而且两个地方距离只有一英里。第一个是我的外祖父拉塞尔·汉纳（Russell Hanna）在1918年左右建的家，母亲在那里度过了童年。外祖父建的这个家完全是就地取材。那里原来是一片荒地，石头遍野。外祖父雇了一个人与他采石为料，建了住房及农场的其他用房。我的妈妈在那座房子里生活到21岁后，搬到了沿门口小路不远的另外一个地方，就是她和我父亲建的房子，在汉纳路（Hanna Drive）旁边，母亲在那里度过了她余下的一生。

外祖父家门口有一条小碎石路，外祖父当然可以给它起个如雷贯耳的名字，如第一大道或什么别的。然而外祖父没有这样做，因为这条路是他的私产，他用自己的姓氏来命名。汉纳路 11100 号。我就是在这条路边长大的，一个不断扩建，毗邻特克索马湖（Lake Texoma）的家园，在丹尼森郊外 11 英里（18 公里）。

在我出生前，我的祖父就去世了。当时，我的祖父拥有一个建筑木材厂。祖父去世后，祖母继续管理着工厂。工厂就在丹尼森。当我还是小孩时，记忆中令我十分愉快的事情就是在工厂巨大的锯末堆上玩耍。工厂里充满着切割木材机械的轰鸣声和十分清新好闻的木材味。祖母的办公桌上有一个酷酷的小装置，是一个做得像人手形的螺旋弹簧金属片组合。那个时代办公全是手工，祖母把信件和文件存放在手形装置的手指之间。在这样一个工厂里长大，我的父亲喜欢木工活，也有这方面的知识，他动手能力也很强，以致他长大后成为一个干活的行家里手。

这就好解释为什么我还是小孩的时候，每隔上几年，父亲就告诉家里人，现在又该把家扩大一些了。爸爸和妈妈觉得我们需要一个新的卧室或大一些的起居室时，他就会说："我们一起来干活吧。"我们大家就赶紧拿出工具。父亲是一名牙科医生，不过他在高中时学过制图。他自己做了一个很大的画图用的夹合板桌子。他坐在桌旁花几个小时用 T 型尺、铅笔把计划的扩建图案画出来。那时候，爸爸爱读《大众机械》（*Popular Mechanics*）和《大众科学》（*Popular Science*）杂志，并且将上面最新的房屋建造技术内容剪下来存档备用。

我就是在这样一个目标定在什么事都要自己动手的环境中长大的。在劳动中，我学会那些不懂的东西，并掌握它。我的父亲是自学成才的，木工、电工，甚至是屋顶盖法都是自学的——之后再教给我们。当我们做房屋的管道工程中管头与软管相连接时，父亲和我通过焊接使其熔合密封。当作电工活时，我们明白需要依规矩操作，否则会导致自己触电或带来火灾烧毁房屋的风险。这些事情说来容易做来难。而我们完成的工作所达到的标准，都是越来越令人满意。我们是在实践中学习。

我父亲喜欢用木匠们在实践中总结出来的格言教育我们，比如“量两次，锯一次”。第一次听到这句格言，是我锯下一块木料用于做走廊墙面框架，由于对锯之前的测量我并没有十分在意，其结果是木料拿上去后才发现短了。

父亲看了看后，“再去拿块二乘四的板材过来，”他对我说，“这回把尺寸测量得仔细一些。量完后再把所有尺寸再量一次。直到你确信两次测量的数据完全一致为止。而且锯的时候要比画好的标线尺寸略宽一点点儿，要给自己留点余地。长了还可以再锯短，而短了就没法弄长了。”

我很认真地按照我父亲说的去做了。这次锯的木料放到墙上时刚刚好。父亲看着我满意地笑了。“先量两次，”父亲说，“然后再锯。要记住啊！”

在我家中有四把榔头，每人一把，可没少用。在上午，天还不是很热的时候，父亲带着全家在房顶上把一块一块的屋顶板子钉上去。父亲从未考虑请一个公司或专门的工人们来做这些活。一方面是家里没有那么多宽裕的钱，另一方面，父亲认为全家人在一起干活是一件愉快的事情。

我的妹妹，玛丽，每当她回忆起小时候父亲开车带我们去附近的谢尔曼镇时，总是免不了发笑。在那里，父亲看中了一所令他十分喜欢的房子，但并不认识房主。那时我和妹妹还在上小学，父亲带着全家坐在这座房子的前面，在图板上描绘草图，研究他喜欢的这所房子结构的每一个部分。不久，屋顶的草图就绘制出来了。一周之后，他又回来绘制了楼前的台阶。父亲希望我们家的房子也像那所房子一样漂亮。他对他喜欢的一些细节在设计图中浓彩重笔。

我妹妹看着父亲一次又一次地扩建家里的房子，觉得一切事情都是可能的。“只要你想学，你就能学会，”她说，“一个人如果能坐得住并从头至尾进行逻辑性思考，那么用相似的方式认真学习和研究问题，再加上持续努力，你就会从一张白纸起步并最终建成称心如意的房子。”

“任何事情都是可能的”，这一理念言简意赅，但像反复念诵的经文一样影响着我长大后的一生，特别是我结婚之后的生活。洛里也向我提出这一理念。而且在这同时，父亲身体力行的榜样形象始终激励、指引着我沿着这个理念一路前行。

这并不是说我对父亲提出的每一项要求都是百分百地拥护。周六早上，我和妹妹多么想多睡一会儿啊。可父亲会在 7 点准时叫我们起床，接着就去干那些近期启动的改扩建工作，一直到中午。午饭后，父亲会让我们睡个午觉，以便下午晚些时候有力气再干活儿。

我们俩在午休时间即使睡不着也假装睡，这样父亲就不会即刻叫我们去干活儿。“闭着眼睛，”妹妹玛丽对着我的耳朵悄声说，“他会以为我们还都睡着呢。”

尽管我们的活儿干得不是很快，但我明白整个建房过程中，一钉一铆都至关重要。我还是尽力把活儿干好，使扩建的房屋看上去不错。就连我还在上小学和初中时，一砖一瓦的工作我都认真去做，因为我想，建好的房子我几乎天天都要看着，盖得不好多别扭啊！同时，我也不想朋友们今后来我家做客，看了之后说你住的这房子准是找了一帮门外汉盖的。

在很多时候，房子是我感到自豪的内容之一。但有些时候，我自己也会感到一点点困窘。有些时候我会默默地想，如果能像其他人一样住在一所由开发商的专业人员建造的房子里多好啊！我告诉自己，等我长大了一定要住那样的房子，所有的地板平平展展完美无缺，所有的接合处都像直角尺那样整齐划一。为了省钱，父亲常常在冬天把电暖器调到较低档。我发誓，我将来住的房子冬天绝不会冷。

可是，尽管我有许许多多无声的怨言，但我知道建造房子方面的付出是一个难得的人生体验。每一次扩建完成，我都有一种成就感。房子的扩建不是理论上说说而已，也不是用脑袋想想就行，它是一个切切实实的劳动过程。我们能够亲眼看到通过劳动改变事物，特别是在夏季，天比较长，黄昏时看着自己辛苦一天完成的比早晨改变了许多的劳动成果，我真的很喜欢这样的感觉。

我喜欢看到做每一件事的结果。小的时候我一直喜欢做的家务劳动就是在我家院子那半英亩大的草地上修剪草坪。当我修剪到一半时，我知道再剪这么多就完成了。当全修剪完后，看着草坪与修剪之前完全不同了，看上去那么整洁，感觉可好了！后来在航空公司，我作为一名飞行员也有同样的成就感：我已飞了一半的航路了、我着陆了，我完成了这次航班的任务！

我的祖父母和外祖父母都出生在1885年至1893年之间。他们四个人都上过大学，考虑到他们生活的时代，对我祖母和外祖母来说，尤其了不起。他们对我父母的教育非常重视，相信读书至关重要，同时他们也十分看重父母在课堂之外的学习。

我的父亲出生于1917年，他从十几岁开始就一直写日记，后来还允许我看过。一页一页翻着父亲的日记，经济大萧条时期的情景一幕一幕真实地展现在我的面前。钱总是个问题，不够用。父亲从上高中时起就不得不打几份工。他在完成学业的同时，还要跑完两条路线去分送报纸，此外他还要抽出时间在电影院当一名引座员。

我的祖父有时候还没到月底钱就花光了，还要找我父亲借钱。父亲在日记中记录着他是那样有勇气和信心，描述他在困难时期如何设法解决问题。当他得到一点点钱可以在外面吃顿饭时，他会到饭馆买一碗辣椒酱，放上咸饼干和调味番茄酱搅匀压实，让这顿饭更实惠一些，以便吃下去撑的时间长点儿。

读着父亲的日记，我渐渐明白了他们那一代的处世观。反观现在，许许多多的事情在我们这一代人看来是多么地简单、容易。我明白了父亲为什么冬天总把取暖设备关小，为什么让自己的孩子总是通过劳动扩建自己的房子。在经济大萧条的年代，他的这些观点是不易改变的。

我的父亲 1941 年 6 月毕业于达拉斯的贝勒口腔学院。毕业后他参加了海军，这时距第二次世界大战时的珍珠港事件有 6 个月。

父亲从小就喜欢飞机，他的理想是成为一名海军飞行员。甚至他已经通过了极其严格的身体检查，但就在最后一分钟，他考虑自己学过的牙科专业，也许从事此项工作对国家的贡献是最大的，这真是命运的选择。命运有时是鬼使神差的，和父亲一起参加海军的几位朋友当了飞行员，都在第二次世界大战早期残酷的空战中牺牲了。父亲常假设如果自己当了一名飞行员，他可能和他们一样会被击落的。

在牙医的工作岗位上，父亲刚开始时在圣地亚哥基地，后来又转到夏威夷。他从未参加过战斗，但在牙医的工作岗位上给许多可以说是惨不忍睹的伤员治疗过。从 1941 年到 1945 年，成百上千从战场撤回来途径夏威夷的军人向父亲讲述了他们的战斗经历。

父亲在军队医院牙科岗位上认真地工作，同时自己也向他的病人们，尤其是军方的领导们学习着。在我小的时候，父亲就向我滔滔不绝地讲起军官们如何对手下的每一位下属关怀备至。父亲还多次讲起，作为一名指挥员，如果因为缺乏预见性或在决断上出现一个错误，导致手下人受伤或者送命，他在余下的日子里将饱受煎熬。

在我还是孩子时，父亲就灌输给我这样的理念：一名指挥员的工作是充满挑战的，他的职责可以说是神圣的。父亲的这些教诲伴我一生。从军队生涯直到我成长为一名航空公司飞行员，上百名旅客的生命在我手上时，我牢记着父亲的箴言。

父亲离开军队时已经是军医官了。第二次世界大战结束后，他在丹尼森开了一家牙科诊所。父亲喜欢和患者交流，只要没有在进行治疗，父亲总是耐心地倾听他们的讲述。父亲不是一个很会做生意的人，从未有雄心考虑通过合资入股的办法将诊所做大，也不愿意把自己困在诊所每周工作 35 或 40 小时以上。他通过牙科诊所这个方式赚钱的激情也不高，所以从来没有赚过很多钱，也没有把诊所管理得特别好。父亲自己好像不需要更多物质上的东西,而且认为我们也是这样的。花钱让我学飞行是个特例。父亲考虑通过让我与库克先生学习飞行从而获得一种追求的意识，并为将来的谋生找到一条出路。这样的钱父亲是愿意花的。

父亲不像那个年代的一些人，在他心目中家庭是第一位的，工作是第二位的。我自己经历了那么多之后，明白不能说父亲是一个没有雄心壮志的人，毕竟他亲手建造了自己的家园，如果能够让他与我们在一起的时间多一些，父亲宁可少赚些钱。

父亲几乎从未将自己的牙科医生专职作为赚钱养家糊口的方式。他常常给当地天主教堂学校的修女治牙，有时候她们给钱，有时候她们没钱就不给。父亲还有一些类似的病人，有些人不给钱，有些人只给一点点钱。

我的父亲有时候还有一点点古怪和任性。我后来回想这些，我想这是父亲因为生活中的忧虑而导致心情不好，想换个环境重燃生活的希望。像有时父亲早晨起床后会对我妈妈说:“我今天不想上班了，我们去达拉斯吧。”

妈妈于是拿起电话，取消掉所有病人的预约，然后给我们学校打电话请假。父亲认为我和妹妹都很聪明，少上一两天课，会很容易补上的。同时，他认为我们一起去达拉斯也可以学习到不少东西。

这真是令人兴奋的事。全家人乘坐汽车，一路上听着汽车收音机里KLIF 中波频道播放的 40 首上榜歌曲。行驶 75 英里（120 公里）到了达拉斯之后，全家人一起看场电影，还会去吃一顿不算贵的晚餐。

我们总是住在只有一层的路边小旅馆里，名叫“科摩旅店”，是 20 世纪 50 年代很典型的高速公路路边的那种汽车旅馆。我们在停车场中间的一个小游泳池里游泳。而且我们经常在一个叫“男人”（El Chico）[①] 的餐馆吃饭。不管你点什么，每次菜上来总有米饭和豆类。而我总会点那里的芝士卷饼，里面有我爱吃的洋葱块。

---

① El Chico，西班牙语，男人，雄性的。——译者注

"男人"餐馆开放式餐厅的屋顶很高，西面墙上有一幅巨大的玛雅人（或是一个印加人）在野外的场景的壁画。画的亮点是一个赤裸着上身、腰间围着布片的男人正往罐子里灌水。我坐在餐厅里边吃着卷饼边端详着壁画里的这个男人。我每次在那里吃饭，他都在往罐子里灌水。

我们总是去同一个电影院，茵伍德电影院，里面有巨大的空调系统，这在当时的公共场所可是很少见的。在那里我们看过詹姆斯·邦德的两部电影，1962 年我 11 岁时看的是《007 之诺博士》（*Dr. No*），1964 年我 13 岁时看的是《007 之金手指》（*Goldfinger*）。

对我们来说，达拉斯就是一个大都市了。尽管当时还不是那么大，但对我们来说已经足够了。它有那么多高速路，那么多汽车，那么多熙来攘往的商人。1963 年，约翰·肯尼迪是在这里被枪杀的，我们曾经去过迪利购物中心（Dealey）[①]，几个月前暗杀就发生在那条路上。但我们不像那些爱看热闹的人，从未专门去看过暗杀现场。

这种突发奇想的带领全家倾巢出动去达拉斯的做法，使我渐渐认识到父亲那种受人尊敬的处理家庭与工作关系的方式。家庭总是放在第一位，放在工作之前，也在上学读书之前。这就是父亲早在"工作与生活同等重要"这一观点深入人心很久之前生活方式的写照。

同样，小时候我们全家人在家附近一起游玩的事我至今记忆犹新。家里有一条小船。周末时我们坐船去游览特克索马湖，湖面有 89 000 英亩（360 平方公里）。妈妈的滑水技术非常棒，有时候连续滑行湖面的一半，就像劲量电池兔（Energizer Bunny）[②]滑水一样。

我们有时候还会划船去湖中的一个沙岛，在那里野营过夜，睡在帐

---

① 迪利购物中心位于市中心西部的城中公园内，其名字纪念达拉斯早报的创始人乔治德雷。中心的东、南、北三面都有高楼，其中一栋是得州学校教材仓库，也就是刺杀肯尼迪总统的刺客李奥斯·瓦尔德开枪的所在。1963 年 11 月 22 日，美国第三十五任总统约翰·菲茨杰拉德·肯尼迪乘坐敞篷轿车驶过得克萨斯州达拉斯的迪利购物中心时，遭到枪击身亡。——译者注

② 美国知名的电池广告角色。——译者注

篷里。早上醒来后自己做早餐，之后乘船环游整个沙岛。父亲有时候在下午会让我掌握船的方向盘，就像船长一样。我被晒得黝黑，但这样的经历对我来说真是千金难买。

有一年，父亲买了一本帆船杂志，上面有如何做一条小船的设计图。父亲便取出自己的木工工具。我们一起用胶合板造了一条小船：一根竹竿当作桅杆，一条床单挂起来当作帆。我自学了如何扬帆驾船航行。当时真的感觉到我就像父亲一样，无所不能，只要是我们想要的就一定能做出来，用我们的双手通过劳动创造一切！父子俩在劳动中享受着无尽的乐趣。

人们有时候会问我，父亲在我心目中是不是一位英雄。我从未这样想象我的父亲。对我而言，父亲是树立在我人生路上的一个榜样，包括他是如何以自己的方式享受生活，自我修炼优良品行。他始终是一个完美的绅士，一个几乎从不呼三喝四的男人。在我的记忆中，我从未听到父亲对任何人说过一句轻蔑贬低的话。

当然，现在回过头来看，父亲的性格还有另外的一面，这在那个时候我还不太能理解。父母从不让孩子们看到他们吵架，甚至是直率地谈话。他们会走进卧室，关上门，过一会儿出来他们又表现出双方友好团结的样子。在很长的一段时间里，他们把彼此的矛盾掩盖起来，因此我从未看到夫妻在达成一致意见过程中需要经过哪些困难。作为一名青少年，婚姻是双方不会有任何矛盾这种与现实脱节的期望深深印在我的脑海里。

关于我的父亲还有另一件事情。他有时会说自己感到“恐惧”，他自己也解释不清楚害怕什么，而且他表面看起来一切正常。但直至今天我才认识到父亲患有忧郁症，这个病很可能伴随了他的一生。在那些日子里，当我们想起忧郁症这个词时，总是联想起 20 世纪 30 年代的经济的大萧条[①]。在那个年代，大多数人还没有意识到“depression”竟然还可以是一种医学上的问题。这样父亲的病就从未得到治疗，只好由他自己以“畏缩”的方式应对而已。

① 在英文里，忧郁症与经济大萧条是同一个字，都是 depression。——译者注

有时候他的病发作时他就拿出锤子在房子边上再加建点什么，有时候又表现为突发奇想带着全家直奔达拉斯并住在路边的汽车旅馆里，也有时候他把自己一个人关在屋里，全家谁也不见，谁也不谈，一个人苦想着去对付心中的恶魔。

我的母亲比我父亲小十岁。在新婚时期，他们过着很传统的婚姻生活。母亲是 21 岁时休学和父亲结婚的，之后母亲常为没有完成学业而感到遗憾。当我十多岁时，母亲又去上学，主修教育学。她坚持完成学业，并获得了硕士学位。刚开始时母亲在幼儿园工作，之后一生大部分时间在丹尼森的萨姆休斯顿小学教一年级的学生。

在丹尼森，作为母亲的儿子我过得很快活，人们通常喜爱自己一年级时候的老师，而且我的母亲对孩子们和蔼可亲，循循善教，并且小镇里许多人都非常爱戴这样一位教师。毫不夸张地说，母亲在镇里那是小有名气的。

我的母亲还是一位了不起的钢琴家。我特别喜欢听她演奏肖邦的曲子。在我上小学的时候，我常常对母亲说："妈妈，再弹一弹肖邦的曲子吧。"今天的孩子们有各种各样的视听设备，如 iPod 等，我真不确定他们是否还缠着他们的母亲演奏肖邦的钢琴曲。而我那个年代，母亲用她优美的钢琴声在我的心灵中灌输着古典音乐，帮助我学会欣赏。母亲是我心目中最好的钢琴演奏家。

我总想说，母亲给了我三件法宝让我享用终生，那就是读书、学习和音乐。这是妈妈给我的三件最特殊的礼物，意义非凡。

在我的眼里，母亲是一位积极参加社会公益活动的人。她是 1869 年在艾奥瓦州建立的妇女组织 PEO（博爱教育组织）当地分会的负责人，其任务就是推动妇女享受平等接受教育的机会。在母亲那个年代里，许多家庭都不愿意送女孩子去上大学。对于 PEO 这个平台，各种利益圈子的人还有些非议，所以母亲对 PEO 的姐妹活动总是神神秘秘的。母亲从未告诉过我这个组织代表什么，做什么事情，会开得怎么样以及都有谁参加了会议等。她们当时的政策是只做不说。今天回过头来看，真应向她们致敬，她们鼓励年轻的妇女们去实现自己的潜在价值和能力。我也意识到那个年代女权运动还没有找到真正宣传自己的渠道。

我的母亲还是一个推崇挖掘孩子潜力的倡导者，她相信孩子们可以做的事要远多于成年人的想象。她从她教的小学一年级孩子们的身上看出这一点，其实母亲在成为教师之前就认识到这一点了。

在我还很小的时候，母亲和父亲就让我意识到看好妹妹的重要性，其实妹妹只比我小 21 个月。我父亲以其传统的观念认为男人就应该关照女人，由此他向我灌输，在妹妹面前我像是她的“第二父亲”。而我的母亲则认为，只要父母大胆地让孩子去做，孩子们会努力承担起自己的责任。

母亲总会告诉我:“当我们都不在身边时,就靠你啦。”而我的父亲则说:“一切由你决定。”

我这个哥哥也并非总是做得不错。在我 5 岁妹妹玛丽 3 岁时，有一次我带她去家门口外面的汉纳路上玩石子，路上的小石子比豌豆还要小。我认为给妹妹吃石子是一件很有趣的事。母亲看见了抓住我的手,告诉我，一个 5 岁的孩子应该知道不能这么做。其实我明白这个道理，但在那么小的时候，让你的小妹妹吃一两个石子，也算是一件小孩子玩耍消磨时光的办法嘛。

至今，我妹妹说在绝大多数时间里我是一个好哥哥。从小到大一直到我当了一名飞行员她都这样认为。当妹妹十多岁时，有几次她和男孩子一起出去，其中有的孩子行为鲁莽或是没有礼貌，每次都是我去和他们理论，把他们摆平。妹妹认为，即使有时我们兄妹两个也有话不对路的时候，但我这个做哥哥的还总是保护她不受伤害的。

虽然家里父母兄妹之间的感情表达方式没有那么地外露，但我们的心里都装着彼此，互相之间都有一种责任感。家庭成员之间互信友爱。我的母亲了解我的能力，她总是鼓励说，我做事他们都很放心。所以在我十多岁时母亲很有信心地成为我的旅客让我带她飞行，因为她知道我有信心一定能把这件事做好。

我的妹妹也是如此，与我一起飞行时从未胆怯过。后来她对我说："那时可能年轻，什么都不怕。我就认为对我而言什么危险都不会发生，但是我觉得让我不胆怯的最主要原因是对你有一种直觉的信任，我知道你会保护好我这个妹妹的。"

在20世纪60年代我还是个孩子时，我就有自己的理想并相信自己通过努力能够实现。我期望成为一名空军飞行员，然后进入民航成为一名商用飞机的驾驶员。今天回过头来看，我那时是一个非常执着、认真的孩子，有了自己一生的定位后，为之勤奋努力。

我在八年级时写过一篇作文，题目是"我的品行"。我写道："我既有好的行为方式也有坏的习惯。彬彬有礼是我的优点之一。我的父母让我知道自己应该懂得的行为规范，我想我在餐桌上的礼貌是恰如其分的。"

"我也有不好的习惯。我对别人有时不够耐心。我要求自己做任何事都要精益求精，对别人也是如此要求。我应该明白并不是每个人都十全十美的。"

"我知道许多人在性格方面比我要好，但我总是尽力而为。"

我的老师在作文的末尾给的评语是："你做得不错。"那时候老师一般都这么写。老师与父母不会有那么多时间来表扬孩子，告诉他们自己特殊的地方，而回过头来看那个年代，简单一句"你做得不错"就算是对学生的表扬了。

从这篇作文，我觉得我能看到成年的自己。我总是在方方面面高标准要求自己，也这样要求别人。我是一个典型的完美主义者，但我认为正是这样的品性使我成为一名优秀的飞行员。

在另一篇赞美自己家庭的作文中，我这样描写我的妹妹："尽管有时候我会挑剔她的举止，但我为她感到自豪。”对于母亲，我写到作为母亲的儿子我是那么幸运：“她日日夜夜地照顾着我，把我拉扯大。”写到我的父亲，我说：“他是引导我、教导我、使我变得更聪明和使我知道从自己错误中得到启示的人。”

总之，我并不在意我家的地板有些地方不是很平整，我也不在意我的父亲没有尽全力地赚钱。我最大的幸运是成长在汉纳路边的这个家里，我知道房间中每一个钉子的位置，父母两个人养育了我。他们的言传身教使我受益终生。

5 ——SULLY 珠联璧合 双喜临门

我的完美之家

在高入云端处我看到过令人兴奋不已的日出和日落，也享受过像是坐在前排座位看到最亮的星星和行星的感觉，但我也错过了一些事情——那就是当我在天空翱翔时，一方面是为了挣钱养家，另一方面也能欣赏到舱外的美景，而发生在地面的事情我却无法享受。

如此频繁地离家在外，我错过了女儿们一生中一些重要的时刻。很多飞行员都能列举出一长串这样的清单。我们的孩子在迈开人生的第一步、说出他们的第一句话，或者需要拜访牙齿仙子（tooth fairy）①时，我们都不在身边。我们不但很遗憾地错过了他们幼儿时期的一些仪式，而且也很遗憾地错过了孩子成长过程中一些细微的变化过程。

去年的圣诞节前，我休了几天假。洛里和我带着我们的女儿凯特和凯莉在塔霍湖（Lake Tahoe）②度过了一个滑雪假期。能和孩子们度过这一段悠闲时光真是太好了。她们不用急匆匆地上学，而我也不用经过几小时

---

① 牙齿仙子，美国人民比较熟悉的一个小神仙，据说这个神仙和圣诞老人一样具有趁别人做梦的时候去做好事的习惯，只不过受到牙仙眷顾的只有那些换了牙齿并把脱落的牙齿放在枕头下的小朋友们。——译者注

② 塔霍湖，位于美国加利福尼亚州与内华达州之间的高山湖泊，海拔 1 897 米，南北 35 公里长，东西 19 公里宽，并有 116 公里长的湖岸，四周由山峰环抱，冬天降雪期长达 8 个月，湖底最深处达 500 米，湖水不会结冰。——译者注

的路程急急忙忙返回机场。这是一个舒适、休闲的假期。

塔霍湖在我们的心目中总是占据着重要的位置。当我们途经 80 号州际公路（Interstate 80，I-80）[①]路过多纳山（Donner Summit）[②]时，感觉好像回到了家。飘逸着松树清香的空气扑鼻而来，天空晴朗而爽澈，真让人精神充沛。

我们常常住在诺斯塔尔（Northstar）[③]，凯特和凯莉都是 3 岁的时候在那里学会了滑雪。那里就像一个铺着鹅卵石人行路的欧洲乡村，诺斯塔尔的村居规划得非常完美。在那里旅游能够唤起我们很多愉快的家庭记忆。

在那次特殊的旅行中，这个季节的第一场大暴风雪前天刚刚结束。树上仍然覆盖着厚厚的积雪。作为假期的装饰，诺斯塔尔周围的树上布满了闪烁着的白色小灯泡。灯光、雪花以及欧洲似的乡村相互交融，简直到了魔幻、童话的世界。

下午晚些时候，我们刚刚停好车，决定在吃饭之前先去逛逛街。外面非常冷。我们都穿着厚厚的外套，戴着手套和帽子。我们沿着鹅卵石路走进了村里，这时我注意到，在我们前面 20 英尺左右我们的女儿们正胳膊挽着胳膊，凯莉的头枕在凯特的肩膀上，沿着人行道蹦蹦跳跳地走着。看到这些我十分地欣慰，她们都是十几岁的年龄，一起来到这个地方，在这里她们能够通过身体语言展示出两个孩子之间的关爱。当然，姐妹之间有时也会争执，但在这里她们毫无障碍地表达着互相之间的感情。

我指着她们让洛里看。“你看她们。”我说。我想我正看着一些以前没有见过的事情。

洛里挽着我的胳膊笑了。“她们这样做已经有五六个月了，”她说，“只

① 80 号州际公路是美国州际公路系统的一部分。西起加州旧金山，东连新泽西州提内克。全长 2 899.54 英里（4 666.36 公里）。——译者注

② 多纳山，多纳湖附近的一座小山。——译者注

③ 诺斯塔尔位于塔霍湖北，特拉基镇南，是塔霍湖周边滑雪场，以雪道长、亲切的服务和一流的附属设施成为北美最受家庭欢迎的滑雪场之一。——译者注

不过是你以前没有看到罢了。”

洛里说她经常看到她们手拉着手，逛购物中心。她说这种情况常常出现而且很自然。她很喜欢看着她们这样。

直到那天下午，我还从来没有注意到这些。意识到我错过了她们日常生活中的那么多——她们的一举一动，她们的相互交流，一丝伤感涌上我的心头。我怎么能够忽略了几个月，在这几个月里都没有看见两个女儿之间的关爱呢？洛里同情地看着我，从我的眼神中看到流露出的失落和自责。

我把手放在胸口上。当女儿们做了些令人怜爱的事情或我充满感激之情的时候，这是我表达情感的一个姿势。这是我和洛里之间的一个信号，表达了我们为女儿感到幸运。

我知道为什么这深深地刺痛了我。这就像梦想成真一样。当女儿们还很小的时候，洛里和我的一个愿望就是当她们长大后能够彼此很亲近。看到她们这样在一起就像我们的愿望已经完美地实现了一样。我觉得我们做出的努力是成功的。同时，这也是对我一个痛苦的提醒，那就是我经常外出而没有更多地和孩子们在一起。

洛里说这是“飞行员片刻之情”的一种表现——飞行员回到家后注意到他的家里发生了一些变化，感受到我复杂的感情，她也十分动情。

我拉着洛里的手，几秒钟后我们向右拐弯走进了村里一栋大的购物中心。展现在我们眼前的是闪闪的灯光。伴着正在播放着的假日音乐，人们有的在滑冰，有的在烧制棉花糖[①]。室外有一个巨大的火盆。我紧紧拉着洛里的手，充分享受着所有的这一切。

当我回想起那一天时，我的脑子里不仅出现孩子们，我也想到洛里。

---

① 棉花糖是一种白色的、形状如棉花的西式糖果，源自古埃及，最初由生长在野地沼泽的葵类植物药蜀葵（Athaea officinalis）所制成。棉花糖除了作零食直接食用外，亦有其他特别的吃法，如烧烤，经火或烤炉烧烤后的棉花糖，外表膨胀又沾上焦糖，有些人会夹入面包内食用。——译者注

我知道洛里是一个仁慈的妈妈。是的，我尽最大的努力给孩子们灌输有价值的东西，来帮助她们找到足够的理由去互相关爱。但是洛里处在第一线，她抚育她们，言传身教，当我外出的时候，她日日夜夜和她们在一起。我对她创造了这样完美的家庭生活充满感激。

我很幸运能成为她的丈夫，有她作为孩子们的妈妈。

1936年7月6日对我来说是个特殊的日子，不仅仅是因为商务航空局在那天开始实施联邦空中交通管制运营。

是的，我是被这段历史吸引住了，但是那一天对我个人来说更加有意义。那一天的50年以后，1986年7月6日，在加州弗里蒙特市（Fremont）奥克兰空中航路交通管制中心举办五十周年纪念会。组织者邀请公众参观空管设备，让他们了解管制员如何在北加州的上空指挥空中交通。太平洋西南航空公司同意安排一名飞行员和一名空中乘务员参加与来宾的对话。我作为飞行员参加了这个活动。

头天晚上我作为副驾驶刚刚飞过一个红眼航班，已经好几个小时没有睡觉了，感觉很累。但是我很高兴来解释飞行员是如何与管制员进行沟通的。

由于选定参加活动的空中乘务员生病了，不能参加我们这次活动，因此太平洋西南航空公司从市场部选派了一名充满活力的27岁的年轻姑娘。以前我从来没有遇到过她。她告诉我，她的名字叫洛里·亨利。我也介绍了我自己。

“你好，我是萨利·萨伦伯格。”

她可能没有听清我这个不是很普通的名字，不过她也没有要求我把名字重复一遍。因此那一整天，她不知道该叫我什么。她仅仅知道在我的名字里有好几个S和L字母。

洛里会告诉你，我们并不是一见钟情。尽管我穿着飞行员制服，但我看起来很疲倦，同时她注意到我的眼睛充满血丝而且胡子也没刮。她禁不住一直在想：这个人叫什么名字来着？

那时，洛里刚刚发誓说再也不约会了。她此前的几次恋爱都不成功，于是她下决心暂时不再交男朋友。我 35 岁，有一段短暂婚史，没有孩子。我也没有打算追求长期的爱情，但是我被洛里吸引住了。她是那么有魅力——高高的个子，端庄的外表，动人的微笑。她看起来也非常聪明。她对所有的客人都非常热情。遇到她之后，我就想跟她约会。

在西南太平洋航空公司一架 BAe-146 大飞机[①]模型旁边，我和洛里并排站了大约四个小时迎候公众。来的很多人都希望与别人分享在西南太平洋航空公司航班的那些难以忘怀的回忆。

洛里对我非常尊重，我对她也是保持职业素养公事公办的态度。但我在等待着时机。当那天活动快结束时，我对洛里说："我们出去喝点东西怎么样？"

"沿着走廊下去有个小卖部，"她告诉我，"如果你要找自动售货机，那里就有。"

她没有接受我的邀请，但我不能就这么轻易地放弃。"我是说喝杯鸡尾酒，"我说，"在酒吧里。"

她看了看我，觉得这个疲惫不堪、名字里有很多 S 和 L 的飞行员说了一句含义不清的开场白。我猜想她有点怜悯我。她答应和我一起去附近的本尼根酒吧（Bennigan's）。我们一起喝了点酒，聊了会儿天。她后来承认，我没有什么特别吸引她的地方。她估计这是第一次也是最后一次啦。但我的兴致很高。我向洛里要了她的电话号码，而她给了一张她的名片，上面只有航空公司销售部的 800 开头的免费电话号码。

我尽量显得机灵一些。我说："你自己有 800 免费电话，肯定业务繁忙。"

---

① BAe-146 是英国宇航公司研制的一种四发涡扇式短程运输机，原名 HS.146，是原英国霍克西德利飞机公司于 1972 年研制的，1983 年开始交付使用。中国民航曾使用过。——译者注

她忍住，没有对我翻白眼，只是笑了笑，接着她把私人电话号码给了我。我把我的名片给了她，她终于看清楚我的名字是怎么拼的了。我们又约定了日期，几天后再见。

然而，那天洛里回家以后，还是决定不和任何人约会了。至少，她不打算跟我约会。她给我打来电话留言说，我们约定的那个晚上她有工作。

听着她留的信息,我明显感觉到她缺乏兴趣。我想恐怕也只好这样了。但是几天后，洛里告诉她一位好朋友，她决定不再和我见面。她的朋友告诉她说:“如果你总是呆在家里的沙发上，没有哪个男人会认识你。”

洛里争辩说,沙发就是她的归宿。反正她不打算再找一个男人。然而，她朋友的话还是触动了她。一周以后,洛里自己也很惊讶她会打电话给我。

我们通话时，洛里承认在取消我们约会时没有说实话，她为这个电话感到很不安。她说如果我依然感兴趣的话，她愿意接受约会的邀请。当然，我喜出望外。

我们住所相距 55 英里（89 公里），但是我们一连三个周五的晚上都见面一起吃饭。第二次饭后，我陪她走向她的汽车，靠近她，并吻了她。洛里认为我进展得太快了。按照她现在的说法，她当时“略感惊讶”。但是我亲吻洛里是有理由的。我想让她知道我希望亲吻她，我发现她很有魅力。我很高兴吻了她。我很愿意再次吻她。（实际上，我真的又做了。）

那次接吻是个转折点。洛里也开始和我亲近起来了。大概一年多时间，我们往返于她在普莱森特希尔（Pleasant Hill）和我在贝尔蒙特（Belmont）的住所之间。最终，两个人都觉得应该搬到一起来。在 1988 年年初，我们住在一起了，在我那儿。

我永远不会忘记经过第一次四天的航班组旅程离开后回到家见到洛里的心情。屋子变得生机勃勃。她放着音乐，火炉上烘烤的食物散发着诱人的香味,屋子收拾得暖和而温馨。“如果我知道如此美好,”我对她说,“我应早些决定我们搬到一起。”

很自然下一步就是举办婚礼了。1989 年 6 月 17 日，在我们举行婚礼的早上，我给洛里写了一封信："我等不及了！我从心里想要你，需要你，爱着你！"

我说的每一个字都发自内心，但是新郎在婚礼当天很难完全理解婚姻面临的挑战。洛里和我不得不一起学会面对许多磕磕绊绊。在我们前面有许多我们无法预见到的难事。

洛里让我们的生活变得绚烂多姿。她悟性很强、感情丰富、富有创造力，很容易与人相处，也很外向。因为这些，在某些方面，洛里天生比我乐观。要让一个人面露笑容并不那么容易，但你可以常常发现，没有什么特殊原因，洛里走路时总是面带微笑。1549 航班让我出名之前，我们两个一起参加聚会，别人总会记住洛里。至于我，夫妻们在开车回家的路上会说："我想，他说过他是一名航空公司的飞行员。"

我善于分析，办事有条不紊，具备一名科学家的基本素质。我擅长处理具体问题。如果我分析所有的情形并下决心办成什么事时，我是个乐观主义者。另外一面，我又是一个绝对的现实主义者。洛里喜欢和我说，如果合在一起我们两个正好是一个完整的人。因此，在某些方面我们是完美的互补。

当然，我们的不同之处也显而易见。洛里说："如果你是一个情绪化的人，你希望你的另一半感情更加丰富。"我的确试过，但我并不总是能做到。她希望详细讨论我们之间的关系和家庭的未来，我则更想谈谈具体问题。问题是什么？我能采取什么样的步骤来解决问题？

我曾问过洛里："如果一切都很好，为什么我们需要讨论这么多呢？"

拉着洛里的手或给她一个拥抱可以使我感到和她很亲近。我是一个不善言辞的人。她说要建立牢固的关系需要双方都做出更多的努力——她指的是双方的交流。

我努力试着这样。但很多时候，一天结束了，你会感觉到你想说的都已经说完了。我不得不学着给洛里专门保留一些话题——一件奇闻轶事，或我读过的一些东西，或一些发生在旅途中有趣的事情。洛里也发现在她把我拉出家门到室外呼吸点新鲜空气后，我变得善谈了。当我们一起徒步爬山或散步时，很容易激发起我交谈的愿望。

我们也尽力保持着定期晚上约会。我们刻意穿着整齐、精心打扮，而不是一直穿着随意的衣服。这是一种互相尊重的方式。我们没有把彼此当作可有可无的人，随意对待。

有时，洛里愿意让我来做定位子等约会细节的事，这样感觉上她就不会成为我的社交秘书了。当我们外出时，她总想我们吃一顿正餐，边吃边聊。

“我老公不太爱说话，”洛里告诉她的朋友，“因此我告诉他把话存起来晚上约会时说。”

洛里说我之所以成为一名好飞行员的关键是我关注细节。她告诉过我：“老公，你对你自己以及周围的人期望值太高。你可以掌控一切。这对你作为一名飞行员有帮助，但这些并不全是作为一个好丈夫的品质。有时候我需要一个宽厚的伴侣，而不是总要求十全十美。”

我知道有时我会惹洛里生气。“老公，”洛里说过不止一次，“生活可不是一本你们的飞行检查单！”

我理解洛里的失望，但我这样看我自己。我是做事有条有理的人，但我并不是一个机械呆板的人。

她说在我们度假时，任何事我都精确编排，从行李装车到出发的时间都实行军事化的编排。“那感觉好像是你驾驶飞机带 150 名乘客去度假目的地，”她告诉我，“但是如果仅仅是把我们的行李箱放进汽车里的一次家庭出游，没有必要那样。”

我对洛里的回应是：“那确实是偏见。你对符合你观点的事情不计较，但你要考虑考虑别人啊。”

在我的心里，当然，我知道她的话是有道理的。

在很多重要的方面，当飞行员比我处理这些关系要容易得多。我可以控制飞机并且让它按照我的意愿进行飞行。我可以学习飞机的各个部件系统，并能够理解在各种环境中它们是如何工作的。飞行是个定义清晰的工作，其过程是可以预见的，而且对我来说是可以理解的。而另一方面，处理人际关系则有很多不明确性。其中许多的细微因素比比皆是，到底什么是正确的答案往往是雾里看花般让人弄不清楚。

在我们20年的婚姻生活里，我们一起经历路上的坎坷。在不少特定的时刻，我们两个中总有一方比另一方更加努力改善关系，这样我们之间的关系就又平安无事。我们不总是投入相同的力量致力于解决问题，这有时会成为我们之间的一个障碍。

洛里描述她自己是“高嗓门、情绪化的一个人”。而我很容易产生挫败感，这常发生在我飞行回来有些疲倦时。事实是我不停地提着箱子出门对我的这种情绪于事无补。婚姻顾问建议夫妻双方不要生着气上床睡觉。生了气后去飞行，留下另一半在家里生气，这样恐怕更不好。

“对我来说，你不在家并不能让我心情变好起来。”洛里说。很久之前她就从太平洋西南航空公司辞职了。从那时起，她作为一名家庭主妇把大部分的精力放在了家里。她愿意她的丈夫每天晚上都能够回家。“我们一起喝杯葡萄酒，吃晚餐，一起聊聊天，”她说，“我不是仅仅需要葡萄酒或是晚餐，而是希望丈夫能和我待在一起。”当我在出差路上时，她和我有良好的电话交流。“那和你在我身边不一样。”她告诉我。

在某些方面，当孩子们很小的时候这会更糟，因为那时候洛里想要丈夫多帮一把。曾经有一段时间，我们两个孩子都需要换尿布或者两个都坐在车里，而我又要飞行离开较长一段时间时，她感觉就要崩溃了。有时我们说再见时，她会流下眼泪。我在太平洋西南航空公司的日子里，她曾经有一次上了飞机，对我说:“你和两个嗷嗷哭的孩子在家里待四天试试。”

她当然是开玩笑……

现在孩子们都长大了。她说当我离开四五天后，我再次进入家庭生活总会打破平静。我需要倒时差。我远离了家庭生活圈子。我错过了很多。洛里说有时候我需要一天半的时间才能再次融入家里。我是回了家，但我勉为其难，不能很快真正履行家庭成员的义务。不少时侯我感到有些筋疲力尽，没有欲望参加家务活动。

有时我的确觉得自己是家庭中的外人。不过，我看到女儿们和洛里相亲相爱，我的心里十分高兴，而且我理解为什么我和她们之间的联系不是那么轻松容易。我能察觉其中的主要原因:我太一本正经，我又是男的，我是个老家伙，而且我离开她们的时间太多了。

父母同孩子的关系建立在许许多多的互动和记忆里。洛里跟孩子在一起的时间要多得多，因此她的资本比我雄厚得多。当然，我爱着女儿们，她们也爱我，但是，我知道我和她们之间有障碍，而我不得不努力去克服。

对我而言总是出差是个问题。不过洛里和我共同克服了很多巨大的挑战，我们就这样同舟共济过了 20 年。我们努力寻找恰当的平衡方式。我们都能够深深理解对方，知道如何处理双方关系以及如何使这种关系向着有益的方向发展。我们都变得成熟起来。通过一起努力改善双方关系以及为女儿们付出，我们已经成为促进彼此不断进取的良师益友。我们都把自己给了对方。舍得舍得，有舍才有得啊。

除了我的飞行经验以外，我的个人生活是如何为哈得孙之旅提供帮助的？我认为洛里和我一起面对的这些挑战使我在拿到手里的牌时能够自己做主，想方设法把牌出好。在我们婚姻的初期，洛里和我曾不得不面对不能怀孕的挑战。

我们结婚之后一年左右，洛里和我计划着要个孩子。我们花了一年的时间试着怀孕，但都没有成功，于是我们去咨询生殖医学专家。在 6 个月的时间里，洛里服用克罗米酚（Clomid）①来刺激排卵。像其他服用这种药的妇女一样，她体重增加了很多，这个变化困扰着她。在服用这种药之前，她的体形一直保持得很好，而现在，因为药物的原因，她正在变得越来越重。她的体重一下子增加了 35 磅。

一天，洛里和我坐在车里。她转向我说："你从没有说过我长得还好看吗，也没问问我的体重怎么样了。"我给了她对我来说最坦然的回答（我说的是我的真实感觉），但这对洛里来说意味着很多。我告诉她："你不明白吗？我爱的是你的内在。"

"那是每个女人都想听到的。"她这么说，她也是这样想的。

有时候我也会说对话、办对事的。

我们努力争取怀孕，由于我外出飞行多，因此洛里和我很难在适当的时间正好在一起。有几次，她飞到我飞航班任务中过夜的城市，这样我们就不会错过三十天一遇的周期。那的确不是很浪漫。我们全神贯注，而且有些紧张。我们在完成一个使命。

克罗米酚最终没有起作用。我们最后尝试试管受精，花费了 15 000 美元——这项费用不在医疗保险范畴内，而且医生告诉我们成功的概率大概是 15%。洛里需要忍受半夜两点和下午两点的两次注射。当我在家时，我会给她注射，而我不在家时，则是她自己注射。

对洛里来说那是一段苦难的时光。"我感觉好像我的身体背叛了我，"她说，"我的身体没有做应该能自己做的事情，而这件事情就是让男与女有别的事情。"当时，我们为盲人喂养导盲犬，那时好几只导盲犬都怀孕了。"看起来好像我遇到的每个人和每个动物都能怀孕，"洛里对我唠叨，"每个人但除了我自己。"我知道她被深深地伤害了，但是我又全然不知如何帮助她。

① 克罗米酚，即枸橼酸氯米芬，枸橼酸氯芪酚胺制剂的商品名，是一种刺激排卵的药品。——译者注

恰恰还是由我来告诉洛里试管受精没有成功。她看了我一眼，就立刻明白了。后来她把当时的情景描述给我，说我的脸上充满了无奈的表情。

我感觉自己被击垮了，而洛里受到的打击更大。我所能够说的就是："亲爱的，真的很遗憾。"我们彼此拥抱在一起，她哭了。为了洛里不至于过分难过，我努力克制着，其实我也深深受到了伤害。

我们又去看了医生。医生说我们两个都还年轻，我 39 岁，洛里 31 岁，我们应该考虑再试一次。

洛里认识了另外一个在这个诊所看病的女士。同一天，洛里知道了自己没有怀孕，那位女士知道自己怀孕后激动不已。然而几天以后，这位女士被告知实际上她也没有怀上。真是希望越大，失望也就越大！当洛里知道这个消息后，她决定到此为止。

"我们主要的目的是什么？"她问我，接着她自问自答，"我们的目的不是让我怀孕，而是拥有一个孩子。我们有别的方式可以达到这个目的。"

在洛里遇到我之前，她很长时间一直是大哥哥大姐姐组织（Big Brothers/Big Sisters of America）① 的志愿者。她把它当作一种责任和爱的付出。当她 26 岁时就开始指导她 5 岁的"小妹妹"。现在洛里 50 岁了，而她的"小妹妹"莎拉·迪斯金 29 岁，她们仍然很亲密。因此，当洛里不能够怀孕时，她才能够非常有把握地化解我们的困境。"我已经知道很长时间了，"她告诉我，"最美好的亲情关系不是生养关系。我打算换换思维。"

这样我们决定收养孩子。

设法收养孩子也是一个不容易的历程，是一个长时间的、困难重重、令人情绪波动以及花费也不薄的过山车之旅，在这个过程中，我们俩的自

① 大哥哥大姐姐组织，于 1977 年成立，总部位于费城，美国非营利性的全国服务组织。BB/BSA 通过专业人员组成的地方机构开展活动，希望能有成年人义务指导单亲家庭里的孩子，理解他们，跟他们做朋友。孩子与成年人在训练有素的社会工作者的协助下结成对子，后者还要对他们跟踪调查。每位志愿者每周要花 3~6 小时与"小弟弟"或"小妹妹"待在一起。——译者注

知之明更进了一步。

洛里决定把收养作为一项全职的工作。我们花费了很大的努力，了解到了很多关于收养的不太确定的程序。有很多种途径可以实现，而哪条路能走得通呢？洛里试图制订一个商业计划，但收养活动并不是按逻辑进行的。

养父母的运气是根据孩子生身父母的愿望不同而各有所别。他们的名字深深地隐藏在等待收养的名单里，而他们的档案被代理机构那些不认识他们的人分割得七零八落。这个过程缺乏清晰的程序。

整个过程中洛里的情绪波动起伏，而我尝试利用我擅长的标准工作方式帮忙，也往往于事无补。“你不知道如何安慰我，”有一次她告诉我，“这不是你擅长的事情。你体会不到我的感觉。”

洛里承担了所有的文书提交，以及证实我们符合申请收养孩子条件的工作。这对她来说太难了。在整个不孕的治疗过程中，她不断地被戳痛和刺激。她通过奉献出自己的身体来努力寻找成为母亲的途径。她一直全力以赴。而现在她需要找一位朋友担保，证明她能作为一个母亲来处理孩子的事务。这几乎是在羞辱她。

洛里和我在处理这些文书方法上有很大区别。有一天，我们讨论如何回答一系列问题的答卷。我不得不告诉她：“你想得太复杂了。对简单的问题给出简明的答案就行。”当我告诉她这些时她很感激。这有助于缓解她的焦虑。她不需要把她的一生都说清楚。她只需要给出问题的基本答案就可以了。

在随后的几个月里，我们和几对父母见面，希望他们选择我们。那也是一个艰难的过程。每次见面后洛里都充满了期待，确信他们将同意让我们收养他们的孩子。这时候我就很理智。“是啊，那个孩子的母亲说了一大堆我们的优势，”我告诉洛里，“但想想她没说出的东西吧。”洛里说我是在给她泼冷水，但是我感觉我们必须理性地看待一切，要不然我们会不断地从希望的顶峰坠落到失望的低谷。

在寻找收养的过程中，我们见了很多父母。终于，我们在 1992 年 12 月 1 日飞往圣地亚哥去见一个怀孕 7 个月的女士。孩子的生身父亲也在那儿。

这对父母询问了我们的生活情况，我们对收养孩子的期望，我作为飞行员执行航班密度等等方方面面的情况。他们很诚实，而且在我们说的时候睁大眼睛听，我们也是一样。那之后不久，我们收到了回话：他们选择我们作为孩子的养父母。

1993 年 1 月 19 日凌晨两点，我们接了一个电话说产妇已经进入待产室，我们应当准备飞往圣地亚哥去迎接我们的新生命。洛里太激动了，以至于无法入睡。至于我，作为一个现实主义者，我知道如果多睡一会儿的话我会在早上成为一个好父亲。因此我回到床上睡觉了。洛里不敢相信在这样一个时刻我怎么能睡着。她一直没睡觉，坐在电话旁等着。

凯特出生在凌晨 4 点钟，我们在旭日刚刚升起时就飞到了圣地亚哥。我们随身带了一个放在汽车上用的儿童座椅，因为一旦领回孩子的话我们在租赁的车里需要用到它。提着空的汽车婴儿座椅走在机场里，洛里和我有点忸怩。人们会疑惑地看我们，心想孩子哪儿去了呢？

我们到达医院后直接去了育儿室，在那里第一次见到了凯特。那是一个永生难忘的时刻！从我看到她那一刻起，我就喜欢她了。

随后，护士抱着凯特过来。问道："妈妈愿意抱抱孩子吗？"孩子的生母指着洛里说："她是孩子的妈妈。"凯特被递给了洛里。

后来，洛里要去卫生间。在她走后，凯特需要换尿布了。我很得意成为我们中第一个完成这项任务的人。

那天下午的早些时候，医院管理人员通知我们可以把凯特带走了。洛里想和凯特的亲生妈妈说声再见。"你能对一位送给你这样一份礼物的女士说什么呢？"她叹了一口气，"我真想不出什么合适的词儿。"

我们两个都认为凯特的生身父母是极其有勇气的人。他们知道无论怎么说，依他们的年龄、当时的状况以及收入水准，都无力抚养这个孩子，因此他们做出了非常艰难而又充满爱意的选择。他们把这种痛苦的窘境变成了一种馈赠。

洛里和我把孩子留在育儿室，她认为对凯特的生身母亲来说，看孩子最后一眼太残忍了，她自己走进了凯特生身母亲所在的病房。洛里说了一句简单的“谢谢你”，这时她看到泪水从凯特生身母亲的脸上流了下来。

“好好照顾她。”凯特的生身母亲说。

对她们两个来说，那是一个不同寻常的时刻。

医院的规则要求产妇需要乘坐轮椅离开医院。洛里尽力解释说她不是真正的产妇，因此不需要轮椅，而轮椅工坚持陪着我们走出医院的前门。这样，我们抱着凯特走着，空的轮椅在我们边上陪着。真是滑稽而犹如梦幻一般，但这也是一个令人惊奇的幸福时刻！

在停车场，我们感觉好像凯特是我们偷来的。我们往背后看看是否有人会来抢她。最终，我们把她放在婴儿座椅里，开车离开 1 英里后停在了路边。

我们互相看了看对方。我们看着凯特，她抬头看着我们。我没有哭，但是这是我有生以来最激动的时刻。我做父亲了。

仅仅出生 14 小时后，凯特就第一次乘坐飞机和我们一起飞回北加州。作为一名飞行员，我当然很高兴那么快就把女儿带到天上。

两年后，另一对父母从一本候补领养父母书中阅读了 36 对申请者的材料，然后与洛里和我见面，会面完毕，他们同意让我们第二次成为养父母。1995 年 1 月 6 日，当电话打过来说亲生母亲已开始分娩凯莉时，我正在匹兹堡 MD80 模拟机上接受训练。我调整了训练时间并且尽可能安排早些的航班赶回家，最早也得是第二天上午了。

与此同时，洛里已经奔向医院。对孩子的生身母亲来说，那是一个艰难的过程。洛里 24 小时没有合眼，就在等着。不像凯特刚出生时那样，这次洛里是在分娩室里，感觉一整天就像一幕一幕的电影一样。外面是倾盆大雨，伴着呼号的大风。这样，当凯莉终于出世，护士出来喘着气说："哦，我的天！"

洛里吓了一跳。"怎么了，怎么了，怎么了？"她问道，她的心怦怦地跳着。

护士回答说："是一个红头发的孩子！"

凯莉刚刚来到这个世界，就在上午10点刚过，医生把她递给了洛里，这对洛里来说是一个特殊的时刻。这雨，这雷，还有这个漂亮的孩子。而我错过了这一切。当洛里在凯莉生命的最初时光和她依偎相拥时，我正在天空云霄之上的航班归途中，刚刚飞越丹佛（Denver）[①]。

那天下午我直接去了医院，第一次看到凯莉，那又是一个永恒的充满爱和感恩的时刻。而最奇怪的事情是凯莉长得那么像我小时候的模样：我们的头型，我们的眼睛以及我们爱尔兰人的肤色。小时候，我是一个有略带草莓红金发的男孩子。后来，我们把我儿时的照片和凯莉的照片并排摆放在一个相框里，还真是很难把我俩分辨出来。有时候在收养时发生这样的事情真的很有趣。洛里喜欢说我们是命中注定拥有这些长得像我们的孩子。其实，并不是我们需要女儿们像我们，但她们像我们绝对是好事。后面这么多年，这有助于如果我们不想主动告诉别人收养的事情，我们还真没有必要这样做。

凯莉的收养过程比凯特的收养过程复杂多了。有许多因素拖慢了签署收养文件——或者说差点失败。对生身母亲们来说最终做出这个决定是艰难的，她们常常需要经受来自家庭的各种压力。

洛里和我不得不去面对这个问题，在事情没有最终明朗化之前，我们备受煎熬。我们在医院附近一个名字叫"出租车"的餐馆熬过了几个

① 丹佛是科罗拉多州首府，位于该州中北部，落基山弗朗特岭东侧，大平原西缘，密苏里河支流南普拉特河和切里河的汇合处。因海拔恰好1英里，故有"英里城"之称。——译者注

小时。在焦急地等待收养文件签署完毕的过程中，我们在那里吃了午饭，又吃了晚饭。随着时间的推移我们感到越来越害怕，真担心官僚主义的拙劣做法可能导致其他事情掺和进来，使收养文件的签署遥遥无期。这期间，我跟医院行政管理者进行了一次严肃的谈话，我告诉他医院必须集中精力妥善处理。我表现得很生气而且言辞激烈，不过这对于打破僵局是必须的。

在带凯莉回家的当天，我们把凯莉放在车后面的婴儿座椅里。两岁的凯特跑出来惊奇地瞪着这个小孩子。她认为凯莉是我们给她的一个礼物——一个新的洋娃娃。不过很快她就明白了这对她意味着什么了。

下了车，洛里和我互相看着对方，我说了我最想说的话："现在我们才真正是一个家庭了。"

时光飞逝，随着我们结婚时间越来越久，洛里和我渐渐变成有这种信念的人，那就是我们要关注我们拥有的，而不是我们没有的。我们已经历了婚姻关系中的风风雨雨，我们感觉现在比以前更亲密了。我们真的尝试让我们的生活充满感激。实际上,洛里后来成为一名职业户外健身教练，帮助其他妇女保持体形和心理健康。作为工作的一部分，她教给妇女们在生活中接受现实的能力，并享受这样的生活。

洛里和我立誓互相感激对方，感激我们的女儿，感激每一天。我们并不总是保持这种积极的心态。我们有时仍然会争论，但我们心怀感激的信念不会改变。

因此，看到我们两个十几岁的女儿手挽着手蹦蹦跳跳地走在塔霍湖边的街道上，我哽咽了。这使我想起已经错过了的东西，对我来说那确实很艰难。但这也提醒我，我们大家拥有彼此是多么幸运，提醒我从感恩的角度看，我们有责任幸福地一起生活。

6 ——SULLY 业精于勤 艰苦磨炼

艰辛的求学之路

每当在停机坪静待起飞的时候，我猜身后机舱里的那些乘客或许都不太在意驾驶舱的飞行员究竟是怎么干上这个行当的。旅客们心里琢磨的无非是什么时候必须关掉手机，或者能不能在舱门关闭前再上一趟洗手间；脑子里盘算着是否来得及转机，又或暗自抱怨怎么会被给了个夹在中间的座位。至于飞行员受了何种训练或飞行经验丰富与否，则完全不在考虑之列——当然，这一切我能理解。

当初在纽约拉瓜迪亚机场搭乘1549次航班的乘客中，有些人事后说我那一头灰白的头发曾引起过他们的注意，他们认为这是飞行经验丰富的标志。然而，从未有人问过我任何与我履历、飞行记录，甚至教育背景有关的问题。是啊，他们为什么要问呢？他们相信我供职的航空公司——全美航空，他们认为这样的公司，其飞行员必然都是依照联邦航空管理局的标准百里挑一的。

其实不然。每个飞行员怎么在一个航空公司里拿到飞某种机型的资格，都有着自己不同的故事。尽管最终都成了商业航空运输的飞行员，但我们每个人所走过的道路和职场历程都迥然不同。无论是对外人，还是在同行之间，我们都很少谈论个人的经历，但只要上了飞机飞行，我们每个人都会把从数以千计的飞行小时和数百万英里的飞行里程中所学到的尽其所知、尽其所能投入到每一次飞行中去。

联邦航空管理局的数据显示，直到20世纪90年代中期，高达80%的航空公司的骨干飞行员都出身于军旅。而目前，民航新飞行员中只有四成是空军转业人员，其余都来自民航培训系统，包括大约200所开设有飞行训练课程的大学。我刚开始接触飞行事业时的指导者多是参加过第二次世界大战的老飞行员，他们也几乎都在20多年前因为超过60岁而离开了民航业——这是行业当时的强制退休年龄。尽管在2007年该年龄被延长到65岁，目前业内有越南战争经历的老飞行员也都所剩无几了。

说到自己，我很庆幸自己当年退伍后进入民航界。在空军服役期间的严明纪律和长期的高强度训练让我受益终生。相比之下，目前一些民航的飞行员的训练，其要求要宽松得多。

在空军服役期间我曾多次经受过生死考验，以至于到今天我还时常回忆起当年的情景，并陷入沉思：当初我究竟是怎样渡过难关的？有些事我是如何办到了而其他人却没有？我是如何每次都能最后操纵飞机安全着陆在跑道上，而那些我熟悉并尊重的飞行员却会马失前蹄甚至因此丧命？回想起来，我都将其归因于充分的准备和足够的运气的组合，这两点是我的推断。

在我的军旅生涯中有许许多多的关键步骤。最初一步那还要追溯到1969年春，当时还是一名高三学生的我来到得克萨斯州以牧场业闻名的麦金尼镇（McKinney），拜访我所在地区的众议员雷·罗伯茨（Ray Roberts）。时年56岁的罗伯茨议员是得州德高望重的民主党领袖。1963年，时任总统肯尼迪来到达拉斯时，他也在那支浩浩荡荡的车队中。暗杀发生的时候，罗伯茨议员距总统的豪华座驾后面仅有四辆车之遥。

之所以去拜访他，是因为要想获得进入军校学习的机会就必须获得议员的首肯。无论是马里兰州首府安纳波利斯的海军学院，科罗拉多州斯普林斯附近的空军学院，纽约州的西点军校和位于纽约州金斯伯因特的美国商船学院，还是康涅狄格州新伦敦的海岸警卫队学院——在一些选区，议员的态度决定了当地哪些年轻人能进入这些军事院校深造。

但在罗伯茨议员看来，他只能推荐那些真正优秀的人才。因此，他在自己的办公室为像我这样满腔抱负的年轻人组织了面试，面试官是居住在该地区的退役将领们。

首先，我和其他申请人在当地邮局参加了一场公务员考试，成绩优异的被带进了罗伯茨议员的办公室，接受那些曾经在军界呼风唤雨的重量级人物组成的临时委员会成员面对面的考试。面试官们有两大任务。第一，衡量申请人有无在军校成才的潜力；第二，看申请人具体适合哪所院校。出身于普通家庭的我，父亲并不认识任何一个高官，为自己能得到这样一次宝贵的机会而十分激动。我准备豁出去努力一把。

快轮到自己的时候，我有些紧张，就连身上的运动上衣和领带也让我不舒服，同时我也难掩兴奋之情。自从认字开始我就痴迷于军事和航空类书籍，而且坚持至今。因此当我坐在四位高级军官面前开始那 20 分钟的正式面试时，我相信功夫不负有心人。

其中一位陆军退役将军看起来喜欢问些拐弯抹角的问题。“萨伦伯格先生，”他说，“请问你认为哪个军种拥有数量最多的飞机？”

美国空军，想必这是大多数人都会脱口而出的答案。但我知道这是个带陷阱的问题，因为我早就做足了功课，仔细研究过每个军种及其使用的飞机种类。“先生，”我回答道，“如果您的问题是把直升机也包含在内的话，我认为拥有飞机数量最多的是美国陆军。”

听完我的回答，这位退休将军笑了，我因而得以顺利通过第一关。随着谈话的深入，他看起来非常希望我能选择西点军校，但那天我本人的态度也相当坦率，我的梦想是在海军或空军驾驶喷气式战斗机，而不是去西点军校。

事情进展顺利，罗伯茨议员决定把空军学院的推荐名额给另外一个人，让我去海军学院。或许是命运使然，本要去空军学院的男孩决定不去了，而这个空缺由我来递补。

就这样，18 岁的我踏上了去往科罗拉多州的求学之路。我将享受一流的教育，作为对国家培养的回报，我也同意随之开始以现役空军军官身份服役 5 年。

1969 年 6 月 23 日，我来到了美国空军学院。见到来自全国各地的新生，对于我这个来自得州乡下的小子来说，真是大开眼界。在同届的 1 406 名新生中，的确有一些富家子弟是通过父辈的关系拿到录取通知的，不少人是军官的孩子，甚至有的是出自几代行武传统的军人家庭。但无论如何，当所有新生入学后长头发被剃成统一发型，所有这些差异便都无足轻重了。所有人都即将踏上一条同样艰辛的求学之路。当年入学的 1 406 名新生最终只有 844 人得以顺利毕业。

我还记得军校生活的第一天，那是一个灿烂的科罗拉多州的清晨，万里无云。从那天起，我就对西部着迷了。在那里放眼望去，无论哪个方向都是一望无际，绵延的群山矗立在那里——此情此景让我这个来自得州北部平原地区的人惊叹不已。

空军学院的建筑显得相当气派，大部分楼房还都非常新。在我入学时，空军学院建成仅仅 12 年。1959 年，首届学生毕业。如果四年的求学之路顺利的话，我会在 1973 年成为学院的第十五期毕业生。母校在我毕业后的第三年，1976 年，才迎来了第一批女学员。

开学第一天，我心里有些紧张，对新生活一点儿底儿都没有。不像其他某些新生，我一点儿都没有意识到将遭受的训斥会如此严厉。就在我们刚脱下休闲服，换上毫无生气的橄榄绿军装后，高年级学长们就出现了，并开始冲我们大喊大叫。

“立正！收腹！”

“挺胸！把你们的肩膀向后、向下收！”

“先生，把肘关节和下巴都收紧了！”

“眼珠子直视前方！”

这番景象吓着我了吗？的确是。18 岁的毛头小伙子还缺乏洞察世事的人生阅历。我一直成长在一个宽松的抚养环境中。突然之间我被推到了一个对下一步不知所措的境地里，心里空落落的。

当然，这种戏剧性的变化是否真有必要，我对此产生些疑问也是情有可原的。真的有必要这样吗？至今我的答案也没那么肯定。但现在，从一个成年人的角度回想起来，当年那个下马威其实还是有合理之处的，那就是迫使你迅速告别过去那种轻松、舒适、熟悉的生活。我们需要重新定义我们的世界观和价值观。对所有新生来说，词典中再也没有“我”这个词，取而代之的是“我们”。过去那些只在理论上有的观念，比如责任感、荣誉感和“先人后己”，在军校的第一年里真正成为现实。这些再也不是抽象的词汇了，恰恰相反，它们的确对现实生活产生了实际的指导意义——这是每天都必须面对的现实。学员们以令人吃惊的速度领悟“勤勉”“责任感”和“义务”的含义。当你面对上级的询问时仅仅只允许以“是，长官！”“不是，长官！”“我没有借口，长官！”或是“长官，我不知道！”作为回答。

学校的规则不准高年级学长对我们动手，不过在喊叫和恫吓的过程中仍然会伴随着一些推搡的动作。

那些认可高年级学员欺负新生做法的人，说这样可以在战友间培养忠诚度，这种说法也有一定的道理。随着大学一年级时光的缓缓流逝，我跟身边的许许多多俯首帖耳的奴隶（“doolies”，希腊语“doulos”的衍生词，意即“奴隶”）[①]之间的关系日趋密切。你自觉自愿为国家而战，也会深刻地体会到什么是爱国精神。我亲耳听过，也读过很多亲身经历过战争的人

① 与地方院校类似，按照他们入校时间长短分为四个年级。但是他们不被称为大一、大二、大三和大四学生，而是分别被称为四级、三级、二级和一级学员。四级学员有时也会被称为“(doolies)”，从希腊语 δουλος（“doulos”）而来，意为“奴隶”或者“仆人”。——译者注

所写的书。他们都说一旦踏上了战场，所有血汗都是为了你身边的战友，而非什么政客和政治理想。你宁愿牺牲自己来换取战友的生命。

这一年的“奴隶岁月”让我和一部分同届新生结下了终生的友谊。这种充满艰苦考验的岁月远不是上普通大学可以比拟的。我们经历了种种测试、欺侮和体力挑战，也见到许多当年一起报到的同学被淘汰出局。有些是受不了基础训练过程中精神和身体的双重挑战，有的则是学业不达标，还有的是无法承受羞辱。其他人也有转学去了普通大学的，他们会说：“这不是我梦想的地方，我希望接受良好的教育——但不是付出这种代价。”像我们这样能够忍受并且留下来的人，最后彼此间都结成了兄弟情谊。

第一个夏天，我们统统被关在基础训练营里。那段时间，我经历了一生中肉体上最严酷的考验。我们在操场上进行队列训练，高举着长枪超过我们的头顶，军靴以同样的节奏快速敲打着地面。如果有谁中途掉队，都会被认为是软弱或失败者。高年级学员会冲着我们大喊：“把枪举高点儿！别像个娘们儿似的！你太让同学们丢人啦！”

最倒霉的是那些跑步耐力差的家伙，他们往往因为精疲力竭而不得不停下来。一旦有新生掉队，就会围上来一帮高年级学员冲他大喊大叫，气氛十分紧张。有的人会因剧烈运动而呕吐不已，偶尔也有人会放声痛哭。同学中有些人的父亲是军官，他们害怕因为被从军校淘汰而被赶出家门。我很同情他们。后来我常常想，不知最终他们到了哪里，或许是一所普通大学，一个用不着遭这样的罪就能得到很好的教育的地方。

我生长在几乎是海平面高度的平原地区，而这里则是处于差不多海拔 7 000 英尺（2 134 米）的高原。对我们来说适应高海拔地区的生活并非易事。我在同学们中处于中游水平，但我坚持下来了。我决心无论如何也要熬过这个夏天，以及随后那四年漫长的时光。

尽管我也想家而且体力透支，但那个夏天我确实也享受到很多。教官们有时把学员分成小队，通过解决实际问题的能力测试来评估我们。作为一个小队，我们被要求在有限的时间内，想办法用一捆绳索和木板从两个建筑物之间通过，并且不允许接触地面和脚下的水坑。手拿记事本和秒表的高年级学员以及教官观察谁有领导能力能带领全队安全通过。当轮到我作为这次练习的队长时，我圆满完成了这个任务。这给了我信心。

那个夏天的刻苦训练给了我后来的人生极大的帮助。它教会了我只要坚持磨炼，我就能发现更多自己都不知道的潜力。如果没有那个夏天的自我激励，我永远不会知道自己能够利用的潜能有多大。我并不是个懒惰的孩子，但直到经过了那个夏天的锤炼，我才明白了何谓挑战自我极限。我们中间所有通过那次考验的人都认识到我们所获得的东西远不是事先能够想象到的。

夏天过去了，身体素质挑战开始减轻，但学科基础课程的要求又加入了。这是内容广泛而困难的核心课程。无论学员的专业是什么，每个人都要上包括电子工程、热力学、机械工程学、化学等在内的众多基础科学课程，此外还有哲学、法学、英语文学等。现在回想起来，我很感激能接受到这么好的教育，但在当时，课程负担压得人喘不上气来。

幸运的是，对当年我们那批无限憧憬着翱翔蓝天的伙伴来说，正是这种憧憬给了足够的推力，激励着我们前进。

我第一次上军用飞机的经历就发生在大一，是一架历史可以追溯到20世纪40年代的洛克希德T33教练机[①]。T33有着水泡状座舱盖，时速大约500英里（800公里），这是那个年代喷气机的典型特点。就推进技术而言，尽管空气动力学技术早已得到了极大的发展，但直到20世纪50年代，这种技术上的飞跃才被喷气式飞机的引擎设计充分吸收，进而能为飞机提供足够的推力。

① 洛克希德T33教练机是美国洛克希德公司研制的双座双发喷气教练机，由F-80C战斗机改进而来，曾为美国空军生产了10年之久。到生产结束时，共生产T-33型共5 800架。主要性能参数包括：翼展11.84米，机长14.02米，机高3.76米，空重4 665公斤，最大起飞重量9 070公斤，最大平飞速度935公里/小时，升限15 240米，最大航程3 630公里。——译者注

虽说这架老式 T33 的动力不足，但坐进驾驶舱还是令人感到兴奋不已。

每个新生都有机会在这架 T33 上体验飞行 45 分钟，这样做的目的是激发学员努力学习的动力，而不至于中途退学。

生平第一次，我背上了降落伞，戴上头盔和氧气面罩，第一次坐在弹射座椅上。驾机教官做了个横滚动作，然后从科罗拉多州斯普林斯[①]向西飞了 10 英里（16 公里），还飞跃了派克斯峰[②]。整个过程中我的胃一直都在剧烈反应，但我还是保持了高度的投入。我全神贯注，我知道无论付出怎样的代价都值得，因为这正是我一生追求的。

当然，45 分钟的刺激过后，一切又都回到了现实。回到地面后等待我们的依然是煎熬。

我们的一日三餐都在米切尔餐厅，学员们以十人为单位围坐在一张长方桌上。每张餐桌上都混坐着从大一到大四的学员，而我们新生都得保持注意力高度集中地坐着，背挺得笔直，眼睛只能盯着自己面前的盘子。我们吃东西的时候像个机器人似的把叉子抬起送进嘴里。除了面前的食物，我们不允许看任何其他的东西，也不允许互相交谈。只有被高年级学员点名或提问的时候才能开口说话。他们往往在进餐时间恶作剧式地提问，而我们必须大声回答。

每个新生都发了一本叫做《检查要点》（*Checkpoints*）的手册，那是一本口袋大小的精装本。我们要把其中的所有传奇故事，特别是《行为准则》部分烂熟于心。如果发生被高年级学员提问而答不上来的情况，那可就惨了。

由艾森豪威尔总统在 1955 年颁布的《行为准则》之所以被认为如此重

---

① 美国科罗拉多州中部城市，是科罗拉多州的第二大、美国第 49 大城市，位于落基山脉派克斯峰东麓，海拔 1 840 米。商业中心，工业有电子、印刷等。附近有马尼图斯普林斯矿泉及派克斯峰等名胜，为美国最著名的旅游疗养地之一。——译者注

② 美国落基山脉前岭山峰，在科罗拉多州厄尔巴索（El Paso）县，距科罗拉多斯普林斯西 16 公里。虽然在科罗拉多群峰中高度居第 32 位，海拔 4 301 米，但因便于攀登和眺望而远近闻名。——译者注

要，是因为在某场战争期间，有美国战俘因为遭到拷打而与对方合作。当年用来形容这些人的词就是他们被“洗脑”了。因此军方制定了特殊的行为准则，我们必须熟记。例如，作为未来的军官，我们都必须立下这样的誓言：“在我的指挥官还有抵抗能力的情况下，我绝不出卖他们。”只有在“走投无路”的情况下才能投降，而我们也一遍遍重复宣读准则中的重点段落：“一旦被俘，我将通过各种可能的方式进行抵抗，尽一切可能使自己逃脱，并帮助其他人逃脱。我不会接受对方提出的假释还是其他特殊优待。”

由于高年级学员那永远也得不到满足的要求，进餐时的压力越来越大。我们必须记住各种飞机的细节特征，还要熟悉外交政策、美国及世界历史，甚至是前一天的体育比赛结果。对于同桌进餐的高年级学员，我们必须能将他们的全名脱口而出，连他们的中间名字的缩写和家乡都得熟记于心。尽管已经过去了 40 年之久，现在他们中很多人的姓名细节依然深深烙在我的脑海中。我也还记得他们的家乡都在哪里。

进餐时折磨的大小取决于每次分配到餐桌的都是什么人。每当走进食堂，如果看到坐在身边的是比较和善的学长，你会放心一些；反之，假如是一个声名狼藉的家伙，你心里则会“咯噔”一下，变得无比沉重，因为那意味着这餐饭又将备受煎熬。

一旦如此，你能期待的也只有两件事了：要么有另一个新生跟你同桌，而且如此倒霉以至于高年级学员的注意力都集中在他身上，这样把你独自留在一边而且能顺利吃两口饭；要么你就指望你的同桌新生中有个天才或者他能过目不忘——以至于学长的所有问题都能对答如流。假如真碰上了个智周万物[①]的，高年级学员必然会使出浑身解数，找到他不能回答的问题，直至有机会在对方回答错误时再折磨他。而在这样的情况下，其他人才有机会侥幸被忽视，好好吃上一顿饭。

① 智周万物，天下万物无所不知。形容知识渊博。《周易·系辞上》：知周乎万物而道济天下。——译者注

当年有一位比我大一届的学长，他对新生的“羞辱”并没有令人怀恨在心，因为他知道怎样让对方对自己心服口服。

有一天，我们列队准备去吃午餐。那天上午天气很暖和，大家都穿着短袖。我立正站着，突然那位学长走向我，问我是不是觉得自己已把黑色军靴擦得足够亮。

“是的，长官。”我回答说。

“你确定吗？”他问。

“是的，长官，我很确定。”我接着回答。（当时不允许说“我很确定”而只能说“是的”才行。因为禁止新生用缩略语。）

看起来这位学长想考验一下我。“你愿意把你的鞋子拿来比一比吗？”他问。他是说要拿他的鞋跟我的比比。

“是的，长官。”

他确定了比赛的规矩：“如果你确定你的鞋子比我的还亮，并且事实证明你没说错，我明天就给你铺床。可要是我的比你的更亮，那你就要像整理自己的床铺一样给我铺床。”

在军校，包括高年级学员在内的所有学员都必须把床上整理得像医院那样整洁，被子要叠得有棱有角。床单和毯子也得绷紧到足够平整，不能起皱。检查办法是往床上扔一枚 25 美分硬币，如果硬币没能弹起来，那么就得摊开所有东西重新开始叠。这可不是一件有趣儿的事，所以如果能让这个学长为我整理床铺，那倒是件我乐见之事。

他允许我不用直视前方，可以低头看下自己的鞋子，然后再看他的。我们这两双鞋看起来差不多亮，但我决定冒一次险，于是对他说：“长官，我赢了。”

“嗯，差不多，”他回答，“不过，还没完，让我们比比里面。”

他单脚站立，脱下一只靴子，让我看里面的鞋帮，位于脚后跟和鞋头之间拱形的中间部位。他靴子里鞋帮部位的皮也被擦得锃亮，而我的显然没有。他就像一个提问前对所有答案了然于心的优秀律师一样，显然，我被捉弄了。

“长官，你赢了。”我说。他看到了我的嘴角露出一丝笑意，尽管“奴隶”在列队立正时是没有发笑的权利的，但他没有对我大喊大叫地批评，而我自己也不敢再马虎从事，深感自愧不如。

此后还有很多情形，我不得不强忍着才能不笑出来。

进行列队的基本训练时，我们被要求有节奏地轮流报数:“左，右……左，右，左……”

年轻的时候，我注意到电视上那些多才多艺的人们，尤其是像美国全国广播公司（NBC）的切特·亨特利（Chet Huntley）和大卫·布林克利（David Brinkley）这样的新闻主持人，他们的发音都非常完美，几乎听不出一点儿地方口音。我曾尝试像他们一样，让别人听起来不像老家有些人那样带着浓重的得州口音。所以，当轮到自己报数时，我觉得同学中没人能听出来我声音中的得州味儿。

不过有一个名叫大卫的同学,他来自得克萨斯州西部。每次他一开口，你就知道他的籍贯是哪儿。每当他带队的时候,“莱夫特(左)、瑞意特(右)”的口令都被念成了“咾夫特，咾夫特……咾夫特，儒哈于特，咾夫特”。

每次我都忍不住暗自发笑，但我的脸上还是绷着没有一点儿表情，虽然耳边回荡着“咾夫特，咾夫特……咾夫特，儒哈于特，咾夫特……”的声音。

空军学院真是一座大熔炉，以至于有时让你觉得学院的人就像是第二次世界大战电影片中典型人物的组合。同学们来自五湖四海，其中包括一个有着波兰名字的芝加哥人，有得州人，有来自纽约某区的犹太小伙子，还有一个人来自俄勒冈州的波特兰。

回首往事，让人回味无穷。

2007年秋天，当我女儿凯特升入高中时，洛里和我参加返校夜[①]活动，我发现女儿的数学老师看起来很眼熟。等到他一说话我才想起来：原来这是比我高两届的空军学院校友，而且是曾在我大一时用餐时间向我问过问题的学长之一。所以，当他讲完话后，我走向他，对他说："快捷，整洁，差不多，友好，可口，好吃。"他看着我的脸，也一下子把我认了出来。他显然对我说的心知肚明。

每次吃完饭，坐在每张桌子末端的新生需要完成一项额外的任务，填写美国空军学院0-96表格——用以反映对膳食的评价。这又是一个表面文章，按惯例，我们所填的内容总是千篇一律：

——服务怎么样？——"快捷。"

——侍者的着装如何？——"整洁。"

——分餐的分量怎样？——"差不多。"

——餐厅工作人员的态度怎样？——"友好。"

——饮料怎么样？——"可口。"

——菜式怎么样？——"好吃。"

我跟凯特的数学老师握手言欢，共同回忆着年轻时的那已经离我们十分久远、充满节奏感的军方语言。

1970年5月，空军学院的大一学年即将结束，受欺负的日子到头了，我们也迎来了所谓的"确认典礼"，这批新生将正式获得学长的身份。从此以后，我们不用再尊称高年级学员为"长官"，进餐的心情也能相对踏实一些。后来，等到我以学长的身份在餐桌上"测试"新学员的时候，我始终问飞行的问题，而反对在死记硬背上纠缠不休。让年轻的伙伴们获得有教育意义的东西会让我更自在一些。

① 返校夜（back-to-school night）是美国中小学一年一度的家长会，通常在开学后两周举行。——译者注

尽管有各种各样的纪律，大家也都能觉察到长官和教授们都能容忍并接受一些体现出意志力或创新意识的行动。有一种口口相传的说法是，每年的新生班都要以某种方式提出新奇的观点，以此证明自己在特殊的创意方面不逊于往届新生。

当年我们班想出来的点子是将学员学习天文知识的天文馆外墙重新“装修”一番。于是有一天，在熄灯之后，我的同学们偷偷溜出了宿舍，在一片漆黑中为那栋看上去像是因纽特人冰房的原本白色的圆顶建筑盖上了一层黑色塑料布，还在圆顶的中间粘上了一个数字“8”。第二天早上，当全体学员集合列队准备去吃早餐时，发现天文馆看起来就像一个巨大的台球桌里的那个“8”号球。尽管我自己没有参与这场恶作剧，但那天却感觉特别提气。类似的很多主意都极大地鼓舞了我们的士气。

升入大二前的那个夏天，我们都参加了一次生存训练，在没有水和食物的情况下，每个人被丢到了森林里 4 天。这是一个被称为“SERE”的训练科目，SERE 代表“Survival（生存）”“Evasion（躲避）”“Resistance（抵抗）”和“Escape（逃脱）”四个词的首字母。这项训练的目的是教给我们生存技能，如何避免成为战俘以及在被俘后该怎么做。

由高年级学员化妆成假想敌来搜索我们。演习的计划编排虽然有点超乎寻常，但所有的都像身临其境一般。那些天里我一直在拼搏，由于缺吃少睡差点儿被击垮。然而，比起有些同学，我还是幸运多了，因为我设法潜入了高年级学员的营地并偷到了一条面包和一些果冻，而其他人那些天里却粒米未进。

到了二年级时，我才意识到所有这些经历对我的成长起了多大的帮助。入学后的前半年我一直很想家，但回家探亲之后，这种思乡情绪慢慢消失了。我在学校，虽说当时的我还只有十几岁，但已见过来自世界各地的人。我已经完成了一些我从未想过能够完成的艰难的任务，那种感觉就像自己已经成了个男子汉。今非昔比，此时我的家乡看起来比我原先记忆中的小多了。

进入空军学院后，直到我们“奴隶”学年快结束前我们才得到了驾机飞行的机会。因此每当我在假期回到库克先生的草地跑道机场时，我都会变得十分生疏。我先前的飞行时间太少，不能像骑自行车那样心手协调地熟练驾驭。我必须从头再来。

在空军学院从大二开始，我的飞行量大大增加，接受教官指导也不少，飞行经验日积月累地增长。只要有机会我都会去机场练练身手。

另外，我还报名学习如何驾驶滑翔机。我喜欢驾驶滑翔机，因为滑翔机是最纯粹的飞行方式，几乎就像鸟飞翔一样。滑翔机没有引擎，噪音小，是在一个比较慢的速度飞行，大约只有每小时 60 英里（96 公里）。你能感觉到一阵阵风拂面而来，还能感受到滑翔机的轻盈，能更直观地体会到自然的魅力。

在科罗拉多州的滑翔飞行，让我学会了如何留心利用有利环境因素来使滑翔机飞得更高并在空中飞更长的时间。特别是在夏季，地平面从太阳接收到的热度不均匀，因此地表的温度有些地方会比其他地方温度高。在温度较高的地方上空，空气被加热而密度减小，所以在地球这部分区域存在上升的气流。每当飞过像大圆柱体一样的上升气团时，你会感到滑翔机被气流抬升。如果此时你来个小半径的盘旋转弯，让滑翔机仍在上升气团里，那种感觉会像是置身于电梯里，上升气流带着你越飞越高，进而留空的时间越来越长。这种气象被称为“暖气流升力”。如果你从一个暖上升气流又再飞进另一个，你能数小时在天上自由翱翔。

到了冬天，则会遇见“地形波升力”。这个季节的风力更强，当它刮过一座大山或山脉的时候，就像是水流过石头一样，好风凭借力。如果你的滑翔机顺风在山脉上的上升气流中，你就可以延长滑翔飞行的时间。

在空军学院期间，除了学习滑翔机飞行外，我还拿到了教员资格。后来我开始指导其他学员，还有不少朋友学习驾驶飞机和滑翔机。

正因为有了如此丰富的经验，我在 1973 年毕业的时候被授予“杰出飞行技术学员”的称号。取得这个荣誉是由于我对学习飞行的每一个小时都专心致志，对技术精益求精。

空军学院的学习生涯在很多方面都让我受到教育——包括人的品格，怎样做一个全面发展的人，以及成功来自勤奋。在学校里，我们所接受的是被称为“人的全面发展观”的教育，因为这里的教授不仅仅教给我们军事技能。他们希望能将我们塑造成具有坚强性格、见多识广，对各种各样的事件都能处理得得心应手，能一生不仅仅是为学院而是为世界做出贡献的人才。学生时代的我们对这所谓的“人的全面发展观”理解得并不深，但在心里，我们都知道自己所经历的高标准严要求，以及无数的艰难考验，最终都将使我们受益无穷。

看起来空军学院似乎以把每位学员培养成美国空军参谋长为人才培养目标。在我的同学中，只有诺顿·施瓦茨（Norton Schwartz）做到了，他于 2008 年 8 月被授予这一美国空军最高职务。而我们其他人大都以自己的方式也做得不错。我们带着从学院学到的丰富技能和崇高责任感走出校门进入社会。

快捷。

整洁。

差不多。

友好。

可口。

好吃。

7 ——SULLY

取长补短 荡气回肠

安全，我的信仰

像我的父亲一样，我也是一位从未上过战场的军官。但当我们参军的时候，都曾意识到自己的生命将会面临战争的考验。我们严肃地接受了对责任的承诺，但对战斗荣誉我们毫无概念。我的父亲对以海军军官身份为国效力而感到自豪，而我也将和平时期自己在美国空军服役作为一项崇高的使命，我们每天刻苦地训练和练习，都是为了等待着国家召唤时能够保卫我的国家。

虽然数年为保卫祖国的任务而准备，但军人往往都得不到实战的机会，因此，他们中的很多人只能凭空想象自己遭遇战争时会怎样。我能理解这一点，但却不会因我从未经历过战争而感到军旅生涯有任何不完整。我驾驶的战机正是为了摧毁那些会加害于我们的敌方而设计的。我很高兴自己从未对别人造成过任何严重的伤害，也为自身没有遭受到伤害而深感幸运。

但是我永远没有机会完全明了如何应对真实战斗中的压力了。是的，作为一名战斗机飞行员，几乎每次飞行时我都会面对一些险情。即使是在训练中，这也是一项充满危险的工作。多年以来，正如许多在和平年代服役的军人一样，我曾问自己：当面临战斗中生死攸关的严峻挑战时，我的表现能合格吗？我的体力、勇气和智慧是否都强大到足够支撑我经受这种考验？我能保护我部下的安全吗？

直觉告诉我，自己会表现出像训练时那样的水平，而不会惊慌失措或犯下严重的错误。但是我必须接受这样的事实，那就是我将永远不会有机会在实践中检验自己了。

我曾经希望我的商业航班飞行生涯能够走一条类似的路，一次又一次平安地起飞和着陆，而没有任何不安全事件发生。是的，航空公司飞行员都接受过紧急情况处置能力的培训——在飞行模拟器上练习，我们都知道，既然飞行就有风险，尽管发生的概率很低。好消息是商用航空技术已经取得了长足的进步，因此，民航飞行的可靠性已经非常高，一名民航飞行员在其整个职业生涯中，连一次处置一个发动机空中停车的险情都不会碰到的情况是完全可能的。但商业航空飞行员职业的挑战之一就是要力戒自满，我们必须保持凡事预则立，因为你不知何时发生和发生什么，而一旦发生你将面临严峻的考验。

因为商业飞行日复一日就像例行公事，我真是从未想到自己会遭遇到 1549 航班那样可怕的情况。回过头来思虑再三，我认识到：尽管我从未经历过战争，但毕竟曾经过数年时间的刻苦训练，专心致志，严以律己，并始终保持常备不懈。我曾一次次从险情中逃脱，也仔细观察其他飞行员所犯的那些致命错误。这些准备并没有白费。当我 57 岁时，我仍旧能够回想起早年学到的东西。正是因为如此，我也就给出了自己心中那些问题的答案。

1973 年 6 月 6 日，我从美国空军学院毕业。几周后，我报名参加了印第安那州西拉法叶（West Lafayette）普渡大学（Purdue University）[①] 开设的夏季学期课程，获得了工业心理学（人因工程）的理科硕士学位。这是一项考虑人类的能力和局限性因素，主要研究机械设计

① 普渡大学，成立于 1869 年的公立大学，以提供农业技术教育为主体，以学校最大投资人约翰·普渡（John Purdue）为名，除了西拉法叶主校区之外，另有哈蒙德、韦恩堡、印第安纳波利斯等校区。——译者注

的学科。人类怎样行动和做出反应？人类能做什么，又有什么做不了的？应该怎样设计机器才能在人类使用的时侯效率更高？

那是面向军校毕业生的一个联合硕士速成项目，旨在帮助我们很快从普通大学获得一张文凭，同时不影响很多空军军官进入航校开始下一阶段的深造。我在空军学院大三的时候就已经修完了研究生水平的课程。所以我的学分转到普渡大学，6 个月后我便获得了硕士学位。

在普渡大学，我学习了如何设计机械，学到了系统的知识。根据哪些因素来设计驾驶舱配置和进行飞行仪表盘布局呢？例如，工程师如何考虑飞行员放置手的位置？眼睛聚焦的区域在哪里？或者什么可能分散注意力等。当时我认为学习这些知识对我以后的道路会有帮助。后来的事实证明，我是对的。从学术和科学的角度来解释下面几条飞行中的程序化要求是有帮助的。在学习如何成为一名飞行员的过程中，教给你的绝大部分是遵循正确的程序，而往往不了解那些正确的程序为什么如此重要。后来几年，当我在关注飞行安全问题时，我意识到自己所接受的正规教育在很大程度上教会了我在观察外界事物时分清它的主次，感觉到的东西我们不一定能够认识它，只有认识了的东西我们才能更深刻地感觉它。

当结束在印第安纳半年的学习后，美国空军送我前往密西西比州的哥伦比亚，接受为期一年的 UPT 培训，即“本科飞行员训练”（Undergraduate Pilot Training）。该课程由课堂飞行理论教学、飞行模拟机训练和总计 200 小时的飞行训练共同组成。一开始我飞的是赛斯纳 T-37（Cessna T-37）飞机[①]，这是美国空军使用的一种双引擎、双座初级教练机。它机身长 29 英尺（9 米），最高时速可达 425 英里（684 公里）。最后我晋级到可以驾驶

① 赛斯纳 T-37 是美国赛斯纳飞机公司（Cessna Aircraft Co.）制造的双引擎基础教练机，1955 年首飞，共生产了 1 000 多架。该机采用并列双座设计，驾驶舱设有两套独立的控制系统和弹射座椅。该机配有两台大陆（Continental）J69-T-25 涡轮喷气发动机，单台推力 461.25 公斤。翼展 10.2 米，机长 8.9 米，机高 2.8 米，最大起飞重量 2 981 公斤，平飞速度（海平面）315 英里 / 小时（M0.4），航程 1 760 公里。——译者注

诺斯罗普 T-38“禽爪”（Northrop T-38 Talon）①，这是世界上首架超音速喷气式教练机。它的最高时速可以超过 800 英里（1 287 公里），超过了马赫数（Mach number）1.0②。

回首往事，我驾驶着库克先生的那架阿尔卡 7DC 螺旋桨飞机慢慢盘旋在他的草地机场上空，时速很少能达到 100 英里（161 公里）。而如今，我学会了高速飞机编队飞行的技术，我的机翼与两边飞机的翼尖仅相隔几英尺之遥。而且我坐在弹射座椅上，一旦我的飞机失控它会帮我脱险。

当时我 23 岁，而先后指导我飞行 T-37 和 T-38 的两位中尉教员也仅比我大几岁而已。他们分别来自马萨诸塞州和科罗拉多州，并且具备一些共同的优点：他们并不是单纯为了教我而教我。“我希望你能获得成功。”他们每个都这样对我说，并且把每一点能给我的指导都倾囊相授。

结束密西西比州的学习之后，空军将我派往位于新墨西哥州阿拉莫戈多附近的霍洛曼空军基地（Holloman AFB）③。这个基地有着悠久的历史。第二次世界大战期间，这里被用来培训波音 B-17 空中堡垒和 B-24 解放者重型轰炸机④的飞行员，后者是盟军最常用的重型轰炸机型。

---

① T-38“禽爪”教练机是美国诺斯罗普公司研制的双发教练机，于 1959 年试飞，1961 年 3 月服役，1972 年停产。该机由两台通用电气 J85-GE-5 涡扇带加力发动机。发动机推力 1 215 公斤，加力推力 1 746 公斤。T-38A 只需要 695.2 米长的跑道即可起飞，能在 1 分钟内爬升到 9 068 米的高空。机内载 2 206 升燃油，机长 14 米，机高 3.8 米，翼展 7.6 米，最大速度马赫 1.08，最大起飞重量 5 485 公斤，航程 1 900 公里。——译者注

② 马赫数用于超音速计算对比参数，在航天航空领域最为常用，常写做 Mach 数。它是在一定条件下速度与音速之比值。飞机的马赫数是指飞机的飞行速度与当地大气（即一定的高度、温度和大气密度）中的音速之比。马赫数 1.0 表示飞机的速度和当地音速相等。——译者注

③ 霍洛曼空军基地，位于美国南部新墨西哥州内奥特罗县（Otero County）。基地名称是为纪念乔治·V·霍洛曼上校（Col. George V. Holloman），他是一位在导弹研究领域的先驱。该基地是空中作战司令部（Air Combat Command，简称 ACC）第 49 战斗机联队（49th Fighter Wing，49 FW）的总部所在地。——译者注

④ B-24 解放者重型轰炸机是美国第二次世界大战时的一种四发远程轰炸机，1941 年交付使用，共生产约 18 181 架。该机上下前后及左右两侧均设有自卫枪械，构成强大的火力网。B-24 采用双垂尾，形状为竖椭圆形，前三点起落架可收入机内。主要参数：翼展 33.53 米，机长 20.22 米，机高 5.46 米，空重 13 608 公斤，最大起飞重量 27 700 公斤，最大平飞速度 487 公里 / 时，巡航速度 281 公里 / 小时，升限 8 534 米，航程 5 152 公里。——译者注

B-24是一种远程轰炸机，第二次世界大战期间18 000多架该机型飞机被快速生产出来。但是飞行机组后来发现由于这种飞机的油箱被设计在了机身上半部，很容易被击中着火，因此导致了战斗中相当高的损失率。尽管B-24有着很高的有效载荷，单机即可携带重达8 000磅的炸弹，但很多人也为此而牺牲。壮烈牺牲的前辈中有很多当年也都曾在霍洛曼基地受训。

霍洛曼基地还因为诞生了很多其他历史性成就而闻名。1960年8月16日，小约瑟夫·基廷格（Joseph Kittinger Jr.）上尉从这里乘坐一个开放的气球吊篮升至102 800英尺（31 333米）高空以测试高空跳伞的可行性。气球飞至基地上空时，他从吊篮里一跃而出，以每小时614英里（988公里）的垂直速度下落，历时4分36秒，一举打破了有史以来人类最长自由落体时间的纪录。由于右手的手套出了问题，他的手肿胀到正常大小的两倍，但他最终安然无恙，并被授予了美国杰出飞行十字勋章（Distinguished Flying Cross）[①]。

正如霍洛曼一样，我驻扎过的每一个基地都有一段鼓舞人心的历史。伫立在从跑道吹过来的风中，你都仿佛能感觉到无数英雄们的存在。

我在霍洛曼基地期间进行的是“FLIT”科目的训练，即“战斗机引入训练（Fighter Lead-in Training）”。我们驾驶Y-38飞机[②]进行了基础空战机动、战术和编队飞行等科目的训练。那时我知道自己还没有成为一名真正的战斗机飞行员，但在霍洛曼基地的训练，我认为自己是在一步一步地接近目标。尽管我要学习的东西还很多，我对自己还是充满信心。

在这里，你不可避免地感到处于精英集体之中。在密西西比的飞行员培训班上共有35个学员。他们中的很多人都想驾驶战斗机，而最终我

① 1926年7月2日设立，是颁给海军航空兵飞行时的杰出表现的青铜勋章。授予勇敢行为和显赫功绩，只是这个勋章的授予对象不包括航空兵。——译者注

② Y-38飞机，美国洛克希德公司研制。1939年1月27日首飞成功。主要参数：双发V-1710水冷发动机，1 475马力，航程800公里，巡航速度483公里/小时，最大速度667公里/小时，升限13 400米，总重5 820公斤，长度11.6米，翼展15.9米，机高3米。——译者注

们之中只有两个人能有幸被选中。因此我非常看重教官对我的信任，在霍洛曼接受训练时我勤勤恳恳、刻苦耐劳，以期达到上级的要求。

接下来一站是在位于亚利桑那州格伦代尔附近的卢克空军基地[①]为期10个月的训练。在那里，我通过测试后飞的是F-4鬼怪II型战斗机[②]。这种超音速飞机能够发射超视觉雷达制导导弹，最高时速可超过1 400英里（2 253公里）或马赫数2.0。与许多战斗机不同的是，F-4是双座机型。飞行员在前，而受过特殊训练的引导员，称为武器系统管制员（WSO）坐在后面的座椅。

我们逐一对F-4战斗机进行了系统研究——电气、液压、燃油、两个发动机、飞行控制、武器等所有的系统。我们研究每一种系统如何单独工作以及不同系统之间如何彼此协调成为一个整体。

我和其他飞行员、武器系统管制员一起，不单单学会了如何驾驶F-4，这部分其实并不复杂——我们更要学会如何使用其去作战。我们练习了投掷教练弹、空对空作战以及战术队形的飞行，而且还学会了如何与武器系统管制员紧密配合组成一个高效的团队。

日复一日，我们一起了解错综复杂的战斗机，也学会了驾驭它时力所能及和力所不能及的地方。另外同样重要的是，我们彼此之间有了更深的了解。

飞这种战斗机对我们要求苛刻，而同时这种挑战又令人提神。驾驶舱中的很多操作都必须人工完成。我们没有今天这么多自动仪器可以帮助解决问题。不像如今的战斗机飞行员，他们有着复杂的计算机集成系统，而那时我们必须凭肉眼完成几乎所有操作。今天，计算机技术帮助机组人

① 为纪念第二次世界大战期间美国“空中最伟大的斗士”卢克，美国空军命名亚利桑那州一个空军基地为卢克空军基地。——译者注

② F-4鬼怪II型战斗机是美国原麦克唐纳公司（后并入波音公司）20世纪50年代为海军研制的远程全天候舰队防空战斗机，后来被美国空军大量采用，目前已退役，被F-15、F-16、F-14、F/A-18等新一代战斗机所取代。F-4自1960年5月投产，至1981年停产，共生产了5 195架，有十几种改进机型。——译者注

员将投掷炸弹的精度提到了相当高的水平。在我驾驶老式战斗机的年代里，飞行员不得不通过驾驶舱舷窗观察并在脑子里进行计算。起飞前，飞行员需要复习数字制表，然后根据特定的俯冲角度、速度以及目标上方的高度等因素决定何时投弹。如果飞机的俯冲角度稍微小或大点，炸弹都会偏离目标，不是远了就是近了。类似地，投弹时的速度和高度也会对炸弹是否偏离目标产生影响。此外，在飞越目标时还要考虑侧风的因素。而现代的飞机为飞行员提供更多引导，从而保证了这些操作的精确性。

在 1976—1977 年初驻扎在位于伦敦东北 70 英里的英国皇家空军莱肯希斯基地[①] 14 个月的时间里，我驾驶 F-4 战斗机。这是我以可参战的战斗机飞行员身份接受的第一项任务。

目前在西南航空公司[②]担任机长的吉姆·莱斯利是我当年在空军的战友。我们在 1976 年先后相隔几天抵达莱肯希斯基地，而且我们长得也非常像，都是身材瘦削，6.2 英尺高，金色的头发，还都留着小胡子。当我们俩一起出现时，人们常常分不清谁是谁。有些人在同一个房间内看到我们之前甚至不知道莱斯利和萨伦伯格原来是两个人。

很多年长的飞行员倒是知道我们中有一个名叫萨利，但说不上来我俩到底哪个才是。“你好，萨利！”他们这样打招呼。过了没多久，吉姆也习惯了这种称呼方式，一听到有人这么招呼也会扭过头来。当我把 1549 航班成功迫降在哈得孙河后，我猜某些莱肯希斯基地的老飞行员肯定会把吉姆当成 1549 航班的“萨利”。

吉姆自己也承认飞行时他有那么点爱炫耀。当时我的空中呼号是“萨

① 英国皇家空军莱肯希斯基地位于伦敦东北方向 70 英里，距离著名的剑桥 25 英里，驻扎着大约 5 000 名美国军事人员以及 2 000 名美国和英国的雇佣人员。该基地是美国空军在英国最大的空军力量运转中心和仅有的在欧洲驻扎的 F-15 战斗机联队。——译者注

② 美国西南航空，一家总部设在达拉斯的美国航空公司。在载客量上，它是世界第三大航空公司，在美国它的通航城市最多。与国内其他竞争对手相比，它以“廉价航空公司”而闻名，从 1973 年开始每年都赢利。——译者注

利”，他的则是“好莱坞”。“好莱坞”总会带着一副酷酷的墨镜，穿上那双不完全符合条例的皮革和布料做成的靴子。虽说有点爱招摇，但他很聪明，善于观察。他看待事物的方式很客观。正如他喜欢说的：“想要对驾驶战斗机的每一点最新技术都了如指掌是不可能的，但还是应该尽可能多地吸收知识，因为我们是需要在关键时刻挑大梁的人。”

结束在莱肯希斯的任务后，我转去内华达州，在内利斯空军基地[①]驻扎了3年。在那里我晋升为上尉。吉姆也驻扎在那里。

尽管在飞行方面我们行事方式不尽相同，但我俩还是成了挚友。他为自己能够打破常规而自豪，而我自认为是属于比较遵章守纪的类型。练习空中格斗的时候，条例规定两机迎面相对飞行时必须保持足够距离。如果规定最少保持相距1 000英尺的话，吉姆往往会试试500英尺。“我知道我能行，”他会这么说，而且他也做得到，“萨利，你也一样能行。”我知道我没问题，但要真做了，那就会减少为防止出现不测而留出的安全距离。任何微小的错觉或者错判都将会使飞机间距过小。

我很尊重吉姆。基于他对自己技术的清醒认识，他知道自己不会真正把别人置于险境。但这毕竟只是训练，而非实战。跟他相比，我在大胆进取方面更加深思熟虑。在我整个飞行生涯中，包括飞商务飞机后的日子里，我在必要且会产生积极作用的情况下都会利用适度的闯劲。

飞行员之间建立深厚感情是非常重要的。无论驻扎在哪个基地，我们都被反复提醒骄傲自满会带来的危害，要尽可能熟悉你所驾驶飞机的性能特点以及要对所做事情的方方面面都有清醒的认识。作为一名战斗机的飞行员面临着风险——我们大家都知道——有些事故因为超出飞行员能力之外的情景因素而发生。但是如果你能勤学苦练、准备充分、判断准确和技术精良，你就能将风险降到最低。要想做到这一点离不开彼此的合作。

① 内利斯空军基地是位于内华达州克拉克县的一个美国空军基地，距离赌城拉斯维加斯中心商业区东北7海里（13公里）。内利斯空军基地是美国空军空中作战中心所在地，并且是一个主要为美国和外国军用飞机机组提供训练的地方。基地主要部分占地大约11 300英亩（合4 600公顷）。——译者注

战斗机驾驶员是一个组织严密的群体，部分原因在于这关乎每个人能否活着的问题。我们需要学会接受批评以及在必要的时候对他人提出批评。如果某人有一天犯了个错误，你不能对此熟视无睹，因为你不会希望此人下次与你同机飞行时再犯同样的错误。所以你必须明确地向他指出。这关系到你和其他人的生命安危。

在整个服役期间，我估计总共认识了 500 位飞行员和武器系统管制员，其中有 12 人在训练事故中不幸遇难。在为失去战友而悲伤的同时，我也尽量从他们的事故中汲取经验教训。我知道，那些现在仍然继续着飞行生涯的战友们的安全，完全取决于情景意识尤其是要想在前面的情景意识，而牺牲的战友们的宝贵经验则化作一笔内在的遗产留给我们——这些仍然活着的飞行员。

美国人对查尔斯·林德伯格的昵称是“幸运林白”,但他自己对“幸运”二字有着更深刻的理解。我曾读过他于 1927 年出版的那本记录了著名的飞跃大西洋壮举的书《我们》。林德伯格在书中明确指出，他的成功并非运气使然，而几乎完全归功于充分的准备，或者我认为更合适的词：**情景意识**。作为一个昵称，“时刻准备着的林白”可能不会有多么神奇的光环，飞行员飞行时必须时时明了自己所处的情景，做好各方面的准备，对他的这个观点，我始终有着强烈的共鸣。

在我的军旅生涯中，每当有战友不幸牺牲，我都试图想象如果换作自己当时会做出怎样的反应，会采取什么样的措施。我能够幸存下来吗?

在内利斯，每位飞行员和他的武器系统管制员都会分配到一架专用飞机。我们的名字刻在座舱盖边沿。

我曾一度在佛罗里达州沃尔顿海滩的恩格林空军基地（Eglin AFB）①

① 恩格林空军基地是美国的一个空军基地，位于美国佛罗里达州奥卡卢萨县（Okaloosa County）。恩格林空军基地是航空武器中心（Air Armament Center，AAC）所在地。作为所有空军武器的焦点，航空武器中心是一个承担所有空中投放武器的开发、测试、部署和维护的中心。——译者注

执行临时任务。我在那儿得到了一个十分少有的机会，向一架在墨西哥湾上空的遥控靶机发射了一枚空对空导弹。

当我还在佛罗里达时，一天上午另一个飞行员被安排驾驶我那架在内利斯基地的 F-4 战斗机。F-4 有一个通过电力控制并由液压驱动的前轮转弯系统。飞机上有一个接线盒，其中的电线连接驾驶舱来操纵前轮。有时水汽会进入接线盒从而造成腐蚀，导致插头短路，进而使飞机前轮在没有飞行员指令时发生转动。出现这种情况时，我们必须将其记录在飞机维修日志上，由地面维修人员进行检查，必要时做一些检修。有时，接线盒只需烘干即可恢复正常工作。

当天上午，那位飞行员被安排驾驶我的飞机进行训练。当滑行到跑道上时，他注意到前轮的转弯装置有些异常，他即滑行返回停机坪，关闭飞机发动机，并且在维修日志上记下了这个问题。维修人员进行了检修并签字放行。

当天晚些时候，同样是这架 F-4 被安排了飞行任务，包括一次编队起飞，即两架喷气飞机的飞行员同时加油门、松刹车，然后编队起飞，在飞机加速过程中相互保持精确同步。

在这次编队飞行的飞行员中，有一位飞行员驾驶的正是我的那架在当天早些时候中断起飞、出现问题的 F-4 战斗机。当飞机正在起飞滑跑时，前轮突然非指令性地急速左转。飞机冲到跑道旁的一条沟渠中，造成起落架断裂和一个外部附加油箱破裂。

飞行员和武器系统管制员被困在损毁的飞机里，正思考该如何脱身。而此时泄漏的燃油起火，火球瞬间吞噬了机舱中的两个人。

我想，如果我是当天第二个开那架飞机的飞行员，我是不是会先看一下那架飞机的维修记录，看看那个前轮转弯的故障是怎么写的，怎么维修的，并对它再次发生的可能性保持高度警惕。

那位驾驶员和他的武器系统管制员都是非常优秀的机组人员。在他们的葬礼上，我再次想起身为一名飞行员，每次飞行前、飞行中、每一个飞行动作前，一丝不苟的准备工作是多么重要。

这一点在我自己面临千钧一发的情形时再次被验证。

有一次在内利斯，我驾驶一架 F-4 战机进行大速度、低高度飞行。这个训练的目的是要把战机飞得尽可能低，为的是避开敌方雷达。当时我以 480 海里（889 公里）的速度在距地面 100 英尺（30.48 米）高度的低空飞行，同时还要穿越前方的丘陵地带。我所练习的操纵技术要求驾驶战机低高度从每一座小山的山顶飞过，飞机一会儿上升、一会儿下降而不能爬升得太高，否则很容易就会被暴露在敌人的雷达屏幕上。

掌握好这项技术要领需要大量的训练。每次飞越山丘的时候我都必须拉驾驶杆使机头向上，战机上升，飞越山顶之后再推驾驶杆使机头向下，战机下降。这有点像坐过山车。如果面对的是一条陡峭的山脊，我就先飞近它，再猛地拉起机头用急速上升的方法贴着山脊向上飞。当飞到山顶时，我会将飞机横滚倒过来，飞机肚皮向上，倒飞沿背面山坡下降，最后再横滚过来恢复正常姿态。

有一次，我碰到一条山脊，心想那看起来有足够余地让我急速上升飞到山顶，然后横滚倒飞沿背面山坡下降。可飞机到了山脊最高处我才发现前面地形的高度并不足以让我完成将飞机横滚倒飞这个动作。那是一次有可能给自己带来致命后果的误判，因此我不得不尽快爬升到高空，飞出这片地带。

当时给我扭转局势的时间只有几秒钟，我拼尽了全力做到了。但说句实话，这次意外使我提高了警觉。类似的错判夺去了不少飞行员的生命。

当我们返航着陆后回到中队大楼时，我为刚刚发生的事情承担了责任。我对同机的武器系统管制员说："对不起，戈登。今天我差点儿让咱俩都完蛋了，但我保证，这样的事情以后绝不会再发生。"然后我向他详细解释了事情的发生过程和原因。

在内利斯基地待了几年后，我被派去参加空军的一个事故调查委员会。我们曾调查过一个在内利斯发生的飞行事故。一名 F-15 飞行员在进行一个富有挑战性的转弯机动操作时动作过大，加上当时他并没有足够的高度空间来完成这项操作，因为离地面太近而坠毁。

我们用作训练的空域是在拉斯维加斯西部和北部的广阔的沙漠地带，当地海拔在 3 000 英尺（914 米），甚至更高。要知道，飞机上的气压高度表所显示的是海拔高度，而不是距离地面的高度。这个飞行员很显然搞错了所处的高度，也对转弯机动飞行操作空间判断失误，等意识到这一点时已然没有可能去改变。用飞行员的行话来说就是："他丢失了情景意识。"在特定的环境模式下，错误就是这样慢慢地蔓延，在不知不觉中发展，你也一直没有纠正，等到发现时一切都太晚了。

我必须听取该飞行员所在中队其他人的陈述，还得把事故现场那架已经在沙漠中粉身碎骨的飞机残骸的照片分类。这场惨剧的每个细节都被记录在案，甚至包括可辨认的遇难者部分带发头皮的照片。

在每一起空难调查过程中，调查者都必须将所有具体的细节找出来，揭开所有的谜团。仿佛已经遇难的飞行员仍然肩负着一项责任，来帮助我们活着的人、航空领域的其他伙伴们，以确保我们的安全。

飞行员们被灌输了要时刻保持"情景意识"的重要性，那意味着你要在飞行生涯中建立并保持一种非常精确、实时的心智模型。这位遇难飞行员很显然没有足够精确的"情景意识"，进行这项调查也让我意识到，战斗机的飞行员承担的风险有多么高。这是一群绝对称得上是有献身精神的优秀的人，我们驾机所操作的动作都是高风险，高速贴地飞行，时不时来个急转弯动作，而与此同时我们还要始终保持情景意识，确保前方飞行轨迹中每一点都是安全的。

在生活的很多领域里，你都应该成为一个战略上的乐观主义者，即着眼长远，但同时又是一个战术上的现实主义者，即立足当前。对本来就有风险的战斗机飞行来说更是如此。你不可能是一个天真的理想主义者。你必须明白，自己懂什么和不懂什么，哪些你能够做到而又有哪些自己做不到。飞行员们要考虑到在所有可能出现的情况下飞机能够做到和不能做到的，例如，飞机在每种航速下的转弯半径各是多少？返航需要多少燃料？如果出现险情，将需要多高飞机才能安全滑翔落回跑道？

飞行员们还要了解环境对判断力的影响。多年前曾进行过一项针对飞行员从驾驶舱弹射逃生的研究，旨在确定为什么飞行员在飞机坠毁前，有时会延迟弹射。有些飞行员只是迟疑了那么几秒钟，等他们最终拉下弹射手柄时，却发现为时已晚。有的倒是迅速弹射出去了，但由于高度太低，降落伞还没张开人就坠地了。另外一些则人随飞机一起坠毁了。

那么这些人到底为什么耽搁了呢？有数据表示，如果飞机出现的险情，是由飞行员的错误造成的，那飞行员往往会推迟决定弹射的时间。由于担心飞机报废造成的数百万美元损失会让自己受到惩罚，他们会将宝贵的时间用来解决原本根本不可能解决的问题，或是挽救原本不可能挽救的状况。如果确认险情是由于超出飞行员控制的明显的机械故障造成的，那么飞行员就更有可能选择在一个更高也更安全的高度弃机弹射跳伞。

我的朋友吉姆·莱斯利曾在1984年执行了一项F-4战斗机的训练任务，与其他的飞机进行空中格斗。他的座机由于机械故障而陷入螺旋急速下降，而且当时没有任何办法能从螺旋中飞出。“飞行员也是人，”他后来这样跟我说，“在紧迫的情况下，大脑会告诉你想要听到的和看到的，那就是：‘这种事儿是不可能发生在我身上的！’所以，当事人在精神上不会认为飞机即将坠毁，反而觉得有时间解决问题或脱离险情。而实际上根本没有足够的时间。这样还会错失了弹射的机会。”

当时，吉姆拉下了他那架F-4战斗机的弹射手柄，首先将武器系统管制员弹出了机舱，紧接着他也被弹了出去。“当时我还以为自己留足了弹射的时间，”他说，“后来才发现短短3秒钟后飞机就坠毁了。”哪怕当时再晚一秒钟，他也不会安全脱险。

“没人想让飞机坠毁，”吉姆说，“那会成为你飞行记录上的一个污点。那天坠毁那架F-4给空军造成了400万美元的损失，但我活了下来。而另外有些人因为不想承担飞机坠毁的损失，最后把自己的命都搭了进去。”

吉姆后来有机会驾驶 F-16 战机。他有两位室友都在 F-16 的训练事故中遇难，而整理并将他们的个人物品归还给他们家人的任务就落到了吉姆身上。后来，吉姆又从无法继续飞行的飞机上再度弹射跳伞，这次换成了 F-16。当然，他又捡回了一条命。“事后每天醒来的时候，我都会觉得自己是一个上天的恩赐。”他总是这样告诉我。

对我来说，我整个军旅生涯中最惊心动魄的一次飞行是那次在内利斯基地驾驶 F-4 战机的经历了。我的“后座家伙”(backseater，也称“后座人”)是洛伦·利沃莫尔。来自科罗拉多州的他以前是个银行职员，后来决定放弃办公桌旁的工作，转行成了一名空军武器管制员。当时我们在内华达沙漠的射击区域。那天我是一个四机编队的指挥官。作为轰炸训练的一部分，我们在沙漠中的目标上空以方块队形编队飞行。

那天我们超低空飞行，突然间我感觉到飞机在自己转弯、上升和下降。想象一下，当你驾车一路前行的时候，车子在你没碰方向盘的情况下突然左拐，这一定会令你大吃一惊。

对我们这些身处 F-4 战机里的人来说，在察觉到飞机突然出现了一个非指令动作之后，一股不祥的感觉涌上了心头。

洛伦在那天带了一个磁带录音机，所以我们之间的对话和无线电通话全都被记录下来。我对飞机出现异常后的反应被清晰地录在磁带上。

> “该死的！”
> “怎么啦？”洛伦吼道。
> “不知道。”我回答说。

在距地面仅 100 英尺的高度听任一架速度高达 450 海里的飞机随心所欲地飞行显然不是我想看到的。我立刻拉杆操纵 F-4 上升高度，我需要来个急速爬升以避免飞机非指令一头栽下去。我需要为自己赢得时间和空间。在较高的高度，洛伦和我才有可能弄清故障出在哪里，并更有效率地进行处理。更重要的是，如果情况继续恶化，我们将会有时间和高度能够解决问题，或至少能帮我们成功弹射跳伞得以生还。

我通过无线电呼叫说："美味 11（1 号机的呼号），停止训练。"我向其他三架飞机下达了放弃例行飞行并中止此次训练科目的命令。

其他每个飞行员都收到并明白了我的命令。

"二号机停止。"

"三号机停止。"

"四号机停止。""

"紧急呼救！紧急呼救！紧急呼救！"我说，"美味 11。飞机操纵系统故障。"

作为编队飞行的长机，我还要负责向另外三架飞机发出指令。"二号机和四号机返航，"我说，"三号机跟上我。"

我让那两架返航回内利斯，因为他们即便留下也不能提供任何有用的帮助，我也不想因为还要负责他们而增加自己的工作负担。作为飞行指挥官，我不仅要对自己和同机的武器系统管制员负责，还要保证全部四架飞机的安全。在处于危险境地、命悬一线的时候果断终止训练，而集中起自己所有的注意力去做那些能够增加一点点生还希望的工作，事后看来，这真是一个明智的决定。

我之所以选择由三号机护航，是因为该机机长驾驶的是编队飞行中的长机，且其经验比二号和四号都更丰富。我希望他能协助我找到故障到底出在哪儿。在二号机和四号机飞离空域和通讯频率之前，我再次无线电呼叫："美味 11，完成武器安全检查。"

其他所有人都做了回答。

"二号机，武器安全检查完毕。"

"三号机，武器安全检查完毕。"

"四号机，武器安全检查完毕。"

这样确保在飞机飞离空域之前所有的武器开关都扳回到了安全位置。

三号机的飞行员是乔治·塞勒。当年有个塞勒蓝布鲁斯科葡萄酒(Cella Lambrusco)[①]的电视广告很流行。广告里有个名叫奥尔多·塞勒的可爱角色。他是一个身材矮小粗壮的意大利人，留一撇深色的小胡子。他一身白衣白帽，身边围着一群被他这款名酒所吸引的女人。因此"奥尔多"就成了乔治的战术呼号。

奥尔多说："最好做个系统可控性检查。"

当爬升到更高的高度，约 15 000 英尺（4 572 米）时，我把喷气机的速度减小，以确定着陆时能以低速飞行，那时飞机仍然是可控的。此时，我的武器系统领航员洛伦查阅了《危机处理检查单》上有关正确排除故障的章节，E-11 页，最终我们确信我们还能有效地操纵飞机。

奥尔多的飞机飞得离我很近。他和他的武器系统管制员检查了我飞机的外部，看是否有任何明显的表面损伤、漏油或其他异常情况。"你飞机外部看起来没什么问题。"驾驶着 F-4 跟在我后面的奥尔多说道。

我和拉斯维加斯的进近管制中心[②]联系，将紧急故障状况通知了民航管制员，并告知我需要返回内利斯基地。管制员告诉了我一些返航的限制因素以及返航所需的排队等待时间。他希望我做个小航线尽快进入五边终端进近。

---

① 蓝布鲁斯科葡萄酒的一种，产于意大利中部的艾米利亚—罗马涅大区，它是由一个野生葡萄品种发展而来，是一种极具生命活力、持续高产量的葡萄，而且抗病性很好。它的叶子呈五角星状，颜色为深绿色，有时还有三个圆形的突起。蓝布鲁斯科葡萄酒是那种具有典型的甜味、有点气泡，颜色为粉红或深红的廉价葡萄酒。——译者注

② 较大以上机场的空中管制一般按与机场的距离及飞机的高度，分为塔台、进近和区域等几个管制区。塔台为机场周围，进近指距机场约 150 公里以内，区域则指更远的地方。——译者注

“办不到。”我回答他。当飞行员无法达到管制员的要求时，这是标准回答。

我告诉他，我的终端进近五边要长一些，至少 5 英里（8 公里），以确保我能够把飞机调整到稳定的型态。我为自己在这一点上的坚持而感到满意，因为当我刚刚在降低高度时，阵风使飞机的水平控制更加困难，飞机左右摇摆。当时奥尔多和他的管制员猜测我已经失去了对 F-4 的控制。他们预期着能看到洛伦和我像炮弹一样弹射出飞机。而这时我将操纵杆向右压到底，左翼能够抬起，飞机向右带坡度。此时此刻，我们还保持着对飞机的控制。

阵风过去后，我全神贯注地保持机翼的水平状态，小心翼翼地保持住飞机的下滑角和水平方向的航迹飞向跑道。我尽己所能保持下滑方向对准跑道的中心线。

奥尔多也跟着我下降，随时准备在可能偏离正确的航线或出现致命错误姿态时给我提示。尽管感觉一切都仍在控制之中，我依然很机警地对飞机失控的可能性做好了准备，必要时不得不跳伞。

我们安全地完成了整个进近的动作，飞机飞入了跑道入口，数秒钟内飞机便落在了跑道上，阻力伞顺利打开。

我们安全着陆！

我踩着刹车，然后将飞机缓缓滑行到其他战斗机停靠的区域。走下舷梯，洛伦和我在那里站了一会儿。我们都用左手握着头盔和氧气罩，右手却都空着。带着灿烂的笑容，洛伦伸出手来和我握手，咧着嘴笑着发自内心地对我说：“我感谢你，我母亲感谢你，我兄弟感谢你，我妹妹感谢你……”

在奥尔多和他的武器系统管制员的帮助下，洛伦和我作为一个小团队并肩工作。我们保持住了对飞机的控制，解决了每个问题，因此才能安全着陆。

如果那天我遭遇不测，其他飞行员将要为我感到伤心。我的同事会被任命为事故调查员调查这次事故。他们会为我的坠机事件查明原因。但我很高兴最后能成功落地，也省得让他们去看我那惨不忍睹的头皮照片。

我们失去的每位战友各自都有一段令人遗憾的故事，其中很多细节至今仍印在我脑海中。

在内利斯，有一位叫做布拉德·洛根的，我的“翼尖战友”（也就是说他的飞机会飞行在我侧面，紧随我其后保持编队队形）。编队通常是四架飞机，布拉德驾驶的是二号机。我们曾搭档飞行过 40 多架次，他是一位很优秀的飞行员。

当时我是上尉，比我小几岁的布拉德是一等中尉。他为人谦逊低调，又活泼开朗,脸上总是挂着笑容。高大结实而又彬彬有礼的他很像出演《伯南扎的牛仔》[①] 的男演员丹·布劳克,他饰演霍斯·卡特赖特。自然而然的，布拉德的战术呼号就成了“霍斯”。

离开内利斯之后，他被派往西班牙的一个空军基地。一天，在进行一项训练任务时，他的飞机编队在下降过程中穿越云层。我听说是塔台和编队机长之间出现了误算或者是误解，尽管保持编队指定机位的布拉德没犯一点儿错，却坠毁在一座被云层遮蔽的山腰上。编队中的其他飞机都因为高度足够而飞过了那座山，而布拉德和他的后座飞行员不幸遇难。

当时他已经结婚，孩子还很小，我记得他们只从官方人寿保险政策中得到了区区一万还是两万美元赔偿。这就是飞行员发生意外后家属所能得到的非常有限的补偿。而我们参军时对此一清二楚。我们深知我们中有人在训练中无法平安归来，因为不可能每次训练都完美无瑕，低空云层，意外出现的山峰，这些突发状况都可能造成我们机毁人亡。

那些能从事故中幸存下来的人总会想方设法对其他人讲是如何逃脱死神魔掌的，他们把自己弄得有些未卜先知的神秘。

---

① 《伯南扎的牛仔》讲的是美国西部拓荒时期，黄松林牧场主和他的儿子的故事，是美国第一部彩色西部连续剧，从 1959 年播至 1973 年，总共 400 多集。——译者注

曾经有一位很优秀的飞行员名叫马克·波斯泰，1976 年的时候他和我一起驻扎在英格兰。当年他 20 多岁，人很聪明，长得很清瘦，有着深色的头发和橄榄色皮肤。马克曾在堪萨斯大学主修航空工程专业。

1976 年 8 月 14 日，马克从英国皇家空军莱肯希斯基地的 6 号跑道上向东北方向起飞。在跑道的尽头有一片茂密的森林。他遇到了飞行操纵系统故障，飞机无法控制，但是他和他的管制员在飞机坠毁在那片森林并引燃一团火球之前，成功弹出机舱，成功脱险，毫发无损。

当马克返回基地的时候，有人告诉他："你知道吗？那片森林是英国女王的领地。"

他笑着说："请转告女王陛下，我很抱歉，我把她的半片森林都给烧光了。"

马克住在分配的单身军官营房里。在事故发生后大约一周左右，他邀请我去他的房间参加一个聚会。他对我们说："我要给你们看一些东西。"

空军有关人员搜查了那片树林，找到了那个救了他一命的弹射座椅。为了表达感激，马克将它摆放在房间的一角。"去，坐坐看。"他说。我们手上都拿着饮料，我记得当时屋里还有基地的一位护士，在我们看来这是一件好事，就是坐上去给自己心灵留点什么，同时感受一下它的魔力。也许它让我们确信有朝一日弹射椅也会帮自己死里逃生。

马克向我们描述弹射时的感受，心脏如何怦怦乱跳。我们当然都知道弹射座椅的科学原理。使你弹出飞机之前会发生一系列事情：一旦你拉下弹射手柄，座舱盖首先飞出，然后弹道推进剂会像出膛的加农炮弹一样把你从飞机弹射出去。等到离飞机一定距离时，在火箭马达的帮助下你会以较为缓和的加速度继续移动一段时间。待火箭熄火后，降落伞会自动打开，此时弹射椅掉下去，分开后飞行员则慢慢降落到地面。

这是一切正常的弹射过程，马克很幸运，一切正常。

聚会的当晚，他很自豪地向我们展示了一封马丁 - 贝克飞机有限公司

（Martin-Baker Aircraft Co.Ltd.）[①]的来信，这是一家自称“生产弹射椅和防撞椅的公司”。很显然，他们给每一位使用过他们产品并幸存下来的飞行员都寄出了同样的信件。在这封信中，他们告诉马克：“你是第 4 132 位被马丁 - 贝克弹射座椅拯救的人。”

和我一样，马克返回美国后的下一个任务就是在内利斯基地飞 F-4。由于他高超的飞行技术和工程学方面培训的背景，他被派往一个特殊的“测试评估”空军中队。这是一个高度机密的组织，我猜测他当时在飞隐形战斗机。

马克后来娶了一位年轻而富有魅力的名叫琳达的女孩。他的生活正逐步进入正轨。可后来有一天我们得知他在一场事故中不幸遇难。尽管没人知道他当时开的是哪种飞机，但有人告诉我们说让他丧命的恰恰是一把在关键时刻失效的弹射座椅。

直到 20 多年后，我不久前才从航空杂志《航空与航天》中了解到马克的死因。这篇文章回顾了冷战期间，美国获取对方国的战斗机，尤其是苏联米格系列飞机内部结构信息的过程。这个故事简单涉及了一位死于 1982 年的一次米格 -23 战斗机弹射事故的美国飞行员，那正是马克。后来证实，这种飞机不知道怎么被美国弄到手。马克的任务就是训练美国战机飞行员如何有效地对抗苏联战机。

这篇文章还提到一本书，《红鹰：美国的神秘米格战斗机》（*Red Eagles: America's Secret MiGs*）[②]，这本书我后来找到了。这本书叙述说，马克当时驾驶的那架米格飞机唯一的一台引擎着火了。他开始还尝试将空中停车的飞机降落在位于沙漠中的基地，但最后还是不得不弹射逃生。苏联战斗机上弹射座椅的把手可以说是名声不好，只能抱着最好的希望试试。

① 马丁 – 贝克飞机公司始于 1934 年，是一家专门生产飞机弹射椅的英国公司，为研发可在航空器上使用的弹射椅之先驱。——译者注

② 该书作者是史蒂夫·戴维斯（Steve Davies），2008 年 9 月 23 日由 Osprey Publishing 出版社出版。——译者注

很少有飞行员在飞行生涯中能够碰上哪怕一次弹射，但我多年前的好友马克却弹射了两次。当然，第二次弹射发生后那个生产了弹射座椅的公司没有给他寄贺信。

马克去世后几年，在一次社交聚会上我碰巧遇到了琳达，他那位年轻的寡妇。我告诉她，我认为她的丈夫是个很棒的人，一个很有天赋的飞行员，我很享受跟他一起飞行的日子，对他的离开我感到非常难过。然后我沉默了，因为实在没有太多可说的。

到 1980 年我的空军生涯快结束时，我的头脑里已经有了点幸存者的感觉。是的，我的确从未真正打过仗，但飞行中那么多荆棘丛生的险情已让我提高警觉。我深知什么叫作绝处逢生。

在我飞战斗机的生涯中，难以数清有多少天多少次与死神擦肩而过。之所以活到今天，除了因为我是一名勤勉细心且具有良好判断力的飞行员之外，外部环境也眷顾了我。但换个角度想，对于那些因为没能得到眷顾而牺牲的飞行员，我都怀有崇高的敬意。在我脑海中，我仍能看到他们——年轻的、无尽渴望着的脸庞一直陪伴着我。

▲ 遭遇鸟击时，美国航空公司1549航班刚刚飞离纽约拉瓜迪亚机场。鸟击导致双发永久损毁，飞机紧急迫降哈得孙河。（美联社提供）

▲ 1549航班迫降哈得孙河时，监控录像记录下的一组颇富戏剧性的画面。（美联社提供）

▲ 我们迫降在车船联运港口附近，所以第一批救援人员能够迅速接近飞机，营救乘客和机组人员。（美联社提供）

▲ 救援过程中，我努力想清点乘客人数，但是几小时之后我才得到了肯定的答复：没有人员伤亡，155名乘客和机组人员，一个不少。（美联社提供）

▲ 2009年1月15日，若是没有第一批救援人员付出的巨大努力，事情就不可能有完美的结局。最初的救援船只在事件发生后不到四分钟就赶到了现场，这也确保了机上无一人遇难。（美联社提供）

▲ 我永远感谢那些第一时间赶来救援的人们，感谢他们的勇气、救援技巧、决心以及快速的行动。（美联社提供）

▲ 那天，气温是零下6摄氏度，而水面的温度约为2摄氏度。（美联社提供）

▲ 2009年9月2日星期一，纽约市长迈克尔·布隆伯格为1549航班机组成员颁发了“城市钥匙”。（美联社提供）

▼ 那天傍晚，飞机依然沉在哈得孙河里等待打捞。（美联储提供）

▲ 1549航班机组人员（从左到右）：空中乘务员多琳·威尔士、副驾驶杰夫·斯基尔斯、机长切斯利·萨伦伯格、空中乘务员唐娜·登特和希拉·戴尔。（摄影师奈杰尔·帕里提供）

▲ 2009年2月，我第一次见到空中管制员帕特里克·哈尔滕，当时我们在众议院交通和基础设施委员会航空分会出庭为彼此作证。他的敏捷思维及专注精神在我们1月15日的成功迫降中起到了十分重要的作用。（美联储提供）

▲ 6月22日，我拜访了纽约水道的几位船长和一些船员，他们都参与了乘客的救援工作。左起第5位是纽约水道的所有者因佩拉托雷先生。（从左到右）三位穿白色衬衫制服的是："莫伊拉·史密斯号"船长曼纽尔·利巴、"托马斯·基恩号"船长布里塔妮·卡坦扎罗、"托马斯·杰弗逊号"船长文斯·隆巴迪。（丹尼尔·伯曼提供）

◀ 这架飞机目前存放在新泽西州苏泊尔父子货运设备公司（J. Supor & Son Trucking and Rigging）。（丹尼尔·伯曼提供）

▲ 2009年4月15日，我获得了美国空军学院授予的“贾巴拉飞行技术奖”。由我的同班同学、时任院长的约翰·雷格尼为我颁奖。（迈克·卡普兰提供）

▲ 1月15日之后，我有了许多非同寻常的经历，然而最难忘的，还是我回到母校后所受到的欢迎。（戴夫·阿尔施韦德提供）

▲ 拜访母校期间，我被安排飞了一次滑翔机。（戴夫·阿尔施韦德提供）

▲ 空军学院的下一代年轻学员是一群非常优秀的年轻人，他们为国奉献和服务的精神十分鼓舞人心。为了表示感谢，空军学院联队长乔纳森·耶茨为我颁发了一个手工雕刻的猎鹰，这是学院的吉祥物。（戴夫·阿尔施韦德提供）

▲ 1月15日之后，我先后为旧金山巨人队、奥克兰运动家队和纽约扬基队投了开赛球。我事先做了一些练习，但真正投球的时候，我也只能确保球被投到接球手那里而不被投飞。照片中，洛里和女儿们正在旧金山AT&T公园。（艾利克斯·克莱门斯提供）

▲ 2009年2月9日，《早安美国》录音之前的洛里和黛安·索耶。（艾利克斯·克莱门斯提供）

▲ 1月15日之后的生活对我和洛里而言，就是连续不断的冒险，我们先后去了白宫、白金汉宫，甚至是奥斯卡金像奖颁奖晚会。照片中，我们正在佛罗里达州坦帕观看第43届超级碗大赛。（艾利克斯·克莱门斯提供）

▲ 2009年2月1日，全美橄榄球联盟邀请1549航班机组成员参加第43届超级碗大赛赛前庆祝仪式。（艾利克斯·克莱门斯提供）

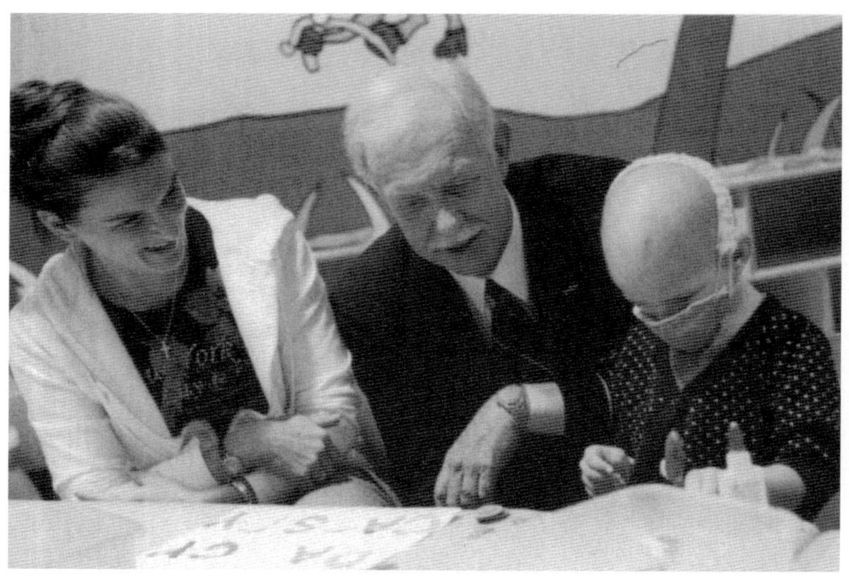

▲ 洛里和我都是美国圣裘德儿童研究医院的坚定支持者，我很高兴能作为一个重要的角色来声援他们的工作。（圣裘德儿童研究医院，安-玛格丽特·赫奇斯提供）

▲▼ 从纽约回到加利福尼亚时，我的家乡丹维尔镇特意为我举办了一个庆祝会，真是让我有些不知所措。同时我也被很多的朋友、邻居感动着，他们都赶来欢迎我回家。（上图由圣拉蒙消防队提供，下图由丹维尔警署提供）

▲ 2009年1月20日，萨伦伯格一家和奥巴马总统及第一夫人在总统就职舞会上。

▲ 我将永远与纽约及新泽西州的人们紧密相连，因为1月15日那天，他们的行为是如此令人钦佩，而且我每次去那里都能受到他们热情、温暖的欢迎。（艾利克斯·克莱门斯提供）

8 ——SULLY 而今迈步从头越

进入民航业，我当了机长

世界各地的部队都来到内华达州的内利斯利用这片广袤的沙漠进行演习。我不仅驾机与海军陆战队，与海军进行对抗训练，还与英国皇家空军，以及近至加拿大、远至新加坡的部队进行演习。

内利斯因其是“红旗”军演的所在地而闻名，我们每年都要在这里进行三到四次的军事演习，每次持续一个星期。我们会被分成“好人”和“坏人”，然后驾机升空，制定各种战术来迷惑对手，避免被击落。

红旗军演始于 1975 年，主要为解决当时参加越战的新飞行员实战技能不足的问题。空军的一项被称为“红色男爵二世”的分析表明，如果飞行员执行至少十次战斗训练任务，他在以后的战斗中更有可能幸存下来。当驾机执行完十次任务后，他们便会克服掉最初对战斗的惊愕与畏惧，会有足够的经验来处理遇到的各种问题，而不会过于胆怯。他们拥有足够的技能和自信能存活下来。

红旗军演使我们每个人能体会到模拟真实的空对空战斗，还能对演习结果进行分析。它的思路是这样的：让每一名飞行员得到十次空战的机会，应对各种挑战，却又没有生死之虞。

我们能够利用数千平方英里的空旷沙漠在它的上空展开格斗。我们可以无所顾忌地扔炸弹，进行超音速飞行，而不用担心影响到谁。地面有各种模拟的目标——老旧废弃的坦克和卡车。我们有时使用模拟炸弹，有时使用实弹，此时要确保编队中的所有战机投弹后远离着弹点，以免被爆炸后的弹片击中。

每架飞机都装备有专门的仪表舱，将发生的情况以电子信号的方式记录下来。沙漠中有雷达监控攻击的情况，判断射击是否有效。在演习前我们集体接受指令，演习后集体报告并讲评执行情况。

在一次演习中，我被任命为蓝军的指挥官，负责制订作战计划，指挥约 50 架飞机。这是一项复杂的任务，要安排各种不同的飞机进行高速、低空攻击。我们必须计划好何时进行空中加油，怎样规避威胁，怎样利用所有可能的资源来达到最好的结果。这中间要用到领导和协调的技能，要使大家步调一致协同作战。

像红旗军演这样的训练是惊险刺激的，但军队生活的另外一些方面对我来说却不是那么有吸引力。

20 世纪 70 年代末，当我即将服役期满时，我感到自己军队生涯的最好时光已经过去了。我已服役了 6 年，特别热爱驾驶战斗机。但我也认识到，要想成为一名成功的、不断获得升迁的空军军官，仅仅爬进驾驶舱飞行是不够的，需要做的还很多。要想不断获得提拔，我必须选择一个逐步远离飞行的职业发展路径。我得花费大量的时间做报告，或者坐在办公桌前签署文件。

在和平时期的空军，一个人的外在表现很重要。不光是发型或鞋子的亮度，还包括你在上级面前的表现。为了得到提升，你必须是一个通晓政治的人。你需要建立自己的圈子，还要找到一个关系广泛的引路人。

是的，确实也有人看重我的飞行能力，但我在建立人际网络方面一直都不很擅长，自己也没在这方面下很大功夫。我觉得自己能够凭借飞行员的专长来实现自己的价值。

还有其他的因素也促使我决心离开空军。在 20 世纪 70 年代末期，随着越战结束，军费预算被大幅削减，同时油价的高涨更加剧了军费削减带来的后果。为了节省费用，我们只能减少飞行。要想把一架战斗机当作一件兵器去作战那样熟练地使用，需要多年的训练，所以飞行员必须尽可能地多飞行。而预算的问题将使我不得不更多地待在地面上。

当时我对自己职业生涯做出决定时，出于这样一个简单的考虑：我能有多少飞行的机会？

申请成为一名宇航员这种主意对我当然也很有吸引力，但在 20 世纪 70 年代末期，当我还有可能去努力争取时，美国国家航空航天局未将载人航天列入优先计划。曾在 1969 到 1972 年间先后将 12 名宇航员送上月球的阿波罗计划（Project Apollo）[①]那时已停止，航天飞机则还未投入使用。我的两个航校同学在 20 世纪 90 年代初期终于当上了航天飞机宇航员，我非常羡慕他们。但我知道，为了也许就一两次的航天飞行我可能必须耗费多年的生命进行准备，而这还要看我是否能够被选中。我没有工程学位，也不像那两位同学一样当过试飞员。

我的军队生涯结束于 1980 年 2 月 13 日，刚好在我 29 岁生日过后 3 周，我感觉到是该回归平民生活了。

我最后一次飞行是空中格斗训练，你能想象得到，这其中苦涩与甜蜜交织。我与飞行中队指挥官本·纳尔逊中校对抗训练，我们两人都明白当时我飞行中的感受。飞行结束后，我爬出战斗机，与中校以及机坪上其他一些来告别的人们握了手，然后最后一次敬了个礼。这是一个简短的告别。

“祝你好运，萨利。”纳尔逊中校说。

这是正式的结束。我将永远不会再驾驶战斗机了。然而并不是说我不是一个战斗机飞行员。就像一名海军陆战队员永远不退休一样，我会永

① 阿波罗计划是美国国家航空航天局从 1961 年到 1972 年从事的一系列载人航天飞行任务，1969 年阿波罗 11 号宇宙飞船达成了这个目标，尼尔·阿姆斯特朗成为第一个踏上月球表面的人类。为了进一步执行在月球的科学探测，阿波罗计划一直延续到 20 世纪 70 年代早期。总共耗资约 240 亿美元。——译者注

远是个战斗机飞行员。

我往几乎每家航空公司都发了求职申请，当时要得到一个民航飞行员的职位确实不容易。航空公司多面临亏损，他们刚刚开始对15个月前联邦政府宣布的对民航业实行放松管制的影响有所感悟[①]。劳资双方的问题越来越多。在此后的年代中，有超过100家航空公司退出市场，其中包括9家骨干航空公司。

在1980年，所有航空公司一共招收了1 000多名飞行员，我很荣幸也身列其中。作为新手，当我开始在太平洋西南航空公司的波音727飞机上担任第二副驾驶和飞行工程师时，每周薪水还不到200美元。这还是总收入，还不是到手的净收入。

我参加了太平洋西南航空公司新招飞行员培训班，班上共有8个人。我与前海军飞行员斯蒂夫·梅尔顿在圣地亚哥合租了一间房子。我们俩整天都在上课，学习如何成为飞行工程师。不久，我们又接受了模拟机训练，回到住处后就将我们的小房间布置得像一个模拟驾驶舱。我们在房门背后粘上飞行工程师操纵面版图，然后两人互相考问每个显示灯、仪表盘、开关、各种仪表的刻度以及所有应该掌握的程序。我们要学的东西非常多，可时间又很紧。

我们班的8个人都是新加入航空公司的，囊中非常羞涩。下午我们常去机场边上的一家航空主题餐吧，那里在下午的欢乐时光段供应1美元的啤酒和一些免费小吃。每周里有好些天我们的晚餐就是这样打发的。

我加入民航业的时候正赶上所谓民航业黄金时代的尾巴。在放松管制前，坐飞机是很贵的，对许多人来说，到机场乘机飞往别处是一件很郑重的事情。在1980年我到航空公司时，乘飞机旅行已变得随意些了，但

① 美国政府一直对民用航空的市场和安全采取严格的管制。从里根政府开始，在安全政策继续的情况下，对市场放开，主要在航空公司成立、航线选择、票价决定权等方面放开。其目的是充分竞争，促进发展。——译者注

你仍能看到穿正装乘机的先生女士比现在要多。现在越来越多的旅客看起来好像刚从健身房或沙滩回来，或刚在花园干完活儿。

在我刚到民航工作时，航空公司的服务比现在优质和有亲和力。在大多数骨干航空公司，不管你是在头等舱还是普通舱，都会有餐食供应。第一次坐飞机的小孩会得到一些飞行的小纪念品和参观驾驶舱的机会。乘务员甚至还会问旅客是否需要一副扑克牌。你想想，最后一次在飞机上发给扑克牌都是什么时候的事了？

从一开始我就很高兴成为一名民航飞行员。确实，我的一些特别的技能再也用不上了。我不再会在空中为我的飞机加油了，不再会投炸弹或进行空战训练了，不再会在 100 英尺（33.48 米）的低空以 540 海里（1 000 公里）的速度飞行了。但我很庆幸能有机会加入这样一个享有高度荣誉的职业——一个很多人都想加入，但只有少部分人能如愿以偿的职业。

有意思的是，当你在一家航空公司飞行一段时间后，你会认识到你的背景并不重要。也许你曾是所在基地的王牌飞行员，甚至曾当过宇航员，你或许曾是位战斗英雄，你的飞行员同事可能会因此很敬重你，但这些对你的职业生涯却几乎无济于事，重要的是你在这家航空公司的资历。一切都要论资排辈，你进公司多少年了？对这个问题的回答决定了你的薪水，决定了你对航班排班，包括飞的日期、飞的航线的优先选择权，当然也包括你拒绝飞通宵红眼航班的权利等所有的事。

从我的工作经历可以看出，工作更努力和勤奋并不意味着技术职务提升更快。我先当了 3 年半的飞行工程师，之后 4 年半的副驾驶。当我在太平洋西南航空公司工作 8 年后，我通过考核成了一名机长。我的提升是相当快的，但这并非因为我的能力得到认可了，而是因为那时我的航空公司发展很快，许多比我资历老的人不断退休，很多新飞机又不断购入，需要更多的机长。我对自己得到的提升感到满意。

我也了解这种论资排辈体系的由来。它源自 20 世纪 30 年代，是为了避免早期曾十分盛行的徇私偏袒、裙带关系、任人唯亲。这既关系到公平，也关系到安全。它使我们技术工作远离官僚政治，避免因没有“按规矩出牌”而导致事业发展受阻。外行人也许认为这样一种论资排辈的体系只会制造平庸，但实际绝非如此。飞行员是一群很有自豪感的人，他们很看重得到同行的认可。这套体系是有效的。

但这套资历体系缺乏横向的灵活性。我们一旦加入某家航空公司，就像同它结了婚一样，不管好坏，不管贫富，一直到职业生涯结束（或直至拿到我们最后一张退休账单）。

今天的民航飞机几乎都是两人制机组，当你与另一个飞行员共同飞行，飞机还在停机门时，如果你注意观察的话，你能感觉到他的工作是否有条有理，他的脾气性格，还有他的兴趣。他是怎样处理我们都会面临的诸如削减工资和减少退休金等棘手和烦心的问题的？他是怎样与乘务员打交道的，特别是他的前妻也曾是其中一员的话？

当你同他飞行了一会儿后，你会形成对他的印象。同我一起飞行的每个飞行员当然都是称职和能干的，这是基本的。但旁边的这个伙计是否能让我学到什么？他是否有技能在应对各种情况时表现得轻松流畅（当我们都知道这情况并没那么轻松时）？

我认识的一些飞行员在飞行中处理一些比较棘手的问题时表现出得心应手、轻松自如。他们具有超常的能力，超常得令人信服。他们好像对每个问题都能找到合理的解决方案。他们把飞行看作一场高智商的挑战，把在空中的每一小时都当作学习的机会。我努力要成为那样的飞行员。当我也成功地解决了一些困难问题时，我的心中还是洋洋自得的。

每次飞行前，我总动动脑筋，力争对当日的飞行方方面面做到心中有数。在一开始就要建立“情景意识”，这在空军时是经常强调的。在我还没到机场时，我就要弄清楚整个航路的天气情况，出发地和目的地的天气实况与预报，特别是横跨美洲大陆的飞行。

旅客们通常都不大了解飞行员为飞行所做出的努力。例如，我要尽力地避开造成颠簸的紊流。我会经常与公司签派人员联系，看怎样调整一下航路以找到更平稳的气流，我会请求空管人员帮助改变飞行高度以使飞行更舒适，或者请他们帮忙从邻近的航班获得这方面的信息。我尽可能给我的乘客和机组最好的飞行体验。颠簸的紊流经常是没法预测的，有时也是没法避开的，但我会尽力去寻找平稳气流，我喜欢这种智力上的挑战。

在我 29 年的民航飞行生涯中，我已运送了大约 100 万名旅客，而直至 1549 航班事件之前，没有多少人会记得我。旅客在登机时如果遇见我的话也许会打个招呼，但一般情况下我和旅客见不到面。当航班安全降落后，我们又各奔东西，过着自己的生活。

有可能成千上万的人们都看了关于 1549 航班事件的报道，却没有意识到他们也曾把自己生命中的几个小时交付到我的手中。其实我们的社会就是这样运转的：我们都曾把自己和家人的安全托付给陌生人一段时间，可事情过去之后大家就再也没见过面。

在航班飞行结束后，我经常会站在舱门口跟旅客们道别。我喜欢同他们交流，但你也知道在飞过这么多年后，许多旅客匆匆而过的面孔都无法记清了。有些旅客还有点印象——比较古怪的，头一次坐飞机而显得有些迷茫的，头等舱的有时能碰见个熟面孔。

20 世纪 90 年代末的一个晚上，我驾驶一架 MD-80① 从新奥尔良飞纽约，女喜剧演员艾伦·德詹尼丝② 坐在头等舱。当她在 2 排 D 位刚坐下，

① MD-80 系列是美国原麦克唐纳道格拉斯公司从 DC9-50 客机发展来的中短程客机。1977 年 10 月开始研制，最初定名为 DC9-80，属于对 DC9-50 的加长改进型，预计投入运营的时间为 1980 年。第一架原型机 1979 年 10 月首次试飞，1980 年 8 月获美国联邦航空局适航证，同年 9 月交付使用。1983 年 6 月，原麦克唐纳道格拉斯公司放弃著名的 DC 商用飞机商标，改称 MD，这样 DC9-80 系列就变更为 MD80 系列。中国民航曾使用过近 30 架该型飞机。——译者注

② 1958 年 1 月，艾伦·德詹尼丝出生在路易斯安那的梅泰里。从事过女招待和售货员等多份工作后，她最终决定发挥自己的幽默感，成为一名喜剧演员。她在 Clyde's 喜剧俱乐部担任主持人期间，曾获得 Showtime1982 年度“全美最滑稽的人”称号。——译者注

这时飞机还没有推出，我的副驾驶离开驾驶舱并走到前客舱，给了艾伦一个热情的问候："您是一位最有趣的娘们儿！"

看到这一幕，我不禁笑了。我是不会用这种方式向她问候的，我也确信一些人力资源手册里也告诫我们不要将任何一位旅客称作"有趣的娘们儿"。但艾伦笑了，看上去她以正面的态度接受了赞扬。

我们回到驾驶舱，将艾伦和飞机上其他所有有趣的爷们儿和有趣的娘们儿一道运到了纽约。

航班飞行通常是按几乎已经固定的程序一步一步进行的，但每次当飞机从登机口推出时，我们都要准备应对意外情况发生。大约 10 年前，一次我从费城（Philadephia）飞佛罗里达州的西棕榈滩（West Palm Beach）。晚上 9 点钟，我们在 35 000 英尺（10 670 米）的高空飞行，在弗吉尼亚州的诺福克以南 50 英里（80 公里）时，一个乘务员报告说有位 57 岁的女乘客身体不舒服。

我们在驾驶舱里通过无线电转接电话系统（phone patch）[①]联系地面的医疗咨询机构，同时乘务员琳达·洛莉照顾着那位妇女。琳达从那位妇女的弟弟和其他随行的家属那儿了解了她的一些病史，并在驾驶舱里把有关情况报告给我们。随行的家属说该妇女曾得过肺气肿，但有好些年没有看过医生了。

又过了几分钟，正当我们联系上医疗服务中心的时候，客舱报告说病人昏迷了。由于客舱走廊较窄，好不容易把病人平放在地板上。旁边的旅客都在关注着情况的进展。

我对副驾驶里克·皮纳说："你来驾驶飞机。"然后我呼叫空管，告之飞机上有急症病人，空管人员马上指挥我们下降高度并左转直飞诺福克

① 无线电转接电话系统是在机载卫星电话系统之前的一种航空通讯方式，目前个别地方仍在使用，即机组通过机载超短波（VHF）或短波（HF）无线电与地面服务商联系，然后由其与机组要求的对方电话叫通后转接给机组，按通话时间收费。——译者注

(Norfolk)。

我告诉里克:“快速下降并直飞诺福克。”

飞行员对一个生病旅客的责任是什么?我们不是医生,那么该怎么判断一个旅客的病情是否严重到要马上紧急降落到最近的具备医疗条件的机场,并因此中断其他旅客的行程?

我们跟航空公司签约的医疗服务中心取得联系,他们和航空公司的签派人员一起帮助机长来做决定,看是否需要改变航向,该降落到哪个机场。我们在做这样的决定时,要承担法律的责任,但又不仅于此,还要承担挽救生命的道义责任。这也是我们签约成为航空公司飞行员的岗位职责之一,是安全承诺的一部分。如果我认定为了挽救一个生命必须降落的话,我会这样做的。

在这次特别的飞行中,我们以最快的速度飞往诺福克。联邦航空法规对低于10 000英尺高度下的最大飞行速度有限制。对喷气机来说,不超过250海里,等于大约每小时288英里(463公里)[①]。为了挽救病人的生命,我们的速度超过了限制——保持在300海里(555公里)以上。同时我们迅速下降高度。

飞机一接地,我们便使用最大刹车来缩短着陆滑跑,以便我们尽早在脱离道口快速退出跑道,然后尽快地滑到登机口。

旅客们稍稍有些紧张。他们看得到躺在过道地板上一动不动的病人,能感到刹车很急,往登机口滑行得比平常快。

飞机降落时乘务员琳达没有坐在座位上系好安全带,而是伏在病人上面,对病人做嘴对嘴的人工呼吸。对于她来说这是很勇敢的行为。

当我们靠上廊桥时,医务人员已经在廊桥上等着了。他们在旅客们的注视下迅速进入机舱。他们带来一副带直背的平板,把它放在病人的身下,努力把她抬起来。抬病人出舱门时很费劲,需要把病人转一个角度。

---

① 该规定的主要目的是为了防止飞机在低高度大速度飞行被鸟击而损坏飞机。——译者注

他们花了好几分钟才把病人抬出机舱。

我同医务人员和病人家属一起站在廊桥上。家属们告诉我，他们是要去佛罗里达州参加另一个亲属的葬礼，现在突然又雪上加霜。

医务人员将病人放在廊桥的地板上抢救了几分钟，使用了药物、复苏设备和其他所有带来的设施。但不久后一位医务人员抬头看看我说:“她不行了。”不清楚她去世的确切时间，有可能就在我们滑向廊桥的时候。

陪同病人家属站在那里时是很煎熬的。我尽力说一些安慰的话语。他们没有落泪，只是看起来受到打击而很悲伤。我很同情他们，不过我不能在那里待太长的时间，因为我需要返回飞机和其他乘客们解释一下这里的情况。

乘客们很理解和配合，因为他们全程目睹了发生的一切。我觉得应该让他们知道真相，我打开了机长广播系统。

“我们航班上的病人正在廊桥外面接受医护人员的救治，”我说，“不过最后对她的抢救并没有成功。”

客舱里很安静，这一刻大家都很悲伤。有一些旅客曾看到这位妇女同其他人一样登上飞机，把行李放在头上的行李架里，然后坐下来。现在，就在离开费城 1 个小时后，她却去世了。

由于琳达在飞行中使用了紧急医疗设备来救护病人，诺福克机场的地面维修人员要上来更换医疗包，这需要花 45 分钟。我们也需要给飞机重新加油和更新飞行计划。当我们忙活这些事时，旅客们都静悄悄地坐在自己的座位上。

死者的家属从飞机上拿下他们的随身行李，他们要陪同她的遗体留在诺福克。但他们和死者交运的行李将随我们飞到佛罗里达，因为现在没有时间从飞机行李舱里翻出他们的行李来。这些行李会在佛罗里达重新交运送还他们。

大约还有 5 分钟就能重新起飞了，我把机组集合到驾驶舱里：4 位乘务员，我，还有副驾驶里克。作为机长，我对当晚所有的决定负责。我知道大家都承受了很大的压力。我不确定乘务员们是否会觉得本可以再多做点什么来挽救那位妇女的生命。

首先，我对他们的努力表示感谢："你们尽力了。结果已然如此，但如果我们由于压力而不能集中精力于后面的任务的话，可能会导致更大的悲剧。"

乘务员们的脸色看上去有些苍白和疲倦。我说道："里克和我在驾驶舱，我们会按照训练时的要求去操作。我们将按检查单检查，正常起飞升空，确保安全地降落在西棕榈滩机场。我知道你们也有规定的程序要去完成，并且也知道你们会跟平常一样去做。机组和乘务组都要回到各自的规定动作上去，回到常规飞行中我们一直遵循的正常、安全的操作程序上去。"

乘务员们又回到客舱。飞机从廊桥推出，但比抵达时少了三位旅客。

从诺福克去西棕榈滩的飞行正常，我们只比计划晚到 1 小时 15 分钟。旅客下机时我站在驾驶舱门外。

我对旅客点头致意，说道："谢谢您今晚的耐心。"旅客们或者淡淡地笑一笑或者点点头回应我。我们所有的人当晚躺在床上时，都会想起留在诺福克的那一家人。

2001 年 9 月的一个星期二的凌晨，我开车离开住在丹维尔的家，前往旧金山机场。我要赶上飞往匹兹堡的航班，接着驾驶 MD-80 飞往夏洛特。那会儿我的基地在匹兹堡。当时我正在听收音机里的一个新闻台节目，听到有一架飞机刚刚撞上了纽约世贸中心的北楼。

我想，怎么会有人那样偏离航线呢？一定是雾太大了。听着收音机里的报道，我想起了 1945 年那次有恶名的飞机撞楼事故。在一个浓雾弥漫的星期六早晨，一架空军 B-25 轰炸机由于飞行员迷航而撞上了帝国大厦,造成他和其他13人丧生。我以为这次飞机撞上世贸中心也是类似事故。

我把车停到机场的停车场,走进候机楼,然后就听说又有一架飞机撞上了世贸中心的南楼,第三架飞机撞上五角大楼。

到美国西部时间[①]早上6:30,所有美国上空的飞机都被命令降落,联邦航空局已禁止所有民航飞机起飞。显然那天我不可能赶到匹兹堡去飞排定的航班了。(我要坐的航班也在那天全国被取消的35 000个航班之列。)

我在全美航空公司位于旧金山的运行办公室待了一会儿,那里有两个机组人员。他们不像我住在北加利福尼亚。他们被困在那里了,谁也不知道飞机何时可以起飞。我建议道:"你们最好赶紧找旅馆住下,不然就没房间了。"

我打电话给飞行员排班中心,告诉他们我肯定赶不到匹兹堡了,然后我就回家看美国有线电视新闻网(CNN)[②]。作为一名美国人和飞行员,我发现新闻报道的内容实在让人难以接受,让人气愤,让人烦乱,后来我索性关了电视,走到院子里想让自己平静一下。加利福尼亚那天的天气非常好,屋子外很寂静。由于禁飞,你听不到任何一架飞机飞过。我的耳朵已非常习惯听到飞机的声音,所以现在感到一阵悲凉。

星期三全天和星期四大部分时间都只有空军的飞机在飞行。恐怖主义和美国联邦航空管理局(FAA)[③]的禁飞令我感到焦虑不安,渴望能恢复飞行。像其他许多飞行员一样,我也感到爱国主义在心中重新被唤起。我希望通过飞行来证明我们的制度运转正常,我们可以把旅客安全地送到他们想去的地方,恐怖分子是不能得逞的。

到星期四的晚上,我终于搭上一班红眼航班飞往匹兹堡。星期五的

---

① 美国西部时间与东部时间相差3小时。——译者注

② 美国有线电视新闻网由华纳广播公司(TBS)董事长特德·特纳于1980年6月创办,通过卫星向有线电视网和卫星电视用户提供全天候的新闻节目,总部设在美国佐治亚州的亚特兰大。——译者注

③ 美国联邦航空管理局隶属于美国运输部,其职责为负责民用航空安全。在1958年成为联邦航空机构,并于1967年成为交通部的下属。——译者注

早上，我又可以飞行了。

位于匹兹堡国际机场航站楼地下层的机组签派室显得非常嘈杂。由于机组到得不齐，有机长在喊："我有副驾驶了，但缺乘务员。"然后就有乘务员会自愿站出来参加他的飞行。

最后，我被安排执行匹兹堡到印第安纳波里斯的航班。由于那个时候很多美国人还未打算重返天空，所以我们只载了 7 名旅客去印第安纳波里斯，飞回匹兹堡时载了 8 名旅客。

旅客就是这么少,仅比机组多一点儿。我们把他们全安排在了头等舱。有的旅客说他们感到紧张，我在他们登机时笑着同他们聊聊天，努力使大家感到放心。

当时恐怖袭击刚过去 3 天，我们的飞机也仍然可能受到恐怖袭击。但我想让旅客知道，尽管驾驶舱门还未加固，但驾驶舱里的我们和客舱里的乘务员的决心已更坚定。旅客们也坚定了他们的决心。

我对一些旅客说："我们绝不会让这样的事情再次发生。"

在 2001 年 9 月 11 日撞楼时被害的飞行员是恐怖事件中最先遇难的，所以飞行员们自然地会讨论在那种情况下我们应如何应对。实际上我们此前接受的培训都是如何阻止或控制可能的劫机，而非应对神风特攻队①式的自杀袭击。

对于航空公司的雇员来说，生活从此不同了。恐怖袭击发生后，民航业遭受了沉重打击，许多资历浅的员工被解雇。他们之中许多人是优秀的飞行员，但仍然离开了。

现在"9·11"事件不像当初那样经常地出现在我的脑海中了。许多美国人也有同样的经历。时光在流逝，仍然有新的灾难事故发生。从那天

---

① 神风特攻队是第二次世界大战末期日本在中途岛失败后，为了抵御美国空军强大的优势，利用日本人的武士道精神，按照"一人、一机、一弹换一舰"的要求，对美国舰艇编队、登陆部队及固定的集群目标实施的自杀式袭击的特别攻击队。——译者注

之后我又执行了数百次航班。

但是对在航空公司工作的有些人来说，有些事物仍会勾起对那次事件的回忆。我有时飞到波士顿的洛根国际机场（Boston Logan），滑行经过“9·11”事件中那两个航班曾使用过的廊桥——美洲航空 11 航班就是从 B 航站楼的 32 号廊桥推出的，联合航空的 175 航班是从 C 航站楼的 19 号登机口推出的。

这两个廊桥外都挂着美国国旗以示默哀。它们不属于正式的纪念物，是机场和航空公司的员工安放的。当我经过这些旗帜时，我就会记起我在袭击事件当日所感受到的那种责任感——重返天空，继续把旅客送往他们的目的地，坚持我们的生活方式。

近些年来，我下班回到家后常感到疲倦。可能因为我已经外出飞行好多天了，飞行的距离超过了 12 000 英里（19 300 公里），经受了各种天气情况或者航班延误，回家就想倒头就睡。许多妻子会问丈夫：“你在办公室都干得怎么样？”丈夫会讲他们刚做了大买卖、完成了大交易等。我在我的飞机驾驶舱办公室也有美好的时光。

一天晚上我回到家时洛里正站在厨房里。她问我一天的情况，我就开始跟她讲。

我驾驶空客 A321 飞了一班夏洛特至旧金山。那天晚上航班不是很多，空管人员对飞行高度或速度没有很多强制要求，我可以决定如何飞完最后的 110 英里（177 公里），如何从 38 000 英尺（11 600 米）的高空降落到旧金山机场的跑道上。

那是一个异常晴朗和美丽的夜晚，气流很平稳，从 60 英里（97 公里）之外，我就能看见机场。我在最佳的距离点开始了下降，这样发动机可以在下降过程中一直保持在慢车左右直到着陆之前。如果开始下降点选得恰到好处的话，我就可以避免使用减速板，因为减速板放出时客舱里会有一些震动声。要做到一次把推力减至慢车一直下降至跑道，而不用多次加减推力，我需要非常精准地控制飞机的动能。

我对洛里说："一个非常平滑、连续、柔和、缓慢的下降弧线，下降过程中飞机在逐渐减速。飞机轮子触地的刹那非常轻柔，以至扰流板都没有马上放出来，因为着陆太轻，计算机都没有探测到，以至没发出释放扰流板的指令。"

洛里被我的热情所打动，她感受到我的讲述充满了激情。"我很高兴。"她说。

"你知道这些吗？"我对她说，"我敢说飞机上没人注意到这些。也许有人能感觉到这是一次平稳的飞行，但我相信他们不会想更多。我做着，自我享受着。"

洛里喜欢说我热爱"把驾驶飞机当作一门艺术，精雕细磨"。她说得完全对。

航空业已经改变了，职业也在改变，我也改变了。但我仍然记得我 5 岁时所希望的：有一天能体会到的那种飞行的激情。在这个夜晚，我体会到了。

9 ——SULLY 勿以善小而不为

为旅客的利益据理力争

1964年3月，我13岁，当时在晚间新闻里看到的一件事深深印在了我的脑海中。

那天我的父母、妹妹和我坐在家里边的小饭桌旁吃饭边看电视，那是一台爱默生牌黑白电视机，大而笨重，装在一个浅色的木柜里。像往常一样，我的父母转动着淡黄色的塑料旋钮调台，找到NBC的“亨特利-布林克利报道”[①]节目。当时戴维·布林克利和切特·亨特利正分别在华盛顿特区和纽约报道一件突发新闻，是关于一名28岁名叫基蒂·吉诺维斯的女子。

她住在皇后区，就在她的寓所外被刺死。当时她遭到一个陌生人的殴打和性攻击，邻居们听到了她的尖叫声，但据说他们没有采取任何行动来帮助她。

报道说，有38人听到了她请求帮助的呼救，但没人报警，因为他们不想卷入其中。他们的这种不作为行为后来被社会学家称为“旁观者效应”：

① “亨特利-布林克利报道”是美国电视史上第一个两人搭档主持的新闻节目，创办于1956年。主持人切特·亨特利是个嗓音深沉、面型粗犷的蒙大拿州人；戴维·布林克利是个喜好挖苦、常常对时事发出冷嘲热讽的艾奥瓦记者。他们两个出乎意料地结成一对，为全国广播公司赢得了数以万计的观众。——译者注

在发生紧急情况时，当人们以为或希望有别的旁观者站出来干预时，他们就不太愿意挺身而出来参与。

后来证明，这一事件最初的报道对事实有所夸大。实际上有些邻居当时以为那是情人间的争吵，所以没有干预。其他一些人则并没有听清发生了什么事，在那个寒冷的夜晚窗户都是紧闭的。还有一个人的确报了警。

但在 1964 年那个时候，我所能知道的都来自“亨特利 - 布林克利报道”所说的内容，我和家里人都对这条新闻感到深深的震惊。

关于基蒂，以及她在纽约的邻居们，我思考了很多。我对那儿所发生的事感到不可思议。很难想象同样的事会发生在我所生活的得克萨斯州北部地区。这里的人们有强烈的社区意识，尽管他们也知道常常还是得靠自己来解决问题和应付危机。在人烟稀少的农村地区，这种既互相协作又自力更生的意识是必需的。

不管你遇到什么样的危险或挑战，靠拨打 911 是不够的。就算离得最近的警察局或消防站也实在太远了。所以，至少在一开始时，你要靠自己来应对，或马上寻求近邻的帮助，即使他们可能也在 1 英里之外。从根本上讲，我们最主要还是自己应对。但当我们清楚需要帮助时，我们可以向邻居求助，而且他们定会鼎力相助。

想到这些纽约人我就感到悲哀，他们离那个被害的女子近在咫尺，却没有出手相助。警察就在几个街区之外，打个电话就会赶来。我无法想明白到底是什么价值观会导致这种事情的发生。那时我还没去过纽约——实际上，我 30 岁那年才第一次去那儿——我听到大城市会发生这样的事感到十分不安。我对父母说纽约看上去与我们的信仰和得克萨斯州北部的生活方式是多么地不同。

我对 13 岁的自己发誓，要是我碰到像基蒂·吉诺维丝这样的人向我求助，我会毫不犹豫，竭尽全力。对任何人都不能见死不救，就像一句海军中流行的话“就别让我看见”。

当然现在我知道，很多纽约人同美国其他地方的人一样非常乐于助人，富有同情心。这一点我们在“9·11”事件中都看到了，我在1549航班迫降在哈得孙河上之后也亲眼看到了，当时仿佛这个城市的每个阶层都动员起来帮助我们的旅客和机组。

但在当年，13岁的我在电视里看到关于基蒂·吉诺维斯的报道时，确实下了这样的决心。我从没有把它写下来，它是在心中对自己的一个承诺，对人生之路的一种选择。

我认为自己做到了这一点。

我相信与别人的每次相遇无论好坏都是一次缘分，所以我会尽力积极、友善地对待别人。勿以善小而不为，努力使自己对别人有所帮助。我向女儿们灌输这样的理念，即我们都要让生命过得有价值，因为人生短暂而又宝贵。

我们都会从媒体上看到普通人突然遇到不寻常的情况。他们表现得勇敢而富有责任心，他们的行为像是被那种特定的时刻所激发。我们都读过这样的故事：某个人跳下地铁轨道去救一个陌生人，消防员冒着巨大的危险冲进燃烧着的建筑内，教师在校园枪击事件中为保护他的学生而献身。

我相信很多人实际上在遇到那些情况之前早已做好了准备。他们为自己设定好做人的标准，并以此引导自己的人生前行。他们告诉自己不做被动的旁观者，一旦需要他们做出勇敢或无私的举动，他们就会付诸行动。

洛里和我也尽自己的力量来做些好事。一年前，有一次我们在家乡丹维尔的街上停车等红灯时，看到一位40多岁的女士牵着她的小狗在穿过街道。这时洛里发现我们前面车的司机正要左转，她大声喊道：“他要撞上她了！他要撞上她了！”果然，他很快就撞上她了。

我们不清楚是因为那辆车的司机注意力不集中呢还是阳光太刺眼——但是那位女士已被撞得昏迷过去，她的狗也跑开了。她脸朝下倒在街上，我和另外一些人马上冲了过去。

在警察赶来之前，我帮着疏导交通，让人拨了 911 电话，安排人检查后发现她的脉搏和呼吸都有，没有流血。其他汽车司机的表现给了我很深的印象。他们明白情况的严重性，都很耐心，没有人按喇叭，没有人试图拐出来绕过去。看上去似乎每个人都有正确的态度、正确的价值观，做着正确的事。有人找回了女士的狗，另一个人找到女士的手机，在通讯录里找到她女儿的电话号码。后来那位女士被救护车拉走并得救了。我很高兴地看到丹维尔的人们表现得这么棒，同时我也有幸参与其中。

我也被我女儿帮助他人的热忱所感染和打动。

凯特养了两只小狗，训练它们做导盲犬。这个项目中的第一只小狗是只叫米斯特的黄色拉布拉多猎犬，2002 年 11 月来到我们家。凯特很快就爱上了这只小狗。她一天又一天地训练米斯特听懂人的口令。为了让未满一岁的小狗能听懂让它排泄的指令，训练员要等它要去排泄时说出："干你该干的事！"这样是为了使米斯特能将指令词语与它要做的事情联系起来，以后当它为残疾人服务时就能按时按指令去排泄。

凯特当时 9 岁大，对她所负责的工作非常认真。一天风暴来临，我透过窗户看到她在外面穿着黄色雨衣和橡皮雨靴，冒着倾盆大雨等着米斯特去排泄，以便她能有机会发口令给它，"干你该干的事情！"

我叫洛里到窗前来一起看。我们为凯特感到自豪，她是那样有责任心，那样喜爱那只狗。

当米斯特完成训练后，我们不得不将它送回有关机构，去分配给需要导盲犬的人家。我们知道对凯特来说同小狗道别是很难受的事情。"召回日"恰好是 2004 年的情人节那天，那时米斯特已 15 个月大。凯特一直控制着她的情绪，直到最后要与米斯特分手时，她开始放声大哭。过了一些时候，她说她再也不愿让自己深深爱上任何东西或任何人，因为结束的时候太难过了。她说失去米斯特使她第一次感到心碎。

然而通过这件事，她看到了导盲犬项目的巨大价值。她说："我们是在帮助别人，为他们找回行动自由。能做这样的事感觉好极了。而且，养一只小狗很有趣。”

至于凯莉，她是我所知道的最有同情心的人。还在上学前班的时候，她就总是愿意举手申请做老师的小帮手。她还参加“乡村图书”的活动，这个活动是一位曾当过海军军官，后来在美洲航空公司当飞行员的人，他的妻子创立的。这个活动已经向海外的贫困学生捐赠了 1 200 万册图书。

二年级的时候，凯莉班上组织去加州康科德访问一个福利机构，在那儿他们了解到了菲律宾一些偏远岛屿上贫困孩子们的情况：很多孩子在屋里的泥土地面上睡觉，他们很喜欢“乡村图书”用来装书的硬纸箱，可以将箱子拆开后的纸板当作床垫睡在上面。

这次外出考察的所见所闻感动了凯莉。她决定在她 8 岁生日的聚会上发动她的朋友们为乡村的孩子捐书和送礼物，她自己告诉小伙伴们，要挑选适合送给菲律宾儿童的礼物。生日聚会是在一个仓库里举行的，凯莉将预先包装好的礼物装进纸箱中。她和她的朋友们花了 1 个小时将捐赠的书籍打包后装进她们特别修饰过的纸箱中。

每个人的声誉都是由日常生活的点滴塑造的。见微知著，积少成多——费神费力，帮助他人的小事——日积月累，最终成就人生。你能感受到这些将伴随人的一生。

直到 1549 航班事件前，我都以为自己会一直过着默默无闻的平静生活。我会尽力做好自己的工作，洛里和我将努力用我们的价值观培养两个女儿，我还会为有意义的项目做志愿者。我想，通过不断的累积，在我人生走到终点时，我可以说自己为他人和社会做出了一些贡献，尽管可能比较微小。

实际上，我生活在几个不同的环境中。当然，一个是在丹维尔，而另一个则是由全国的各个机场组成的不断变化的环境，在其中有很多熟悉的面孔，如机场的员工，全美航空的同事，其他航空公司的机组，也有每天来往于各个航站楼的成千上万的陌生人。

在机场不容易和其他人建立真正意义上的联系。大家都来去匆匆，赶往某个地方然后回家。但仍会有一些途径来展示人性之美，我也很敬佩那些找到合适途径这样做的人们。

作为一名飞行员，首要的工作是安全地驾驶飞机，将旅客从甲地送往乙地。我们的检查单上已列出了一连串的工作职责。但还有很多事情没在我们的职责范围中，这些职责是由其他人完成，如廊桥操作员、行李传送管理员、行李搬运工、配餐员以及清洁员等。

这些人大多工作出色，但机场和航空公司绝非完美无缺的系统，有时出现的问题会给旅客和我们这些从业人员都带来麻烦。在我能帮上忙的时候，我都会尽力去做。

有一次我们从费城飞往康州的哈特福德，晚上 10:30 降落。有一对 30 多岁的夫妇带着刚会走路的孩子在廊桥里等他们的婴儿车，可左等右等都没有来。我想应该帮帮他们。我对待处于这种困境的旅客的态度就是：我既然把你们带到这么远的地方来了，就要对你们负责到底。

我从廊桥侧梯下到机坪上找行李管理人员了解情况，然后回去告诉那对夫妇婴儿车可能弄丢了，也可能在费城没有装上飞机。“跟我来吧。”我对他们说。

我陪着他们到行李提取处，指给他们看该到哪儿登记遗失行李。天很晚了，航站楼里的灯都在逐渐熄灭。如果我不领着他们找到地方，他们就会被困在机场，因为楼里包括行李室在内所有的设施都关闭了。

一位乘务员看到我在帮助他们后说，并不是每个飞行员或乘务员都愿意不怕麻烦地这样帮助乘客。但对于我来说这是件再简单不过的事，我也刚好顺路，去酒店的汽车正好停在行李提取区的外面。

当然，我完全明白这位乘务员的意思。

许多民航业的人，特别是在我工作的全美航空公司，都感到世事的艰难。我们都遭受到经济海啸的巨大冲击。有些人感到公司仿佛用枪对着他们的头，逼迫他们让步。我们已经历了减薪、返还福利、裁员、解雇。我们在工作中忍受着心灵的创伤。

人们对日复一日没完没了地面对同样的问题感到厌倦了。廊桥操作员没有及时把廊桥对上飞机，行李搬运员本应该将轮椅装上飞机却没有装（我已很多次帮助老年人坐进轮椅并自己推着送到航站楼里）。配餐车没有配齐头等舱的餐食。配餐公司总是报价最低的中标，而他们的员工流动性总是最高。在工作了一整天之后,你和你的机组下了飞机走出航站楼，可酒店的面包车又没有按时在那里等候。

所有这些事会让你十分沮丧。你要不断重复纠正昨天刚纠正过的错误，这确实让人疲惫不堪。

许多飞行员和其他员工认为，如果只是由他们不断地来弥补这些漏洞，公司的管理者就永远不会合理配置人力，做必需的培训，雇用对带轮椅责任感最强的服务商。我的同事们的意见是完全正确的。在一些公司的文化中，管理层在很大程度上的确是在靠员工自己的良好品质和职业素养来弥补系统上的缺陷、长期的人手不足以及聘用不合格的合约商等。

各个航空公司中都有很多员工，包括管理人员，他们都很敬业，努力把事情干得更好。但从某种角度上看，是该让旅客自己多担待一些呢，还是应尽力弥补航空公司服务上的不足，这中间界限的把握上颇有些微妙，因此像是否要送一对年轻夫妇和他们的婴儿去行李提取区这样简单容易的事也需要费些思量来做决定。

我处理这类问题的方式是既要尽力而为去改善制度性的问题，同时又尽我所能提供帮助。

还有一件事发生在夏洛特机场的一个深夜。由于天气和空管原因我们的航班误点了。当机组站在路边等酒店班车时，一位妇女看到我穿着飞行员制服就朝我走了过来。她大约 50 岁上下，棕色短发。她没带手提包和行李，只在手上夹着一支烟。

她说她和她的家人坐全美航空公司的飞机过来，在夏洛特转机去另一个城市。她的家人都等在登机口那儿，他们的航班因天气原因延误了。

“我问一名机场的工作人员哪儿能吸烟，他就把我打发到外面的路边了。”她告诉我。但没想到的是，她把她的手提包和登机牌留在登机口的家人那儿了，那是在安检区的里面。糟糕的是，几分钟前，就在22:30，安检通道已关闭了。运输保安局是一个典型的官僚机构。当它该下班时就下班了，你说什么也没用。在22点30分时，你能过去，可到了31分时你就不能过了。所以，她困在这儿了。

我可以告诉她我帮不上忙，然后钻进酒店的面包车走掉了事，但我感到那样做不妥。我用我的手机打了几个值班人员的电话，告诉他们她的名字和电话号码，想看看他们是否能帮她回到登机口去——或至少给她提供一个酒店住宿。

我不知道那天晚上那位妇女后来怎么样了，但我觉得我必须尽力帮她。作为一个有责任感的人，我做不到撇下她不管，自己回酒店睡觉。

况且，这也费不了我多大劲。还有，我不想在生活中做看热闹的旁观者。

当飞机遇到维修问题或其他延误时，我都坚持要告知旅客真实确切的信息。有时候全部旅客都已登机，飞机也已准备好要走了，但却不得不取消飞行。我不愿意交给乘务员来告知旅客这个坏消息，我会打开广播系统，详细说明情况。我会站在客舱前部，在那儿旅客们都可以看见我，我广播说：“女士们，先生们，我是机长。这架飞机不能继续飞行了，我们必须要换飞机。下飞机后登机口有工作人员送大家去新的登机口。我感谢大家的耐心，对由此给诸位带来的不便表示歉意。”

之所以这样做还因为延误时旅客的抱怨情绪或谩骂通常会发泄到空中乘务员身上，我不想让她们为难。我会说：“我对这次更换飞机负全责。”旅客下飞机时我会站在舱门口，对每位旅客注目点头致意。我想让旅客知道，如果有什么问题尽可以同我讲，而不要去为难其他机组人员。

我知道如何选择用词是非常重要的。遇到延误时，我喜欢对旅客说：

“我保证会把我所知道的一切信息在第一时间告诉你们。”我发现这样的话会令形势大为改观。这句话包罗广泛。它告诉旅客，我们的目的就是要告诉他们所有的实情，分享真实情况让旅客了解我们是充分地信任和尊重他们的。开始时不讲真话可能会暂时回避一些艰难的问题，但随后会波及乘务组，乘务员不得不去面对感觉受到欺骗的旅客们，航空公司的声誉也会受损。

如果旅客认定他们受到了欺骗，他们还会心怀怒气地登上后续的航班。于是恶性循环开始了。旅客对航空公司有了坏印象后，就像有了一个负面的筛选器，他们会开始挑航空公司的毛病来印证头脑中已有的概念，以致遇到正面的事情时他们会认为那只是偶然的，碰到负面事情时就会加深他们的印象：“这就是一个糟糕的航空公司。”

只凭借在驾驶舱里真挚坦率地对待旅客，我就可以避免这一切。

大多时候，我发现旅客都是通情达理的。坐飞机确实不再像过去一样高雅了，但考虑旅客们都被圈在相对狭小的空间里，容易感到烦躁和不适，所以许多情况容易使他们发火也是可以理解的。

很多时候我都会同情旅客，体谅到他们在现时的航空旅行中所遇到的问题：更严格的安检，更拥挤的客舱，不提供餐食的长途飞行。我会尽力做好自己的工作。

旅客们通常不大了解机组在飞机上为他们的利益所做的努力。有时，我们在尽心尽力地为旅客服务但无人知晓——润物细无声。

例如，航空公司希望航班能准时起飞，正点率超过别的航空公司，以提高自己公司的声誉。衡量登机口工作人员的能力，主要看他们安排正点放行飞机的本事，于是会造成航空公司员工之间在旅客是否登机，是否关闭飞机客舱门等方面关系紧张，对旅客来说这当然并不总是好事。

因此有时候，我感觉到我必须出来说话，坚持自己的立场。

在一个星期天的下午我从西棕榈滩飞往匹兹堡。有大量的候补旅客希望能登机。当有确认座位的旅客都登机后，登机口工作人员登上飞机说他要关门了。他希望我们准时推出，以确保航班正点，我则告诉他飞机上仍有两个空座。

“候补名单的前两位是谁，你们怎么不把他们送过来呢？”我问道。

这名工作人员根本不理睬我。他只想我们关上舱门推出。他只知道，场站经理的考核在一定程度上取决于航班出发正点率。他不想招惹上司的任何责难，因此不愿再多花几分钟安排另外两名旅客登机。

我理解航空公司体系中的每个人分属不同的职责体系。场站站长把责任压给代理人，代理人则催促机组尽快上客。这套以统计数据主导的体系才不会考虑到是否会因为有 6 名轮椅旅客而导致登机时间延长。

不管怎样，现在这位登机口工作人员和我因为要填满剩下的两个空座而发生争执，我必须要出来说话了。

“别忘了我们来这儿是干什么的，”我对他说，“我们的职责是把买了机票的顾客送到他们要去的地方。有两位买了票的顾客在外面等着坐这架飞机，而飞机上又有两个空位。所以我说，赶紧让他们登机吧。”

最后我的坚持让我占了上风。毕竟，公司政策手册规定机长有最终决定权。于是那两位排在候补名单前列的旅客被请上了飞机。我们推出的时间比计划晚了两分钟，预计到匹兹堡的时间大概也就晚一两分钟。

接下来的星期二我在家休息时，家里的电话响了，是副总飞行师打来的。他告诉我他接到一封西棕榈滩旅客服务管理人员写的信。

“他们说你干扰了登机程序，导致航班延误。”他在电话里对我说。接着他对我进行了批评和训斥。他讲话的口气就像一名纪律检查官，好像我是驾驶舱里一名反叛的牛仔，不让登机口代理人正常工作。

这个电话让我有些恼火。

“我非常注意要把工作做好，”我对他说，“我认为发生这件事有两种可能。一个可能是代理人遵守了公司的程序，但公司程序有缺陷；另一个是他们没有遵守本来应该遵守的程序。我们有 150 个座位，其中有两个是空的。我想让它们坐满。我认为这不管对公司还是旅客都是有益的事。”

看来我的反驳让副总飞行师有些不快。但我们把这个问题先搁这儿了。

6 个月后，也是个星期天，我发现自己又面临同样的情况：有空座位，候机区的旅客很想登机，代理人想让我们关闭舱门，我则坚持装满旅客，我们的飞机晚推出了 6 分钟。

代理人又写信投诉我，于是副总飞行师又打电话给我，这次他的态度极差。他对我说：“总飞行师想让你休两周无薪假期。”

我的飞行员工会代表最后同管理层进行了会谈，他们也没再说无薪假期一类威胁的话。毕竟，我不是孤立的。很多飞行员也都经历着同样的争执。后来，几个月后的一天，管理层发布了一个新的备忘录，宣布如果有空余座位的话，就应该让旅客登机。读到这份文件时，我笑了。

我们大家都会面对一些小的争执，可以选择坚持，也可选择放弃。有些机长对这类事情的态度与我相同，他们选择了斗争，另外一些则保持沉默并妥协了。没有人会愿意把旅客留在登机口，但有些人会想：“我总不能天天都跟别人打嘴仗啊。”

我想我的心中还保留着“关怀感”，能体会到那些候补旅客的感受。重要的是，把他们丢下不管会让我很不安，所以我必须出来说话。

我知道这都是些小事，但当我做了这些努力后心里感觉会好些。想到在这个过程中我能做点有益的事，就心满意足了。

在坐飞机从旧金山飞往夏洛特基地的勤务出差旅途中，我读了很多书。由于沉浸在全神贯注的阅读中，这段跨越整个国家的飞行仿佛变得更快了些。我从孩提时代养成的阅读口味一直没变，我还是喜欢读历史。

我读过几部关于国家荣誉奖章获得者的好书。他们每个人的故事都很令人鼓舞，但最让我难以释怀的是 23 岁的亨利·厄文的故事。他是亚拉巴马人，美国空军无线电操作员，他在第二次世界大战时的英勇事迹令人惊叹。1945 年 4 月 12 日，中士厄文乘坐一架 B-29 飞机去袭击日本郡山（Koriyama）的一座汽油炼油厂。他的任务之一是通过 B-29 飞机地板上的一个管道投放磷光照明弹以帮助投弹手看清目标。飞行中管道里发生了爆炸，磷光弹被点着了。强光刺伤了他的眼睛，火焰包围了他，飞机里烟雾弥漫。厄文知道火焰很快会将地板烧穿，如果点燃下面弹仓里的炸弹，飞机和机组人员都将在劫难逃。

厄文强忍着剧痛，从地板上爬过去找到燃烧的照明弹，用裸露的双手把它抱在胸前，然后冲进驾驶舱，大喊着让副驾驶打开窗户将它扔了出去。飞机上其他 11 个人都得救了。

人们认为厄文活不了多少天了，科蒂斯·勒梅（Curtis LeMay）[①]将军决定在西太平洋地区找一枚荣誉勋章颁发给他。距离最近的一枚勋章在几小时行程之外的夏威夷火奴鲁鲁岛，放在一个玻璃展示柜里。勒梅将军派一名飞行员在半夜去把它取来。当这名飞行员到了那里却找不到钥匙打开展示柜，干脆砸碎了玻璃。他取回勋章，带到一架飞往关岛的飞机上，在那儿勋章被别到中士厄文的身上。当时厄文还有意识，全身从头到脚缠满了绷带。

让所有人都惊讶的是，厄文挺过了 43 次手术。他在医院一直待到了 1974 年，当他出院时，带着永远的伤痕和被毁掉的容貌。然而，他在亚拉巴马的一家退伍军人医院当顾问，继续服务于他的国家。他于 2002 年过世。

我们有谁能够用裸露的双手将炙热燃烧的照明弹抱在胸前呢？我想如果我遇到当时那种情况，只能让它烧穿 B-29 的地板。

知道了有厄文这样的人能够做出这样非凡的事，简直超出了人们的

---

① 勒梅（1906—1990），美国空军参谋长，空军上将。生于俄亥俄州哥伦布市。1928 年成为美国陆军航空兵。1941 年晋升少校。1942 年升任 305 轰炸机大队长。1945 年任驻马里亚纳群岛第 21 轰炸机指挥部队司令。1948 年任战略空军司令部司令。1951 年晋升空军上将。1957 年起任空军副参谋长、参谋长。1965 年退役。——译者注

理解能力，那么我至少可以抓住身边的一切机会，做哪怕很微小的善事。

有时我会回忆起 13 岁那年第一次听到基蒂·吉诺维丝的故事时，自己对人生所立下的誓言。这有时实际上意味着努力去做一些细微的小事——诸如帮助一对夫妇找回丢失的婴儿车，或让一位候补的旅客能坐上航班的最后一个空座。

10 ——SULLY
会当凌绝顶 一览众山小
一切皆有可能

洛里和我很喜欢我们家附近的一座小山。很幸运的是，它离我们家就几分钟的路，就在丹维尔镇外一大片开阔的原野上。我们会一起去爬山，去思考，去呼吸，去欣赏美景。那真是一个神奇的地方。

在一年中大多数时候，你站在山上向四处望去，满目都是大片茂盛的天然草地，从褐色到金黄，色彩斑斓。在晚春时节，有一段很短的时期，草会变得青葱翠绿。不管是褐色还是绿色对我来说都很好，我喜爱每个季节所具有的美。

2009 年 1 月 11 日下午，洛里提议我们去山上走走。那天是星期天，按计划我第二天一早就走。四天后飞完，最后飞 1549 航班回来。

那天我们脑子中有很多事。像很多美国人一样，我们对经济感到担忧，不知道严重的金融危机怎样才能解决。我一直很关注捷飞络特许经营的事，他们还没有续签我们房子的租约，我担心我们是否有持续支付抵押贷款的能力，这个问题可不是那么容易解决。当我在担心我们个人的问题或民航业所遭受的经济灾难时，思路会变很窄，而洛里就很善于帮我打开视野。

我们正坐在厨房里，洛里知道什么办法会有效。“来吧，”她对我说，“干脆我们出去走走。”

于是我们沿着狭窄的防火小道爬上这座陡峭而美丽的无名山的山顶。我们站在山顶眺望下面的山谷。它的一头通向漂亮宜人的居民区，另一头连着原始的旷野。站在山上极目远眺确实使你的世界更开阔了。不知何故，你能够更全面地看待面前的问题，这里的景色会让你感到心胸开阔，精神焕发。

那天，洛里和我有一阵儿都没有说话，静静地看着风景。后来我对她说："眺望远方时你会感觉到一切都是可能的。"

她笑着看着我。即使我没有说出来，她其实也已想到这句话了。这就是洛里。如果你想获得"一切皆有可能"的信心，就同她一起登山吧。你会感到振奋和踏实。

洛里是一个特别坚强的女性，目睹了她如何顽强地应对自己生活中的各种问题和我们家庭面临的难题，我获得了许多关于保持乐观与接受现实的力量，认识到了人们为获得幸福而必须共同承担的责任。

她和我有点不同。我相信"现实乐观主义"，认为这是一个领导者最有效的工具，即要将长远的乐观主义与眼下的现实主义结合起来。洛里也认同这一点，但她还认为对生活抱有全面的乐观态度会对你的健康、人际关系、理智都有益处。

洛里说话直率坦诚，她善于将自己生活中的时光和经历与其他女性分享并使其产生深深的共鸣，然后切实改变她们的生活。她在当室外健身教练时就是这样做的。她领着女士们做她称为"健康又美妙……户外来运动！"的健身活动。她会带着一队队的妇女长距离徒步。她们会从山的一侧爬上去，然后当洛里带着她们从山的另一侧下来时，她们都像变了一个人似的。她们会用新的眼光来看待世界和她们自己。我有时会开车送她们到山路的起点，或把她们接回家。我曾在山下等洛里和她的学员们返回，那个场面让人印象深刻。

当然，因为我是洛里的丈夫，我很爱她，所以我的话也许听起来有点夸张。但那些跟她爬过山的人会明白我的意思。

洛里的一个朋友叫海伦·奥特，参加过很多次健身徒步，她这样说道："洛里就像一盏明灯。"海伦讲了很多徒步中的乐趣，因为洛里很善于讲故事和激励其他女性。"她能让人对自己的能力有信心，"海伦说，"她会让她们自我感觉良好。"

洛里对锻炼的热爱，以及最好同他人一同锻炼、最好在户外锻炼等观念并不是与生俱来的，相反煅炼的开头并不容易。她坦率地告诉其他女性，她在童年时期大多数时候都是一个典型的胖丫头。她后来逐渐了解到她父亲的酗酒对她的饮食习惯和成长都有影响。她的童年并非无忧无虑，但她并不是一个总是把问题归咎于别人的人。

洛里长大后仍然超重，后来因为吃催孕药更增加了35磅（约16公斤）体重，这让她很痛苦。由于怀不上孩子，她感觉身体背叛了自己。即使在我们收养了凯特和凯莉，感觉到家庭已完整和圆满后，她心中的伤痛仍未痊愈。

"当我们把那两个女孩抱回家时，我爱她们简直爱得疯狂。"洛里对她的学员们描述到，"萨利和我感觉仿佛中了宝贝彩票一样。但那种身体的背叛感并没有马上消失。我有两个无比美丽的女儿，我全身心地爱着她们，但我的身体却让我感到乌云密布。"

10年前，就在洛里快满40岁时，她决定放弃这种憎恶感，同自己的身体讲和。她参加了健身房的锻炼，但不满足于仅仅待在室内踩脚踏车，她觉得这样同身体仍是一种"消极的交流"。她告诉我她在健身房里感到很别扭。她说："我越是把注意力放在我的屁股上，它看上去越大。"同许多人一样，她把减肥当作对自己身体的一种征服。

情绪同身体的联系是非常紧密的，她对自己身体的厌恶感是个大问题。后来她在当地的健身房参加了一个课程，一起的还有个叫丹尼斯·哈奇的妇女，这人对事情看得很开："要感谢你的身体所能做的，而不要只盯着那些不能做的事。你不能生育孩子，我知道这让你很不好受。但是你的胳膊和腿是完好的，你是健康的。你有两个女儿，你要给她们展现健康的行为方式。所以，赶紧丢掉所有那些关于你身体的消极观点和想法吧。”

洛里明白了关键是要找到一种自己喜欢的锻炼方式。“如果你不能跑步，那就散步、徒步或跳舞。”她现在这样对她的女学员说，“要勇于行动，做你愿意做的。就像在你生活中碰到的任何事一样，如果你喜欢，你就会经常去做。”

对洛里来说，徒步让她找到了出路。走在郊外，看着一只红尾鹰展翅从头顶的蓝天上滑翔而过，或者远眺加利福尼亚那些像覆盖着绿色毛毯般的山地，或者感受夏风的轻柔，她感受到了一种在脚踏车上从未有过的精神体验。她的热情具有感染力，她每天都想去徒步，还要带上我和女儿们。

有一天她对我说：“我想我爱上了……锻炼。”

洛里后来成为 ABC-TV 旧金山分部的健身专家，定期主持节目，介绍如何通过户外运动使妇女获得健康。她还组织了许多妇女定期进行徒步，听她们讲述各自的故事，也同她们分享自己的经历。

“我的身体背叛我很久了，但因户外运动得以改变。”她对她们解释到，“锻炼给了我久违的自信，使我成为一个更好的母亲、妻子和朋友。另外，我还走掉了 35 磅的赘肉。”

洛里说得很坦率：“作为女性，我们必须接受自己的身体，这很关键。否则，自我感觉不舒服的女性会在晚上关掉灯，对丈夫说‘请别碰我’。当一个女性自我感觉良好时，她会更愿意让她的伴侣亲近她。”

多年以来，洛里把我也放进了她那些作为保留节目的激励人心的故事中。我倒不一定想知道在高山上她都讲了哪些我们生活中的私事，但我很高兴听到洛里的这句常说的话：“徒步运动让我的婚姻重新焕发活力。”

这是洛里的主意。她想让我们一起登上加州的惠特尼山[①]，它属于西耶那·内华达山脉，在我们所居住的北加州的东南方向，高

① 美国本土最高峰。——译者注

度 14 505 英尺（4 421 米），是美国大陆最高的山。

那还是在洛里刚爱上徒步健身的初期。她组织了 8 对夫妇同行，并取得了美国森林管理当局的登山许可。但一个接一个地，或者是日程安排的原因，或者是没有充分地训练，其他的夫妇都退出了。16 个人的徒步活动变成了两人的徒步——我和洛里。但我们决定不管怎样都按原计划进行。

我们为这次探险进行了实实在在的准备。只要我飞行完回到家，我们就会穿上跑鞋跑着去离家一英里外的购物中心，那儿的停车场有一段阶梯通往山上。我们沿着阶梯上上下下来回 15 到 20 趟，然后再慢跑回家。

我们还去体育馆锻炼减轻体重，在附近背着重重的背包进行徒步训练。我们还多次到丹维尔东北的第亚布罗山登山。

洛里相信，要达到生活中的目标，很重要的一步就是把它写下来。但仅此还不够，用她和其他一些人的话来说，就是你还要通过坚持不懈、脚踏实地的行动才能实现。这意味着你必须要去敲人家的门，或打电话，或做一些其他具体的事以逐步接近目标。为了登上美国大陆上最高的山峰，你需要每天出去做预先训练和准备。她坚持我们要这样做。在我们训练期间，一次在第亚布罗山上骑山地车时我撞上了一块大石头，盆骨骨折。我有 6 个星期都无法工作，这让攀登惠特尼山的准备工作面临更多的困难。

洛里认为，同我们收养孩子一样，为徒步登山进行的训练对我们两口子是有好处的。我们需要彼此在精神上互相支持，当其中一个人感到厌倦时，另一个要给予鼓励。训练期间的互相激励是一种很好的实践，会让我们在实际登山时相得益彰。

我们攀登惠特尼山的时间定在 1999 年 9 月 2 日。我们为女儿们请了保姆，决定租一架赛斯纳 182RG 飞机（四座，单引擎飞机）飞过去，因为开车的话要从家向东南方向开 7 个小时才能到达。这是相当浪漫的事，就我们两个，出去经受荒山野岭的考验。

我们计划一天内爬上山再走下来，这意味着我们必须很早就出发。

我们住在山脚下的一个汽车旅馆，早上 3 点就起床，4 点 15 分开始登山。我们戴着头灯，背着背包，做好了准备。登山小道的起点海拔是 8 300 英尺（2 530 米），如果我们从这儿出发登顶再返回的话总共得走 21 英里（34 公里）。

我们的背包里装着雨衣、帽子、手套、备用电池、手表、电筒、水、花生酱三明治，以及其他必备的物品。我还带来一个 1 加仑容量的塑料袋，里面装着母亲的骨灰。她是在那年 1 月份去世的，我想把她的骨灰撒在这座高山上以表对妈妈的崇敬与怀念。

我的父亲早在 4 年前就去世了。母亲同他在一起时过着非常传统的生活，但在父亲过世后的几年中，母亲又找回了自己的生活。父亲是喜欢待在家里的人，深居简出，母亲也忠实地在家陪伴着他。但在父亲走后，母亲多次与朋友们外出旅游，仿佛要弥补失去的时光。她尽情地体验着生活的多姿多彩。洛里和我觉得让母亲的骨灰在这座最高的山峰上随风飘逝，去继续她的旅程，是最合适不过的了。

我们开始登山时太阳还没出来，一轮半月高挂天空。月光非常明亮，我们头上晃动的头灯仿佛是多余的。

黎明前的黑暗显得庄严肃穆，正如天文学家所说的“视觉很好”。空气平稳肃静，星星明亮清晰，并没有繁密地闪烁，仿佛我们伸手可及。

开始一段是在高高的树林里穿行，我们还穿着薄外套。太阳出来后，山里温度开始升高，我们就脱下外套放进背包里。

日出非常壮观。我们从山的东侧面朝西登山，身后的太阳和山峰与我们正好在一条线上，在前面的惠特尼山坡上投射下三角形的影子。随着太阳越升越高，黑色的三角也沿着山坡向下移动，奇山异景令人惊叹不已。

在登山的途中，我们发现山的景色也在发生神奇的变化。随着海拔的不断升高，我们也穿越了不同的气温带，地形和植被都在变化无穷。我们经过了沼泽地，一些湖泊和溪流，但在更高一些的地方，植被变得稀疏了。有些路段崎岖不平，岩石层叠，有个地方我们不得不爬过一块块巨石。

渐渐地，我们尝到了高海拔的厉害。我们对此已有心理准备，之前看过有关的书，但作用有限。洛里感到头痛得厉害，我们都感到很疲惫，行动迟缓。

我们用马拉松选手常用的一句话“我们跑的不是 26 英里（42 公里），而是 26 个 1 英里”来给彼此鼓劲。

我们还知道另一句话：“任何人都能登上惠特尼山。你只要把一只脚对着上山的方向，再把另一只脚放到它前面就行了。”我们就是在重复着这样的动作。

我们一点儿胃口也没有，这也是正常反应。我们知道必须强迫自己进食以补充能量。辅导书上说我们应带上最喜欢吃的食物，即使是垃圾食品也行，这样会更有胃口。每次我们从背包里拿东西吃都会出点令人惊叹的情况。蓝色松鸦会落在我们肩上或背包上叼走食物，肥大的旱獭会从某个岩石缝里蹿出来，也想分一杯羹。显然，它们已经很适应同人类相处，知道有人的地方就有食物。

在海拔 13 000 英尺（3 962 米）的地方，山道跨越了山顶，出现了一个笔直的陡坡。我们正好越过了树木生长线，四处仿佛如月球表面一样贫瘠荒芜。泪水开始涌上洛里的眼睛，部分是因为精疲力竭，部分她承认是因为害怕，从那儿往下看实在让人感到恐惧。她怀疑我们是否真的有必要登上山峰的最高峰去撒母亲的骨灰。

“能不能就在这儿撒啊？”她问我，“你母亲会理解的。我想她会的。”

而我想接着往上爬。“我们能登上去的。”我对她说。她虚弱地朝我笑了笑，然后我们咬牙坚持接着往上爬。

下午 1 点 15 分时，我们看到顶峰已经近在咫尺了，可能需要 1 小时就能登上去，但几小时前我们开始登山时，计划好折返的时间是 1 点钟。我们知道下山需要足够的体力和光亮，我们也不想冒任何风险，要保证安全返回。尽管还有些不甘心，但我们得遵从理性判断。我们最后还是忍住登顶的诱惑，做出了明智的决定：我们已经爬得足够高了。

不难理解，当我从背包里取出母亲的骨灰时情绪很激动。我打开袋子，肃穆地将骨灰撒向空中，看着它们在风中悠然飘逝。天空碧蓝如洗，万里无云，骨灰随着微风飘向远方。

“希望她一路开心。”洛里说道。我无法说出些什么来回应，只是默默地看着。

当这个简单的仪式结束后，洛里和我才开始欣赏这庄严宏伟的景色。“我们的那些担忧同眼前的这一切相比真是微不足道，是吧？”洛里对我说道，“这让我们能够更全面地看待我们的生活。”

我们休息了一会儿，静静体会着这儿的一切。但我们不能待太久，因为行程才刚刚过半。

下山简直比上山更艰难，因为我们在精神和身体上都感到精疲力竭。进行完这样的跋涉后，身体每个部分都又酸又疼，骨架像散开了一样。

又是在一片漆黑当中，我们于晚上 8 点 15 分到达山脚。尽管很累，但更多的是兴奋。我们内心无比自豪。曾经有许多年，洛里都认为是她的身体拖累了她，现在她认识到，她的身体其实一直都在支持着她。

第二天，我驾驶租来的飞机返回时，在惠特尼山的上方盘旋了几圈，从飞机上用敬畏的目光注视它。我们开玩笑地说幸好飞来的时候没有从它上面飞过，否则看到它是如此地险峻陡峭会让我们感到畏惧的。

“哇噻，”洛里对我说，“你能相信我们居然爬上去了吗？”

当飞机越过山峰向西北方向返回时，洛里有感而发，掏出笔来写下了一封“感谢信”。

她用文字记下了这座高山让她对生活有了怎样透彻的领悟：

我认识到我们日常生活中的琐事是多么渺小。这座高山在我们来之前早已存在，当我们离去后还将存在很久很久。相比之下，我家客厅椅子的材料好坏简直微不足道。在登山的途中，我感到最最珍贵的还是凯特和凯莉的欢声笑语（虽然有时希望她们能安静些）以及家人之间的爱——包括活着的和离开我们已逝去的。

洛里现在正富有成效地实践着她“好好生活”的理念。她目标明确，充满热情，并以此激励他人去实现目标。我很高兴能与她同行，并分享这一切。

洛里总能从外部寻找到激励和启发。好几年前，她听了玛丽亚·施赖弗在加州州长与第一夫人年会上的演讲。玛丽亚引用了一首霍皮印第安人的诗歌，深深触动了洛里。其中有这样几句：

一条大河奔腾向前，
浩荡湍急，令人恐惧，
有人急于回归河岸，
却又感受到仿佛被撕裂一般，更加痛苦受伤。
你可知道河流自有河流的方向，
前辈说我们必须离开河岸，勇敢投入河流的中央，
睁大双眼，头颅高昂。

洛里说她被这首诗歌感动得热泪盈眶，她认识到我们大家都必须找到离开河岸的勇气。那意味着要丢掉抱怨与憎恨，忘掉成长中的、身体上的或其他的不幸，意味着不要因那些我们所不能掌控的事物而徒生烦恼，意味着我们要风物长宜放眼量，不要局限在日常熟悉的环境里。

洛里喜欢那种跳下河岸，在河流的中央顺流而下的意境。它启示我们生活就是由可控的部分、不可控的部分以及我们的选择所构成的。

在婚姻中我们也拿河流做比拟，帮助我们应对诸如财务困难等问题。洛里说：“只要我们的头还能露出水面，我们就能成功。”用这种方式看待

生活真是很美妙。

洛里和我并非总能保持乐观，但能竭尽全力保持生活在河流的中央。或者说我们站在钟爱的山顶，俯瞰下面的世界，勉励我们自己一切都有可能。

11 ——SULLY 虚怀若谷 博采众长

时刻掌控局面

阿尔·海恩斯，飞行员们提及这个名字都充满敬意。1989 年 7 月 19 日，他作为美国联合航空公司 232 航班的机长，驾驶一架 DC-10 飞机从丹佛飞往芝加哥。飞机上共有 296 名乘客和机组人员。

在我作为一名推行机组资源管理（CRM）课程的人员时，这次航班是很好的教学案例。对我个人来说，232 航班对我的飞行和生活都给予了很多启示。

232 航班从丹佛起飞后的前 85 分钟时间里，一切平安无事。进入艾奥瓦州的空域后，飞行高度 37 000 英尺（11 278 米），第一副驾驶威廉·雷科兹正在操纵飞机，突然听到从飞机后部传来爆炸声。原因很快搞清楚了：中央发动机发生故障。具有近 3 万小时飞行经验的海恩斯机长让第二副驾驶（飞行工程师）达德利·德沃夏克做一下发动机故障检查单。随此而来，机组发现所有三套液压系统都在失去压力，而这种型号飞机的飞行操纵系统是靠液压来传动的。[①] 此时第一副驾驶已难以操纵飞机。

① 民航客机上的液压系统通过压力油在管道中工作，用于收放起落架、襟翼等，同时给飞行员操纵的副翼、方向舵、升降舵提供动力来改变飞机的姿态。为了安全，该系统一般由 3 套左右各自独立的系统组成。这次事故由于发动机故障，涡轮叶片凑巧将 3 套系统全部损坏。——译者注

于是海恩斯机长接手操纵飞机。他发现只能操纵飞机右转，不能左转。当飞行工程师向旅客广播飞机发动机出现故障后，一名坐在客舱无飞行任务的美联航飞行检查员丹尼斯·菲奇也来到前面表示愿意提供帮助，海恩斯机长将他请进了驾驶舱。

发生这种紧急状况的可能性几乎是零，所以在训练中没有这类课目，也没有相应的检查单。事后调查表明三套液压系统同时失效的概率是百万分之一。但海恩斯机长凭着几十年的经验，急中生智找到临时的对策。他和机组成员意识到唯一可以操纵飞机的办法是恰到好处地调整左右两个推力手柄。驾驶舱的 4 个人就这样操纵飞机飞行了 40 多分钟，并集中大家的智慧想方法将这架受损的飞机完整地降落下来。实质上说，他们要用 40 分钟的时间来学习一种新的飞行方法。[①]

在民航业的传统里，驾驶舱内等级森严，第一和第二副驾驶一般不大愿意向机长提太多建议。然而，那天正是由于海恩斯机长征求大家意见并乐于接受建议，机组才能找到解决突发意外的办法，最终才有较好的机缘将飞机降落在跑道上。

开始时，空管人员试图让这架“一瘸一拐”的飞机降落到得梅因国际机场[②]，但飞机自动向西偏转，于是又决定让飞机飞往苏城（Sioux City）盖特威机场[③]。“我可不是跟你们随便说，”海恩斯机长对旅客们广播说，“待会儿的着陆撞击将会很重。”

舱音记录器真实地录下了机组团队专业娴熟的默契配合和团队间的友好协作，这帮助他们减轻了紧张感。

期间丹尼斯·菲奇曾说：“我想完事后应该一起喝杯啤酒。”

---

① DC-10 飞机三台发动机分别在尾部和左右机翼，这次事故尾部发动机损毁且损坏了操纵系统，飞行员靠左右发动机不对称推力使飞机转弯，推力大小决定飞机上升下降。——译者注

② 得梅因国际机场位于美国艾奥瓦州得梅因市西南 3 英里处的 Polk 县。机场属于得梅因市所有。机场同时服务以得梅因为中心枢纽的 19 个都市圈。——译者注

③ 苏城，美国艾奥瓦州西北部城市。位于密苏里河左岸，铁路、公路交叉点。家畜、小麦、玉米的贸易中心。乳肉制品、面粉等食品工业发达。——译者注

海恩斯机长回答：“好，我平常不喝酒，但这次必须喝一杯！”

他们以 215 海里（398 公里）的速度向机场进近，下降率为每分钟 1 600 英尺（8 米 / 秒）。他们试着抬起机头以减缓下降速度。机组非常出色地驾驶飞机在进跑道端处接地了，看上去他们就要成功了。

但飞机的右翼碰到了跑道。目击者说飞机翻滚起来，发生解体并起火。共有 111 人遇难，一些是由于撞击，一些是吸入了有毒烟雾，但由于海恩斯和他的机组精湛的驾驶，有 185 名旅客得以幸存。（机组中尽管有人受重伤，但都活了下来。）事后调查表明由于中央发动机风扇轮盘产生疲劳裂纹导致轮盘断裂。

在机组资源管理培训中，232 航班是最好的案例之一，说明了机长对决策和结果负有最终责任，但同时也应发挥团队的力量。海恩斯机长在最危机时刻充分利用和驾驭了飞机上所有可用资源。就整个机组面临的形势而言，飞机坠毁无人生还的可能性极大。因此，他们在驾驶舱内的所作所为将永远值得人们研究和学习。

很荣幸，在 1549 航班事件结束后海恩斯机长找到了我。从苏城事故后，他用了大量的时间在世界各地做讲座，讲解那次事故。他举行了超过 1 500 场讲座，或者免费，或者把讲座收入捐献出来。他对我讲到了大家可以从他那天的经历中学到什么，特别是沟通、准备、执行和协作的重要性，当然还有他说的“运气”。他还谈到他永远无法摆脱因为一百多人在飞机上遇难带给他的悲伤。

他告诉我，那些讲座是为那次航班的遇难者们而做的，并借此治疗他心中的创伤。宣讲安全问题也帮助他应对自己这个幸存者的愧疚感。他说：“我的工作就是要把人们从甲地安全地运送到乙地，但那之后很长一段时间，我都感觉我没有尽职尽责。”

海恩斯机长现在 77 岁了，发生苏城事故时他 58 岁，跟我现在一样大。他告诉我，除了他们机组所做的努力，还有其他一些有利因素挽救了生命：天气晴朗，没有大风；当时艾奥瓦州的航空国民警卫队（Air National

Guard）正好在执勤，很快就投入救援；救援人员刚进行过大型飞机失事的救援训练；他的飞机失事时，城里的两个医院正好都在交接班，也就是说有平时两倍的医护人员参与到对包括海恩斯在内的伤者的救治。海恩斯被送到医院时，他的左耳几乎要扯掉了。

许许多多的人那天都积极地加入到救援中来。我一直都记得一位苏城机场消防指挥员的话："你不控制住局面，就会被局面所控制。"

事故过后的几年中，海恩斯机长的大儿子死于一次摩托车事故，他的妻子死于一种罕见的传染病，后来他的女儿也因病需要骨髓移植。但在面对这些痛苦时，他深深感受到他为232航班所付出的努力没有被人遗忘。当医疗保险不能完全支付女儿的医疗费用时，包括苏城空难幸存者在内的数百人为他捐助了50多万美元。他的女儿甚至还收到了232航班空难遇难者家属的捐赠。

海恩斯机长告诉我，从那以来他不断地感受到人们的善意，是这些帮助使他能够坦然地面对1989年那天他所做到的和没能够做到的。可以理解的是，海恩斯后来还在想如果机组能够保持好机翼的水平而且平稳地降落会是什么结果。但即使他们能做到那样，飞机也可能由于撞击，在跑道上发生解体。

在我们谈话时，1549航班事件已过去了几个星期，海恩斯机长告诉我要准备好应对心中可能出现的焦虑。"我肯定你会想你本来还可以再多做点什么，"他说，"每个人都会对自己做事后的假设。我们有一阵子也是，但后来认识到我们其实没有其他选择。"他读了很多有关我的这次航班的报道，他告诉我他认同杰夫和我当时在驾驶舱里的决策。这对我很重要。

他还说1549航班事件后，他当年那次事故航班上的一些旅客联系到他，仅仅是为了跟他交流意见和表示关切。空难总是唤起对过去空难的回忆。"它使我们大家回忆起过去的事情。"海恩斯机长告诉我。

他说他同我有种亲人般的感觉，因为我们都受到了飞行事故带来的创伤，都经受了相似的考验。我们聊到现在我们属于特殊的一类人了。他告诫我:“等做好准备后就重新开始工作。你是一个飞行员，你需要飞行。”

在机组资源管理培训中，我们还详细学习了美联航 811 航班的案例，它于 1989 年 2 月 24 日从夏威夷火奴鲁鲁飞往新西兰的奥克兰。执行航班的是一架波音 747-122 型飞机，载有 337 名旅客和 18 名机组人员。

大约在半夜 2:08，刚从火奴鲁鲁起飞 16 分钟后，飞机前货舱门突然爆裂。门上方的客舱地板因为压力的变化塌陷下来，有 5 排座椅连同上面的 9 位旅客被吸出飞机掉入了下方的太平洋。客舱出现了一个巨大的洞，两台发动机被机身飞出的许多碎片严重损伤，着起火来。

此时飞机刚爬升到 22 000 英尺（6 706 米）高度，飞行员决定立即掉头，希望返回 72 英里（116 公里）外的火奴鲁鲁。对旅客来说那将是一段恐怖的飞行，上方行李架遭到损坏，碎片和行李在客舱里四处飞散，有人说就像是在刮龙卷风。

机长戴夫·克罗宁、第一副驾驶阿尔·斯莱德、第二副驾驶兰德尔·托马斯知道情况紧急，不仅仅是客舱失压，发动机也发生了故障。由于四台发动机中的两台已停车，他们很难把飞机保持在足够的高度以返回火奴鲁鲁。

斯莱德用燃油控制开关将两台发动机关掉，但没有选择用发动机灭火手柄，这个手柄是用来切断油路[①]防止燃烧蔓延的。按程序要求，在发动机严重受损时他应该拉起灭火手柄，但他意识到这样做的话两个液压泵将失效，会影响机组操控飞机的能力，所以他没有拉起灭火手柄。

飞行员放掉燃油以减轻飞机重量。乘务组指挥旅客穿上救生衣，告诉他们要“抱紧！”[②]。飞机降落后，消防车将火扑灭。尽管有 9 个人在货

① 包括进入发动机齿轮箱的液压油。——译者注

② 抱紧是机组在机场外迫降着陆（或着水）前距离地面 50 英尺（15 米）时向客舱发出的最后口令。中国航空公司在使用时有几种译法，包括“抱紧”“安全姿势”以及“做好防冲击姿势”等，要求乘客“俯下身，低下头，双手抓住座椅或脚踝，双脚分开蹬地”，以减少冲击对身体带来的损伤。——译者注

舱门的突然爆裂中丧生，但剩下的346人安然无恙。

调查表明事故原因是货舱门控制系统的一个开关或线路有问题，货舱门的设计也有缺陷。

机组表现得非常英勇，因为根据他们对飞机各个系统的深入了解，明白要应付这种意外的紧急情况，必须随机应变改变既有的程序。在飞机安全着陆过程中他们表现得非常勇敢。

在研究这次事故时，我琢磨着可能有一天我也必须依靠对飞机系统心中有数来进行处置，而不仅仅依靠检查单。不是所有的情况都能事先预见和准备到的，没有一个检查单可以囊括一切。

这些年来，我遇到过的很多人都认为：现代化的飞机凭借其技术和自动化，基本可以全自动飞行。

这显然是错误的。在一些情况下，自动化可以减轻人的工作负担，但在另外一些情况下，当自动化系统并不适用时，使用它反而会增加工作负担。飞行员应该知道怎样合理地使用何种级别的自动化水平。

我一直以来都是厄尔·威纳博士的崇拜者，他当过空军飞行员，后来从迈阿密大学管理科学系退休。他帮助我们理解了航空安全，并由此而闻名。

他曾告诉我，有一次他出席一个研讨会，有位发言者的题目是“飞行员在自动化驾驶舱里的作用”。当轮到威纳博士发言时，他准确地纠正说，刚才的发言者的题目其实说反了，应该倒过来说“自动化在由飞行员操控的驾驶舱中的作用”。

不管你是用双手飞行还是在技术帮助下飞行，从根本上讲你是靠你的大脑在飞行，你要对外部实际情况如飞机、环境、情景建立等保持准确的实时意识。问题在于：你想在你的大脑和各个操作舵面之间设置多少个不同的技术层次？没有你，飞机自己哪儿也飞不去。永远都是你指到哪里飞机飞去哪里。计算机只能按照人的指令执行。现在的选择是：我是用手推驾驶杆来发出指令呢，还是通过某种介入式技术来指挥它如何行动？

我们执行 1549 航班的空客 A320 飞机使用了电传操纵系统，说白了就是通过发出电信号驱动飞行控制舵面转动，优于以往从驾驶舱的驾驶杆直接的机械连接与机翼、机尾的控制舵面。电传操纵系统具有预先设定的超限抑制功能，如俯仰角（机头相对于地平线的角度大小）、坡度角（衡量你可以转多急的弯）以及最大和最小飞行速度。

威纳博士担心，自动化的悖论在于它常常减轻了本来已经很轻了的飞行员工作负担，而有的时候却又加重了当时已经很重了的飞行员工作负担。对此我颇有同感。

举个我们熟悉的情况为例，例如，如果在最后时刻要更换跑道，以前你可以很容易地在导航无线电接收机控制盒上把频率调到另一条跑道的仪表进近频率，而现在这可能需要在计算机上按 10 到 12 个按键。

对于那些迷信技术可以解决一切的人，威纳博士会举出数据反驳。他说运用了最先进技术的自动化飞机并非不会犯错，只是改变了错误的出现方式。例如，导航错误，自动系统确确实实能让飞行员犯大错。如 1995 年 12 月 20 日，全美航空 965 航班，使用波音 757 飞机从迈阿密飞哥伦比亚的卡利。由于两个不同的航路点（沿航路线设定的一些用于区别位置的点）是同样的名字，飞行管理计算机把数据库里两个航路点都显示出来供选择，飞行员本该选择较近的航路点，却错误地选择了较远距离的一个，最后导致飞机转向其选择的地点进而撞山失事。飞机上 163 人中仅有 4 人生还。

威纳博士并非是反技术主义者，我也不是。但技术并不能代替经验，也不能代替技巧以及判断力。

有一种被飞行员称为“机长权威”的理念保证了民航业的繁荣与安全。它意味着机长们拥有相当程度的自主性——在专业标准的框架内做出独立、专业判断的能力。

问题是今天对飞行员，人们有了不同的看法。过去这些年里，我们失去了很多来自公司管理层、同事以及公众的尊重。对飞行员的整体认知度在降低，我担心这样下去最后会累及安全。过去人们的说法是民航飞行员只比航天宇航员低一级，现在的笑话是：我们比巴士司机高一级，但巴士司机的养老金比我们多。

现在航空公司的管理者经常在事后批评和指责我们，这已经是习以为常的事了，我们面临的非难也越来越多了。30 年前，从没听到过机务或机坪人员对一位机长大声嚷嚷表示反对的，现在却能听到了。

我知道个别机长并不能代表我们大多数优秀者。可能在某些情形和时机对一位机长提出质疑也无可非议。但常常是公司里的其他人对我们提出质疑，只是因为飞行员们希望运行更顺畅、更正点，成本更低。

2002 年的电影《逍遥法外》[①]里的一个场面引起我的很多思考。电影来自一个发生在 20 世纪 60 年代的真实故事。电影明星莱昂纳多·迪卡普里奥扮演的主角是一个骗子，曾冒充泛美航空的飞行员。电影里有个情景，迪卡普里奥窥视着一位泛美航空的机长带着几个年轻漂亮的乘务员走进一家酒店。机长身着全套制服，相貌英俊。前台经理从柜台后面跑出来迎接，欢迎机长和他的机组回到酒店。这个情节在电影里一带而过，却很真实地反映了当时航空公司机组的极高地位。看到这儿时我几乎要哭出来了，它令人回忆起航空业黄金时代的美好时光——那之后飞行机组们是多么失落。

几年前，我在《飞行》杂志（*Flying*）[②]上读到了一位临近退休的机长

① 本片改编自真人真事，故事发生在 1964—1966 年的美国，离家出走的 17 岁小伙子弗兰克·阿巴内尔（莱昂纳多·迪卡普里奥饰）凭着他迷人的脸蛋、精湛的伪造技术和三寸不烂之舌成功地“扮演”了医生、教授、飞行员等各种体面人物，骗取了无数的钱财，更绝的是，他竟然冒充航空公司的飞行员免费周游世界各地。FBI 探员卡尔·汉拉蒂（汤姆·汉克斯饰）奉命追捕弗兰克，可鬼精的弗兰克总是在最后时刻逃脱，俩人展开了一场猫捉老鼠式的真人游戏。——译者注

② 月刊，由顶尖的专家执笔，《飞行》杂志每期都会带给你飞行界的新闻、科技发展、飞行安全问题、飞行仪器的使用、飞行员航行技术等信息，另外还有精彩的照片呈现在你眼前，是热爱飞行的读者喜欢的杂志。——译者注

写的专栏文章。他回忆了早期的飞行员岁月，并同现在进行了对比。他说现在航空公司对包括飞行员在内的所有雇员的评价标准就是他们遵守规则的能力。“我们受雇于此是来发挥我们的判断力和洞察力的，”他写道，“而现在只关注我们是否服从。”

从各方面看，现在所有的航空公司更加标准规范，这是好事。航空公司有各种行之有效的程序，而飞行员都需要遵守它们。现在实际上已没有那种不按检查单行事的“空中牛仔”了。但我还是认为，在有些时候，仅有服从是不够的，决断能力才是最最重要的。

优秀的飞行员都笃信：一名机长的最高责任和义务永远是保证安全。正如我们所说的：“我们有拒绝飞行（拉起停留刹车）的权力。”只有当我们感觉到有把握安全运行飞机时才能让飞机移动。

拥有权威的同时也意味着沉重的责任。一名机长应具备领导能力，要带领机组每一名成员像一个整体一样思考和行动。机长职业的担子重如泰山，他可能随时会需要运用多年积累的有深度的经验、广博的知识以及能力来迅速地考量、权衡他所掌握的一切之轻重，以及他未知的事情。

我一直以来都对像阿尔·海恩斯、阿尔·斯莱德以及许许多多这样的飞行员们充满崇敬。我相信，我从他们的经历中学到和理解的东西对后来我在 1549 航班飞机在纽约上空那种千钧一发情形下片刻间所做出的决策都有极大帮助。

12 ——SULLY

多姿多彩 别有洞天

一切看起来都很正常

没有任何两个机场是一模一样的，就像指纹一样总有差异。每个机场都有不同的几何图形、跑道布局、滑行道和航站楼的排列。相对市中心或其他标识物的方位和距离也各不相同。

我从未统计过降落过多少不同的跑道，也没法准确说出从空中看到过多少个城市，但我会努力观察一个地方的特别之处，然后在头脑中形成一幅画面。即使过了好些年再去时，这也会对我有所帮助。

如果飞行员飞的定期航路常去某个城市，我们会对从空中看到的那些地面标识物很熟悉。在 25 000 英尺（7 620 米）或 30 000 英尺（9 144 米）的高空，我们能分辨出最高的楼房、当地大型体育场、距离最近的大水库和河流，以及主要的高速公路。我们知道多条跑道的布局、不同季节的天气状况，还有就是落地后到航站楼里哪儿能吃到相对而言健康的午餐。

在全美航空公司建立的枢纽运作体系中，我会经常飞往夏洛特、匹兹堡以及费城。所以对一个飞行员来说，在这些城市起起降降就跟你开车驶出家门前的小路穿过附近街区一样轻车熟路。

在这许多次的飞行中，我发现自己总有同样的感慨：地球是多么美丽啊，不管是天然的还是人造的美景，幸运之神眷顾着我们，这里是我们的家园。

当飞抵或飞越国家的很多地方时，我都十分地开心。如果在一个晴朗的日子飞到圣路易斯，你从 10 英里（16 公里）外和 30 000 英尺（9 144 米）高度就能看到 630 英尺（192 米）高的大拱门（Gateway Arch）[①]。如果阳光的角度正合适，你会看到圆拱的边缘光芒四射。

在沙漠清澈的空气中飞入拉斯维加斯时，即使在白天你也老远就能看到长街（The Strip）[②]。在晚上，那儿是美洲大陆最明亮的光带，即使 80 英里开外也能感受到它的诱惑。

飞抵西雅图，那是一个格外美丽的城市。当我还是太平洋西南航空公司的飞行员时，我有时从洛杉矶飞往西雅图。我还记得沿喀斯喀特山脉（Cascade Range）[③]向北排列的一系列火山——麦克劳林山（Mount Mcloughlin）、骑士山（Mount Bachelor）、三姐妹山（Mount Three Sisters）、华盛顿山（Mount Washington）、杰弗逊山（Mount Jefferson）、胡德山（Mount Hood）、亚当斯山（Mount Adams）以及雷尼尔山（Mount Rainiar），每座山峰都会渐次出现在视野中。

我飞越过美国的许多地方——蒙大拿、爱达荷、南北达科他（Dakotas）——在那里漫长的一段距离都是荒无人烟。那是种人迹罕至的美，却让你难以忘怀。我还喜欢从东海岸地区飞过，那儿的人口密度高得

---

① Gateway Arch 有的翻译成“大拱门”，也有翻译成“西进之门”，但它正式的名称叫做“杰弗逊国家扩张纪念碑”（Jefferson National Expansion Memorial）。托马斯·杰弗逊 1801 年至 1809 年担任美国第三任总统，提出了美国“西进扩张”（Westward Expansion）的理念并签署了法令。而作为西进的必由之路，拓荒者们从这里跨过密西西比河，然后分三路向西扩张，圣路易斯也因此飞速发展起来，1808 年设市，成为当时美国第 11 大城市和最大的内河航运中心。作为美国向西开发的重要基地，前往西部的拓荒者形象地称之为“西进之门”。——译者注

② 长街又称拉斯维加斯大道，是拉斯维加斯最繁荣的街道。这里汇集了最豪华的酒店、赌场、餐馆与购物场所，是拉斯维加斯的灵魂与象征。这段世界闻名的街全长约 6.5 公里，如果按房间数量多少计算，世界排名前 25 名的酒店中，有 18 家在这里。——译者注

③ 北美洲环太平洋海岸山脉的一部分。位于美国西部，南接内华达山脉，北与加拿大海岸山脉相连，从美国加利福尼亚州向北经俄勒冈州和华盛顿州延伸到加拿大，长 1 127 千米。海拔 1 800~2 500 米，北西北 - 南东南走向。山体自南向北逐渐增高。形成于中生代内华达造山运动，大部分由喷出岩组成。——译者注

惊人。华盛顿特区到波士顿之间是连绵不断的光带，从空中看去，城市几乎连接为一体，形成了一个延绵不断的巨大都市群。

在飞往劳德代尔堡（Ft. Lauderdale）的途中，我喜欢在飞过卡纳维拉尔角（Cap Canaveral）①时，看看那里长达 3 英里（4.8 公里）的跑道。当航天飞机降落在它上面时是多么壮观啊。佛罗里达的景象让人体会到大自然是如何轻易地摧毁数百英里的人类发展成果。2004 和 2005 年的飓风洪灾已过去几年了，但南佛罗里达的成千上万家屋顶还仍然盖着蓝色防水帆布。每当飞过那些星罗棋布的蓝色方块，看到狂风暴雨的破坏威力时，心情都会变得沉重。

在 20 世纪 90 年代早期，我的飞行资历还较低，常飞红眼航班。在这许多红眼航班中，我曾一次次地看到北极光。特别是在冬季从西往东飞时，整个航程都会在黑夜中，这些极光形成了北方的地平线。在我看来，这些由带电离子在地球的磁场中碰撞而形成的极光就像是风中轻轻飘扬的帘子，时卷时舒。有时候，极光会呈现出深洋红或樱桃红；有时候，当极光在旋转时，又会呈现出石灰绿。有时候，这些绿色的极光不像帘子了，倒更像一台老旧的电视，由于垂直同步没调好，不断有一条线从屏幕底部滚动到顶部。我就像享受到特别待遇似的，一夜又一夜地看到这样的景象。

几年前，我还执飞过前往百慕大群岛、牙买加、多米尼加共和国、哥斯达黎加以及安提瓜岛的定期航班，飞这些航班比在夏洛特降落 141 次都有趣多了。我喜欢在白天飞抵这些岛屿，从像绿宝石一样的浅海上飞过，白色的沙滩和葱绿的山岭就在我们飞机的前方。

我还曾经常从纽约州的奥尔巴尼（Albany）②飞往拉瓜迪亚机场，中间会飞越西点军校，这常常唤起我的回忆。有一年冬天，当

① 卡纳维拉尔角所在地是众人皆知的航空海岸，附近有肯尼迪航天中心和卡纳维拉尔空军基地，美国的航天飞机都是从这两个地方发射升空的，所以卡纳维拉尔角就成了它们的代名词。卡纳维拉尔角东部靠近梅里特岛（Merritt Island），之间被巴纳纳河分开。——译者注

② 奥尔巴尼是纽约州首府。位于该州东部，哈得孙河西岸，南距纽约 225 公里。——译者注

时我还是空军学院的学员，我被派到西点军校参加一个为期一周的交流项目。在那次访问中，所有的事物给我留下的印象都是灰色的：古老建筑的石墙，冬日的天空，学员的制服。我们在洞穴般的学员食堂用餐，在那儿我听说了道格拉斯·麦克阿瑟将军（Douglas MacArthur）①最后一次访问西点军校的情况。他于1962年回到他深爱的母校，并发表了著名的演讲《责任、荣誉、国家》。在几十年后的冬天飞越西点军校时，我又会想起那次演讲，也猜想着学员们此时此刻在做些什么。

我每年会飞抵和飞出拉瓜迪亚机场15次左右，在职业生涯中共飞了几百次，所以我对那儿的整个地形和地标都非常熟悉。

天气很好时，在纽约的空中走廊里，管制员通常会指挥我们朝某个特定的地标飞。这种使用"位置报告点"的方法（飞行员以目视飞行条件为主，仪表辅助情况下尤为重要）在国内其他一些地标不够显眼或者不够知名的地方用得不太普遍，

"直飞塑像。沿河。"管制员会这样指挥我们，意思是先朝着自由女神像飞，然后沿着哈得孙河飞。或者指挥我们朝韦拉札诺海峡大桥（Verrazano-Narrows Bridge）②飞："直飞海峡桥。"那儿是纽约湾的上游出口处。

如果时间允许，我会抽空儿欣赏一下纽约风光的外在之美。我的下面有成千上万的建筑，里面住着几百万居民。这种景色非常引人注目。

若是一个晴朗无云、能见度极好的日子，我可以清楚地看见"女士"（飞

① 道格拉斯·麦克阿瑟（1880年1月26日—1964年4月5日）获得美国五星上将和美国荣誉勋章。1903年麦克阿瑟以第一名毕业于美国西点军校，他的毕业成绩是西点军校创办一百年来最好的。麦克阿瑟将军曾出任美国太平洋战区总司令，1951年4月11日，杜鲁门解除其一切职务。——译者注

② 韦拉札诺海峡大桥是一条位于美国纽约州纽约市的桥梁，以双层结构的悬索桥横跨韦拉札诺海峡来连接纽约市的史泰登岛与布鲁克林。此桥是以意大利探险家乔凡尼·达·韦拉札诺来命名的，韦拉札诺是有记录以来第一个进入纽约港以及哈得孙河的欧洲探险家。其最长跨距为1 290米（4 232英尺），在1964年完工之初为全世界最长的悬索桥。——译者注

行员们对自由女神像的简称），甚至能辨认出她火炬上的火焰部分。飞过塑像时，我会记起一本小人书，凯特和凯莉小的时候我经常读给她们听。那本书是关于自由女神像的，讲述了法国人民是怎样将她作为礼物赠送给美国的，还介绍了塑像底座上的青铜饰板。我甚至比女儿们更喜欢这本小人书，部分原因是我一直觉得艾玛·拉扎勒斯（Emma Lazarus）[①]的诗歌非常感人，令人动情。我还记得其中的好些诗句："……放逐者之母亲把广袤大地照亮，凝视中宽柔撒满长桥、海港，……我高举灯盏伫立金门！"

女儿们小的时候，如果我外出飞行，就会寄明信片回去，让她们能了解我到哪儿去了。有时我还会寄给她们的老师，让同学们传看。我还会简单写几句我的观感，比如说费城的独立钟[②]，或者波士顿公园里著名的小鸭雕塑[③]。当我给女儿们寄回自由女神像明信片时，我描述了我飞越她时感受到的震撼，以及我是如何想念她们的，怀念她们小时候，我们躺在床上睡觉前一起看书的时光。

我希望能更多地带洛里和女儿们看看这个国家。在航空公司工作的一个好处是可以给家属提供免费或折扣机票。如果有空座我们可以免费搭乘全美航空的飞机。在其他航空公司我们只需付部分费用，通常是 1/4 或 1/2 的价格。

在过去，飞行员们很容易就可以带他们的配偶和孩子外出度假或想走便走地参观游览。而现在航空公司采用低票价策略，飞机都很满，很难留下空座了。这是民航放松管制的另外一个结果。航空公司雇员的机票福

---

① 艾玛·拉扎勒斯（1849—1887），美国诗人，时评作家，慈善家。为援助受迫害的犹太人组织救济团体。——译者注

② 美国费城的独立钟，1776 年 7 月 4 日鸣此钟宣布美国独立，1835 年被损坏，历史悠久、意义深远，引得世界各地的人们慕名前往。——译者注

③ 波士顿公共花园中最有名的莫过于一排青铜色的鸭子，是为了纪念当代绘本大师罗伯特·麦克克洛茨基（Robert Mccloskey）的畅销儿童绘本《让路给小鸭子》（*Make Way for Ducklings*）一书，提倡在公园里人们与自然及野生动物的和谐共处而建的雕塑，几乎本本波士顿旅游指南都会介绍到。——译者注

利现在没有多大用处了。

例如2001年，我有四张免费去奥兰多的机票并有空的座位，洛里和我带女儿们去了迪士尼乐园。但回家时，飞旧金山的航班都没座位了，我们拖着所有的行李在不同的航站楼跑来跑去，看哪家航空公司的航班还有座位。

凯特当时8岁，她终于不耐烦了。“为什么我们不能像其他人一样买票呢？”她问道。在她眼里，我的职业素养并没让她感到我是个让人肃然起敬的飞行员，而只是一个令她推着行李满机场转悠，一个没钱的、被蹂躏的爸爸。

现在我们基本都正常买票坐飞机了。用我的员工优惠机票要费许多口舌，又没有保证，让人觉得不值当。

我们最难忘的一次免费旅行是在2002年12月去纽约，当时两个女儿一个9岁，一个7岁。

我在执行一个四天的航班组合，每天晚上都会住在曼哈顿。临时动议，我从匹兹堡打电话给洛里。

“把女儿们从学校接出来吧，”我对她说，“我可以让你们3个赶上下个红眼航班飞到匹兹堡，从那儿开始一个不寻常的假期。”这仿佛是过去美好时光的回放，小时候我父亲就会做这样的决定，把我和妹妹从学校里接出来去达拉斯玩。

洛里和女儿们同意了。她们凌晨到了匹兹堡，我在廊桥口接她们。我飞全美航空下一航班到拉瓜迪亚，我的飞机上有空座位安排给她们。

我特别高兴她们坐我飞的航班。我像平常一样向旅客广播致欢迎词，但加了点内容。“女士们先生们，我是萨伦伯格机长。还有凯特和凯莉，我是你们的爸爸。我们将飞往纽约拉瓜迪亚机场。”

洛里后来告诉我，听到我的广播时，女儿们咯咯直笑。她们觉得每个人都在向她们微笑。那真是个美妙的时刻。

我们到纽约的时候天气非常寒冷，但我们的旅行却棒极了。我们在自由女神像附近的渡口登上游船。那会儿"9·11"事件刚过去15个月，自由女神像还未对游客开放。当天晚上我们去逛了百老汇大道上的42街。

第二天我飞拉瓜迪亚到新奥尔良的往返航班，洛里和孩子们待在纽约。她们去了梅西百货,拜访了圣诞老人。她们乘观光巴士游览了纽约城，还去了世贸中心遗址。

我在天黑时回到纽约。我们一起去洛克菲勒中心看了圣诞树，去滑了冰，然后去无线电城音乐厅买票看了洛克特圣诞演出。凯特和凯莉瞪大了眼欣赏着剧院的华丽景象，她们都上过舞蹈课，因此非常欣赏那些舞蹈演员：个头齐刷刷的，跳舞时动作像合唱团异口同声似的，是那么整齐协调一致。

第二天我得执行纽约到拿骚（Nassau，巴哈马群岛首都）的航班。当我离开拉瓜迪亚的时候，一场很大的暴风雪来临了。我等飞机除完冰，然后飞往巴哈马，那儿的温度是华氏80度（摄氏27度）。同往常一样，当我从舷梯下到柏油机坪上时，只敢在太阳下待一小会儿。过站很快，当天下午我们又飞回了纽约。

从拿骚返回的一路上我不断查询每小时发布一次的拉瓜迪亚天气实况，了解到纽约正在下雪，能见度下降到只有1/4英里。预报里说当我们到达时情况会有改善。但当我们快飞到时，看上去好像得飞去备降机场匹兹堡了。

当我们到达纽约区域时，能见度有一点好转，我们能够降落。跑道已被除雪机处理过，但仍覆盖着一层雪。

当从航站楼内走过时，我停下来看了看显示屏上的航班到达情况。一栏一栏看过去，来自每个城市的每个航班，头字母从A一直到Z，都显示同样的标志："取消""取消""取消"……但当我看到N字头时，发现一个来自拿骚的航班准时到达。那就是我的航班啦。

倒回来看，那就是我在恰好的时间到了正确的地方，刚好赶在天气改善时驾机到达。我赶到酒店时，洛里和孩子们正要去吃晚饭。我看到凯特和凯莉两个女儿时简直有些惊呆了，她俩穿着漂亮的带绒毛领羊毛大衣站在大堂里，凯莉的是红色，凯特的是绿色。她俩就像是一对漂亮的洋娃娃，打扮好了准备去逛雪中的曼哈顿。我太幸运了，能飞回来看到梦幻般美丽的她们，我们一起走出大厅融入圣诞的夜晚。

在接下来的时间里，洛里和我拽着女儿们四处游玩——乘地铁，坐出租马车。不管去到什么地方，凯特和凯莉这两个矮矮的郊区女孩都会被淹没在高大的城市成年人群中，大城市是精明能干成年人待的地方。在这次旅程的最后，凯特对我说："这一次出来非常高兴，可我厌烦了总被挤来挤去，熙熙攘攘的。"

我们回旧金山的航班还有四个座位，这次让我们赶上了。我同她们一起都坐在后面的普通舱，我们一起看着弦窗外面，一片一片的陆地从眼前闪过。

对于飞行员来说，飞拉瓜迪亚机场比一般的机场更有挑战性。纽约地区的飞行流量使那里的空域错综复杂，许许多多飞机都想得到自己最佳的起降时刻。这个地区有3个距离邻近的主要机场，约翰·肯尼迪国际机场、纽瓦克机场（Newark）、拉瓜迪亚机场，加上一些小机场，如位于怀特普莱恩斯市[①]的西切斯特县的机场（Westchester County Airport in White Plains），位于新泽西的泰特伯勒机场（Teterboro in New Jersey）等。那儿的无线电通话比全国其他许多地方都繁忙。耳机里的通话几乎连续不断，在你的飞机周围还有许多其他飞机，你必须通过守听知道他们在哪里。

在拉瓜迪亚的另一个问题就是跑道比较短，周围都是水面。所以着

① 美国纽约州中南部威切斯特郡城市，位于曼哈顿岛东北40公里。是纽约的住宅卫星城市，也是商业中心，许多保险公司等大企业的本部。1683年创建，1776年7月4日《独立宣言》在此通过，同年进行了有名的怀特普莱恩斯之战，华盛顿将军的指挥部仍保存至今。——译者注

陆时你得非常小心把握好飞机的接地点，一旦出错将没有余地挽回。在着陆时，你要将飞机落在跑道的接地区，这样才有足够长的滑跑距离将飞机停住。你目标的“接地区域”应是在距离跑道头内 1 000 英尺（304 米）。

冬天的时候，当然还经常要关注天气情况。你得准备好因为排队等飞机除冰而延误航班。

然而，尽管有这些问题，我仍喜欢从拉瓜迪亚起飞。我喜欢这种挑战，而且很喜欢从空中看到的景色：中央公园、帝国大厦、长岛上豪华的房屋和船只。我同样也喜欢那儿的旅客，他们举止经验老道，并非总像看上去那样粗鲁。

确实，很多来自纽约的旅客性子很直，他们不太愿意受到约束。但老练的乘务员知道面对他们的时候首先要自信，该坚持的要坚持。如果能坚决地告诉旅客需要遵守的界限在哪里，他们一般是不会越界的。

遇到一个旅客一次要两份饮料时，乘务员可能会笑着说：“请稍等，我待会儿给你拿。要知道，这儿还有其他旅客。您的妈妈不是这样教的吗？”如果乘务员的表达幽默得体，许多旅客都会接受并报以微笑。乘务员曾告诉我：“当你想要让某个旅客在飞机降落时关掉他的电脑，你可以温和地提醒，也可以说：‘好了，你和你的电脑都该歇歇喽！’”

在每周中间那几天，全美航空从拉瓜迪亚起飞的航班会有许多商务旅客，他们是有见识又常常乘飞机的旅客。我经常从拉瓜迪亚飞夏洛特，后者已经成了重要的金融中心。所以我的航班上经常会有十几个甚至更多的银行家。另外还有成排的飞机常客，他们经常乘坐飞机，所以对民航很熟悉，了解在紧急情况下机组的职责以及旅客在紧急情况下应该做些什么。

就 1549 这个在周三的下午飞往夏洛特的航班而言，这种经历是十分偶然的。

2009 年 1 月 15 日，1549 航班飞行的那天，拉瓜迪亚的降雪一早就停了。天气晴冷，有些薄云。风向偏北，所以我们准备向北起飞。

我们使用的是空客 A320-214 型飞机，是法国的空中客车工业公司制造的。这架飞机在 1999 年交付给全美航空，之后已飞行了 16 298 个航班，累计飞行时间 25 241 小时。左发动机使用了 19 182 小时，右发动机使用了 26 466 小时。最近的一次“A 检”（每 550 飞行小时做一次）是在 40 天前，在 9 个月前做了年度 C 检（全面检查）。对于美国商业航空公司的飞机来说，这些都是很常见的统计数字。

由第一副驾驶杰夫·斯基尔斯主飞，我们在下午差 4 秒到 3 点 26 分时，从 4 号跑道东北一侧离地。除了我们俩在驾驶舱，还有 150 名旅客和我们 3 名乘务员——唐娜·登特，多琳·威尔士和希拉·戴尔。

当飞机刚刚飞过跑道头，拉瓜迪亚本场的管制员就把我们移交给了离场管制员帕特里克·哈尔滕，他在位于长岛威斯特贝里的纽约终端雷达进近管制中心工作。14 分钟之前他进入拉瓜迪亚离场雷达管制席位，负责指挥拉瓜迪亚所有的离场航班。

我用无线电叫帕特里克：“仙人掌 1549，700，爬升到 5 000。”意思是我们将从当前的 700 英尺（213 米）继续爬升到 5 000 英尺（1 524 米）。按照离场指令，我们向左转向 360 度方向，即磁罗盘指示的正北方向。

帕特里克回答：“仙人掌 1549，这是纽约离场，雷达看到了。爬升并保持 15 000 英尺（4 572 米）。”他告诉我们爬升到 15 000 英尺高度。

我回答：“保持 15 000，仙人掌 1549。”

当我们爬升通过 1 000 英尺（304 米）高度时，杰夫发出指令：“收襟翼 1。”我重复：“襟翼 1。”当我将襟翼手柄从 2 位收到 1 位卡口时，杰夫同时将机头压低，减少爬升的速率使飞机增速。

接着，杰夫说：“襟翼收上，起飞后检查单。”

我回答道：“襟翼收上。”我将襟翼收回，并确认所有起飞后检查单的项目都已完成，然后说：“起飞后检查单完成。”

至此飞行的起飞阶段结束了，我们收回襟翼后就转入了飞行的爬升阶段。起飞时需要襟翼，但在爬升时它只会造成不必要的阻力。飞机处于光洁形态，起落架和襟翼都已收上，我们开始增速到250海里（463公里）。

我们继续爬升并增速。纽约那绚丽多彩的地平线出现在视野中。目前看起来一切都完全正常。

13 ——SULLY
千钧一发 危如累卵
突然双发停车

飞机离地也就是 95 秒左右，还没有爬升到 3 000 英尺（914 米），我发现了鸟群。

“鸟群！”我对杰夫说。

鸟群在我们前方，似乎排列成“V”字形。几乎在我说的同时，杰夫也发现了它们，没给我们俩任何反应的时间。想想看，我们飞机当时的速度是每分钟 3.83 海里（7.1 公里），即每秒钟 316 英尺（96 米）。这就是说我第一眼看到鸟群时，它们距飞机大约有一个足球场的距离。而仅仅一眨眼的功夫，它们就来到我们眼前。

不少体形硕大的鸟，有十多只甚至更多，我只看见它们的轮廓，鸟的翅膀水平伸开。飞机速度太快，在视觉上鸟就像被定格在那儿。我才刚刚看见，紧接着鸟的躯体就像黑色的圆柱一下子压过来。后来我才知道这种鸟叫黑颈黑雁，每只的重量在 8 磅到 18 磅（3.6~8.2 公斤），鸟的翅膀全伸开有 6 英尺（1.8 米）翼展，总是成群飞行，保持在彼此视线之内，平均飞翔速度每小时 50 英里（80 公里）。

空客 320 系列飞机的前风挡玻璃比较大，我向前方望去，风挡玻璃几乎被鸟糊满了。这情景很像阿尔弗雷德·希区柯克[①]执导的电影《群鸟》[②]。事后我想当时我应该低头躲一下，以防鸟群撞碎了玻璃，而那时根本不容任何考虑。

驾驶舱话音记录器[③]记下了当时我和杰夫的对话：

萨伦伯格（3:27:10.4）："鸟群！"
斯基尔斯（3:27:11）："啊哦！"
（3:27:11.4）：砰砰撞击声，接着震动声。
斯基尔斯（3:27:12）："噢，糟糕！"
萨伦伯格（3:27:13）："噢，是啊。"
声音听起来类似发动机噪音/转速声开始有点减弱。
斯基尔斯（3:27:14）："嗯，噢。"

鸟群撞击飞机时，给人的感觉就像我们飞行中遭遇了强降雨和冰雹。声音就像我从前在得州时曾听过的最恶劣的雷暴。鸟群撞在飞机风挡玻璃以下许多地方，机头、机翼和发动机。噼里啪啦的撞击几乎是在一瞬间。

后来客舱里的乘务员希拉和唐娜告诉我，起飞时她们正坐在乘务员座椅上系着安全带，也听到了砰砰的撞击声。

"怎么回事？"希拉问道。

"可能是鸟击了。"唐娜回答。

在我的飞行生涯中，也有过三四次鸟击的经历，但每次飞机几乎连

① 阿尔弗雷德·希区柯克（1899—1980），原籍英国，是一位闻名世界的电影导演，尤其擅长于拍摄惊悚悬疑片。希区柯克1956年加入美国国籍。在长达60年的艺术生涯中，希区柯克共拍摄了超过50部电影，他成为历史上著名的电影艺术大师。——译者注

② 影片《群鸟》是1963年希区柯克与环球影片公司签约后执导的，该影片使他成为电影史上"灾难片"的开拓者。这部大量使用特技镜头的影片，描写一位来自上流社会的不安分的女子，在海滨遭遇到可怕的群鸟攻击，向观众展示出大自然对人类的报复。——译者注

③ 飞机上的两个黑匣子之一（CVR），另一个是"飞机数据记录器"（FDR）。——译者注

凹痕都没有。我们只是把鸟击的情况登记在维修记录簿上，下机后确认飞机表面任何一处没有损伤，也就可以了。对此类风险我是早有所知，从1990年开始，美国联邦航空管理局一共收到过82 000起飞机与野生动物相撞的报告，有鹿、郊狼、鳄鱼和秃鹰。专家们估计，由于许许多多的撞击飞行员们并没有报告，这个数字只是实际情况的五分之一。研究表明只有4%的撞击对飞机造成实质的损伤。根据在俄亥俄州的桑达斯基（Sandusky, Ohio）的联邦野生动植物研究中心公布的数字，在过去的20年里野生动物撞击飞机共造成182人死亡，185架飞机被损毁。

当时1549航班的高度仅仅在纽约城市上空也就2 900英尺（884米），我在那种情况下很难对后果做出精确的预测，不过，一个念头闪过我的脑海，后果不堪设想。这可绝不是几只小鸟撞在风挡玻璃或高速撞在机翼之后坠落到地面上。

我们飞机当时的速度刚刚超过200海里，相当于每小时230英里（370公里），鸟群撞击的瞬间，我听到撞击声，闻到血腥味，判断鸟撞进了发动机的进气道[①]——两个发动机双双严重受损。

我听到发动机内部毁坏发出咔嗤咔嗤的噪音，由于发动机内的叶片损伤松动，原来高速平衡转动的发动机被损毁了。我感觉到反常而且剧烈的震动。发动机内的部件在互相残杀。从未听过的噪音，从未感觉过的震动，当时那种极恶劣的情形让人至今难忘。那声音、那感觉真是糟透了！然后我闻到明显的鸟被燃烧后的焦糊味。这带有气味的空气是从发动机进入客舱的。

没过几秒钟，杰夫和我就感觉到瞬间的、完全的，两边的推力平衡同时对称地消失了。当时真是有点令人毛骨悚然，除此无以言表。正常发动机转动时的轰鸣声没有了，变得恐怖般的寂静。唐娜和希拉后来告诉我，客舱里感觉安静得就像是在图书馆似的。发动机的声音只留下有节奏的辘

① 空客320系列飞机的客舱及驾驶舱的空调空气来自发动机压缩空气，机长闻到鸟尸的血腥味，由此判断鸟已撞入发动机内。——译者注

辘声和咔嗒咔嗒声，有些像一个小棍棒一直打在转动的自行车轮毂的辐条上。这是发动机停车后在相对气流作用下叶片像风车一样转动发出的声音。

大家可以想象一下，4 万多磅（18 吨）的推力[①]，正推动着这架 15 万磅（68 吨）的飞机以一个大仰角向上爬升，就在这时推力一下没有了——一丁点儿都没有了，这会儿，立马把你的注意力集中过去。我感觉到向前的冲力没了，飞机在减速。我的直觉告诉我两个发动机已停车了。如果只是一个发动机停车，飞机会产生侧向滑动，向一边稍稍有些转动，这是由于仍在工作着的发动机起的作用。这些都没有发生。所以我很快明白了我目前的情形是危如累卵。

如果我们只是失去了一个发动机，我们仍可以继续控制飞机，并执行单发程序。我们要宣布进入紧急状况，告诉空中管制员我们失去了一台发动机，管制员会准许我们在最近的合适机场着陆。然后我们会告诉客舱乘务员和旅客发生了什么，宣布我们处在紧急情况，不过我们还是会安全着陆的。依据那天的情况，如是单发我们会去纽瓦克机场，因为那里的跑道比拉瓜迪亚要长一些。

在以往的飞行经历中我从未遇到过一个发动机停车的事件，更不用说双发停车了。近些年来发动机的可靠性已经很高了，一个航空公司的职业飞行员可能飞了一辈子也都遇不上一次。在 1549 航班事件之前我一直保持着完美的飞行记录。

萨伦伯格（3:27:15）：“我们还有一个发动机在转——两个都不转了。”

（3:27:18）：辘辘声开始。

萨伦伯格（3:27:18.5）：“点火开关，开位。”

萨伦伯格（3:27:21.3）：“启动 APU（辅助动力装置）[②]。”

---

① 这里指两个发动机的推力。——译者注

② 辅助动力装置，装在飞机尾部的一个小发动机，用来在大发动机不工作时给飞机提供电源和气源。——译者注

在鸟击后不到8秒钟，我知道我们的两个发动机都不工作了，我明白这是我当飞行员以来最大的挑战。真是让人要晕过去了，前胸贴后背，一落千丈那种感觉是我从未经历过的。

我当时第一个即刻产生的直觉就是我要来操纵飞机，杰夫来念检查单的紧急程序。

“我操纵飞机。”我对杰夫说，时间是3:27:23.2。

“你操纵飞机。”他应答。

这是标准的喊话与应答程序，以确保两名驾驶员知道谁在操纵飞机。

在我们经常进行的通常紧急程序训练时，比如一个发动机失效，我们有时间完成检查单同时考虑处置方案。在那种情况下，最佳选择通常是由副驾驶操纵飞机，以便让机长有精力能够分析情形，做出决断，给出方案。

在这次事件发生后的前几秒钟，我便意识到这是一个超出通常考虑的紧急情况。当一个又一个信息连续进入我的脑海时，我没有任何犹豫，最重要的感知告诉我，我来操纵飞机。

这样做道理很简单。第一，我驾驶空客320飞机的经验比杰夫多得多，这种型号他刚刚飞。第二，我需要看清楚所有的地面标志，以便决策我们的飞机飞往何处，而这些地标应该都在我的这一侧。

我还考虑到由于杰夫刚刚完成空客320的训练，他有更多的近期使用紧急程序的经历。从150项左右的快速检查单小册子中他应该能够很快找到正确的条款。他是这项工作的合适人选。

我接过飞机操纵之后，两个想法在头脑中冒了出来，两个让我难以接受的想法：这不应该发生啊。这事不应该出在我身上啊。

我立即强压自己把这两个想法放在一旁置之不理。鉴于这种情况下的地球引力作用，我知道我必须在几秒钟内拿出处置的方案，并在几分钟内完成。

我了解我的身体。我能感觉到我的肾上腺素在急速流动。我知道我的血压和脉搏已经冲上尖峰，但是我更明白自己必须集中全力在我的手上，而不能让这些生理感觉转移我的注意力。

杰夫同样在全力地完成他的任务。他动作很快又有条有理，集中全力工作着。他后来告诉我，当时他的头都大了，“就像严重的伤风头疼一样”。而我回忆那时，他的声音平稳，感觉他的动作井井有条，章法不乱。我们俩都非常明白当时的处境十分危机。寸秒寸金，我们几乎根本没有时间来交换情景意识。

宇航员约翰·沃茨·杨（John Watts Young）[①]在执行航天任务前说的一句话一直留在我的脑海中，当别人问他是否担心风险，或可能出现的灾难时，他回答说：“任何一个人坐在全世界最大的氢氧燃料系统上面，知道一会儿底部就将被点燃，如果没有一点点担心，除非他对情况一无所知。”

在我们这个情形里，我和杰夫都十分明了我们的处境有多么严重，我们也十分担忧。如果在未来数秒钟内，我们能够解决一个接一个的难题，我们会获得成功。不去想那么多了（机毁人亡，内心的恐怖感，行动的急迫），我们有信心，我们能做到。

在处置任何一种飞机的紧急情况时有三条最基本的规则，每一名飞行员在他们初始学飞行时都学习过。像我们在军方飞行过的，都知道这些已编入了法典。

保持好飞机姿态。

始终明确有一个人在操纵飞机，集中全力保持好飞机的姿态。不管发生什么事情，你一定要记住操纵好飞机是第一位的，如果你不是这样，

① 约翰·沃茨·杨（1930年9月24日—），美国国家航空航天局的退休宇航员，曾于1972年4月21日执行阿波罗16号任务时登月。他是美国航天史上宇航员生涯最长、执行任务最多的宇航员之一。他是第一个六次进入太空的人，两次去过月球，到2006年为止，他还是唯一操纵过四种航天器的宇航员。——译者注

最坏的事情马上就会发生。

有许许多多的事情需要急着去做：动脑筋分析紧急情况的方方面面，发现并解决故障，找出正确的检查单，与空中管制员通话。所有这些事都是应该去做的，没有问题，但是有一个前提那就是保持好飞机的姿态。

分析综合情况和采取正确的行动。

在平时我们的训练中，我们都知道采取处置行动的前提，应该清楚是什么系统发生了故障以及我们还有多少时间，还有多少油量供我们使用。每一个紧急情况都有其特殊的处置步骤，我们都应该明白其要领和内涵，并按部就班地进行。

在情况允许时尽快着陆。

这一条是说，必须综合考虑天气条件和准备降落的机场跑道情况，包括风、跑道的长度、宽度、机场紧急救援设备等等各方面，选择合适的机场着陆是最优先的。尽快着陆是重要的，但各方面的情况要考虑周全。距离你最近的机场紧急救援能力能否给你提供帮助，还是飞到另一个稍远一点而天气和设备都更好些的机场更为妥当？

这是三条基本规则。为了飞行员们便于记忆，这三条被归纳缩编为："飞行，导航，沟通。"飞行：保持好飞机姿态。导航：确保飞去的方向是正确的，而且不要偏航。沟通：联系地面得到帮助，告诉机上人员需要做什么来保全生命。

在1549航班，杰夫和我几乎在同一时间做着这三件事。我们别无选择。这就是说我们必须保证，在我们完成次要等级工作时，优先等级的工作丝毫不能受到影响。

我做的第一件事就是左手前推驾驶侧杆将飞机的机头放低以获得最佳的滑翔速度。我们机上所有的人要想能得救，飞机必须变为一架最佳性能的滑翔机。

在飞机迫降在哈得孙河随后的几天里，媒体们都争先恐后地猜测说，我之所以能够迫降成功，与35年前我曾在滑翔机上接受过训练功不可没。我必须澄清这个概念。空客飞机的飞行特性、速度、重量和我以前所飞的滑翔机那是截然不同的，那是犹如白天和黑夜似的天壤之别。因此飞滑翔机的经历所给的帮助是极其有限的。而真实的成功之源我认为是我在喷气机上多年的飞行经历以及对飞机各方面能量的控制上自己精益求精经验的积累。在成千上万次的飞行中，我总是尽力飞在最佳的飞行轨迹上。这种习惯的养成对1549航班迫降成功才是最重要的。我要尽力保持住双发停车的空客飞机最佳飞行性能，将我们大家安全地着陆，或者降至其他什么合适之地。

回到1549航班，随着飞机开始下降，我注意到迎面而来的地面，我们接近的速率要比平时快得多，客舱里的旅客没有马上反应过来我们正处于十分危机的时刻。他们没有在操纵飞机，也没有这方面的训练。从总体上讲，他们对外界出现的各类异常信息几乎毫无感知，更无法据此判断危机的严重程度。情况万分紧急，时间寸秒寸金，杰夫和我全神贯注于各自最首要的工作，以致根本没有时间对客舱广播，甚至连给乘务员打电话的时间都没有。

在驾驶舱里，杰夫和我双方眼睛都未对视一下，不过从他仅有的几句对话，从他的一举一动，从他的身体语言，我十分清楚地感觉到他毫不惊慌，纹丝不乱。他对自己承担的工作完成得迅速有效。

萨伦伯格（3:27:28）："拿出检查单……双发停车检查单。"

杰夫迅速拿出检查单并即刻找到双发停车的处置紧急程序。检查单小册子有一英寸多厚，以前排版印刷的版本，在相关页的边缘有伸出外边一点并有编号的标签自上而下排列。这样便于我们迅速找到所需的页面。标准的动作是，将检查单拿在左手，像使用住址名册一样，用你的右手顺着标签捋下来直到对应的号码，比如说，程序号码27，再翻开找到所需页面。

近些年，由于公司削减成本，全美航空公司印刷的这类手册已经没有在页边缘的标签了，而是把程序号码印在相应的页面上，这就需要飞行员逐页翻查才能找到正确的页面。

在1549航班，杰夫就是使用这种无标签的检查单手册，他翻得很快，就是这样还是让他多用了几秒钟才找到正确程序的页面。在事故发生几天之后，我给美国运输安全委员会（NTSB）的陈述报告里提及了这个问题。

我们的飞机飞越了布朗克斯（Bronx）①，从驾驶舱风挡窗可以看到曼哈顿岛的北端。此时的飞行高度最高也就3 000英尺（914米），而当时飞机的下降率已超过每分钟1 000英尺（每秒钟5米）。这相当于电梯每秒钟下行两层楼。

从遭到鸟击开始已经过去21.5秒钟了。我需要告诉空中管制员。我需要即刻决断飞机着陆的地点，返航回拉瓜迪亚或者别的什么地方。我开始操纵飞机左转弯找降落地点。

紧急呼救！（MAYDAY!）紧急呼救！紧急呼救！……这是我发出的信号，紧急呼救信号，给管制员帕特里克·哈尔滕的，时间刚刚过了3:27:32.9。我发出的是标准专业用语，但是语气能感觉出是情况紧急。

管制员帕特里克根本没有听到我的紧急呼救信号，这是由于在我用机上特高频无线电讲话的同时，他也正在使用其无线电向我发话。在同一频率里面，一方按下麦克风的按键发话时他是无法听到别人对他的讲话的。当时帕特里克正在给我一个常规的指令“仙人掌1549左转航向270”，而我的紧急呼救信息根本没有从驾驶舱发出去。

① 纽约市最北端的一区。——译者注

我并不知道帕特里克没听到我，同时我也没有听到他的指令。在管制员与飞行员无线电通话中这是一个常常发生的问题。当两个人同时发话时，他们不仅仅阻滞了两人之间的通话，而且也屏蔽了同一频率其他人守听指令。“防屏蔽”设备已经发明出来了，它可以让无线电探测到其他人在使用，这样当在这一频率上有人讲话时，它会停止你的无线电使用，因此你也不能使用或屏蔽别人。我觉得这种或相应的设备理所应当在我们的驾驶舱内安装使用。我想所有的飞行员都会有这样的经历，有的时候一名飞行员压住了自己的无线电发射按钮几分钟（这种情形多是由于按钮故障造成的），其他无线电在同一频率上的所有飞机，只能听到那名飞行员驾驶舱里的背景噪音，无法听到管制员的指令。这是一个至今悬而未决的潜在安全隐患问题，其原因是航空公司以及航空设备制造商都没有决定采用防屏蔽设备，美国联邦航空管理局也没颁布强制安装的要求。

帕特里克的无线电发射持续了4秒钟，当他松开发射按钮时，他听到了我发射的后半句“……这是，嗯，仙人掌1539。鸟击。我们双发失去推力。我们正转向拉瓜迪亚机场。”

我把航班号说错了。后来当我听驾驶舱话音记录磁带时，我察觉到我的声调略高。我的声音比较急促，调略高。没有人留意这些，而我自己听出来了。

帕特里克，一名34岁的管制员，他在这个岗位上干了10年，指挥过数千计架次的飞行，有小心谨慎和勤勉用功的声誉。

尽管他从未指挥过一架由于双发停车而变为滑翔机的大型客机，他还是指挥过几次一台发动机停车的飞机。他尽其所能让这些单发飞机尽快着陆，而且每次都成功着陆而没有发生不幸事故。像其他管制员们一样，指挥帮助一架有故障的飞机安全地降落在跑道上，他以此为荣。

帕特里克在过去处置紧急情况时，总是沉着镇静、聪明智慧。

有一次一架国际航班到场。那天的天气条件很差，飞机在等待航线[①]飞行等待。最终，这架飞机只剩余刚够 30 分钟的油量。而这时飞机飞到机场还需要 20 分钟。如果天气进一步变坏或者由于飞机流量大而进一步延迟，那么这架飞机就有可能将燃油耗尽。帕特里克知道，此时此刻不容他有任何指挥上的失误，于是，他调开其他已在五边[②]进近的飞机，留出位置给这架油量少的飞机。他简直就像是在天空中做重新拼图游戏一样，最终确保这架国际航班安全着陆。

在帕特里克指挥管制生涯里共有 15 次飞行员向他报告，他们的飞机刚刚被鸟击了。在 1549 航班之前，他指挥的最严重的是一次由于鸟击使风挡玻璃破碎的飞机。帕特里克指挥帮助那架飞机返场在拉瓜迪亚机场安全着陆。

帕特里克的确经历了不少紧急情况。但是就像今天全世界在岗的所有管制员一样，此前他从未遇见过与此次类似的情况，即他将要指挥引导一架没有任何发动机推力的飞机。

就 1549 航班而言，帕特里克知道他必须快速和果断。他立即给出指令，让我们可以使用拉瓜迪亚机场的 13 号跑道，这是距离我们当时位置最近的。而就在那一刻，我们的航向仍是起飞航向，也就是说机场在我们的身后，并且飞机在快速下降。

当然，他对我们飞机所处的危机情况没有说什么。他仅仅是回应我的呼救。

“OK，嗯，”他在无线电里回答我，“你需要返场拉瓜迪亚。左转航向，嗯，220 度。”

---

① 等待航线是一种类似跑马场形状的封闭航线，一般每隔 1 000 英尺一层。用于进场飞机多时等待，然后按指挥顺序梯次下降逐一进场。——译者注

② 五边是基于跑道的长方形起降飞行航线的终端边。包括一边（upwind，起飞离场边），二边（crosswind，侧风边，方向与跑道成 90 度），三边（downwind，下风边，方向与跑道起飞方向反向平行），四边（base，底边，与跑道垂直，开始着陆准备），五边（final，进场边，与起飞方向相同）。——译者注

“220 度。”我回答表示确认，由于我在左座，我知道所有的可选迫降场都在左边。在我操纵飞机左转弯过程中，我必须选择一个，选定的迫降场将决定我最终的飞行航向。

下面是驾驶舱话音记录器中的内容：

斯基尔斯（3:27:50）:“如果还有油量,发动机方式选择开关，点火位。点火位。”

萨伦伯格（3:27:54）:“点火位。”

斯基尔斯（3:27:55）:“推力手柄，确认慢车位。”

萨伦伯格（3:27:58）:“慢车位。”

斯基尔斯（3:28:02）:“重新点火最佳速度，300 海里。我们没有。”[①]

飞行警告计算机（3:28:03）:“叮当”一声。

萨伦伯格（3:28:05）:“我们没有……”

帕特里克迅速地与拉瓜迪亚机场塔台联系，告诉塔台立即停止跑道上的一切活动。“塔台，停止飞机进入跑道起飞，有紧急情况的飞机返场着陆。”

“是哪个航班？”塔台管制员问。

“是 1529 航班。”帕特里克回答，同样，他也是一时紧张把航班号说错了。“鸟击。他所有发动机都停了。他的发动机都没有推力了。他需要立即返场。”

由于双发同时停车的案例十分罕见，拉瓜迪亚塔台管制员没完全明白帕特里克对他说的意思。“仙人掌 1529。是哪一边的发动机停了？”他问道。

① 以上对话均为检查单中的内容，即前面提到过的双发停车检查单，紧急程序 27。飞行紧急情况时，要求机组除极个别条款是记忆项目外，其余均一念一答完成。——译者注

帕特里克回答："他两边的发动机都停车了，他是这样报告的。"

"明白了。"拉瓜迪亚塔台管制员回答。

你当然从这盘录音磁带上听不到，因为没有一位管制员会大声地说出来，但此时在他们脑子中想的是，他们指挥的这架飞机看上去结局将凶多吉少。

从全世界范围来看，飞机上所有发动机都停车的情况少之又少，也许十年一次吧，通常这样的情况发生在飞机飞行中穿越火山灰云或者是航油出了问题。即使遭遇火山灰，飞行员们在飞出火山灰云后有充足的时间来重新启动发动机。因为这种情况飞机的飞行高度都很高，比如说，30 000英尺（9 144米）以上，他们有时间逐项完成各项紧急程序，找到解决问题的途径，至少能将一台发动机空中启动成功。

然而，就1549航班来说，即使我们飞行高度再高，飞到月亮那么高，有大把时间，我们也都无法空中启动，因为发动机已受到致命损毁。感受到两个发动机异常的震动，发动机很快失去推力，我就知道重新让它们工作够呛了。可是我知道我们必须要试一试。

所以在杰夫反复试图启动哪怕是一台发动机的时候，我集中全力思索找出一个解决问题的方案。我心中很明白留给我的时间极其有限，用不了几分钟飞机就会掉到地面上的。

我的脑海闪过一个念头，不像我已经飞行了42年所经历过的起起降降，这一次想把飞机完整无缺地降落在跑道上，恐怕是难于上青天了。

14 ——SULLY

水天一色 惊心动魄

哈得孙河迫降

1549 航班发动机被鸟击而损毁过去了还不到一分钟。在长岛雷达管制中心，管制员帕特里克仍然希望他能指挥我们降落在拉瓜迪亚的机场跑道上。

管制员们引导飞行员们飞向跑道，那是他们的责任，他们对此项工作也最为擅长。因此，没有尝试完所有的方法，管制员是不会放弃努力的。他认为即使是在这次极端紧急的情况下，大多数飞行员都会尽力飞回拉瓜迪亚机场。他认为我也会这么去做的。

下午 3:28:05，在我第一次把紧急情况通报给帕特里克后仅 32 秒，他问我："仙人掌 1529，如果我们引导你，你想试着降落在 13 号跑道吗？"

帕特里克给我们的拉瓜迪亚机场降落跑道，是距离我们的位置最短的一条航迹线。

"办不到，"我回答，"我们可能要迫降在哈得孙河上。"

很快地，我凭直觉知道哈得孙河也许是我们唯一的选择，进而思想指挥行动。我说出这些话听起来有些勉强，但我还是说了。坐在我右边的杰夫听到了我说的话，但他没有发表意见。他正忙着试图重启发动机。不过后来他告诉我，他在自己的脑海里默默地想了想我的话，觉得我也许是对的。眼前的哈得孙河或许是我们仅有的希望。

我们俩都知道，我们面临的困境使我们选择的余地极少。我们高度低，速度小，重达 150 000 磅（68 吨）的飞机还没有发动机。简而言之，我们的飞机太低、太慢、距离太远，并且飞行的方向与最近的机场还背道而驰。

如果有一条主要的州际高速公路，而且没有立交桥、路标、交通也不繁忙，我会考虑在这个地方迫降。但是近年来美国的州际公路上几乎都有这些障碍物，当然在美国最大的都市纽约更没有这样的地方了。同时，我也无法找到一块足够长而且足够平坦的农田。在布朗克斯没有这样的地方，在皇后区和曼哈顿区也没有。

但是，我真的准备完全放弃在拉瓜迪亚机场降落吗?

看着窗外，我感觉到我们在快速下降。我必须立即做出决定：我们有足够的飞行高度和飞行速度掉头飞回机场而且在掉到地面上之前抵达跑道吗?

没有时间来计算这些，因此在我的脑海里好像没有进行高距比的计算。但是我根据从窗外观察到的情况很快建立了一个关于我们所处位置的三维构思模型。这是一个概念和视觉的转化过程，与此同时我还在驾驶飞机，还要对杰夫以及帕特里克做出应答。

很快地，我也想到了我们和拉瓜迪亚之间的障碍——包括建筑物、社区以及在地面上生活着的数十万计的人们。我不能说我想到了这些事情的每一个细节。不过这些年驾机飞行经历过的一系列事件和经验在我的脑海里飞快地闪现，这些感觉有助于我做出这个决定，那是我一生中最重要的一个决定。

我知道，如果选择经过密集的居民聚集区返航，我必须确保成功。一旦返航拉瓜迪亚机场，那就是开弓没有回头箭，就意味着放弃了所有其他的选择。对于飞机上的每个人来说，试图降落在不可能抵达的拉瓜迪亚机场跑道上可能带来的结果是灾难性的，而且谁又知道在地面上还有多少人呢？即使我们能够飞到拉瓜迪亚机场，如果在降落时偏离跑道哪怕是几英尺，结果也将很惨。飞机很可能四分五裂，进而被吞噬于大火之中。

我也考虑了这样的情况，那就是不管怎么样我们都很可能需要一场及时且大规模的救援。我知道，拉瓜迪亚机场用于救火的水资源只是位于曼哈顿地区和新泽西州之间的哈得孙河相对很少的一小部分。如果在拉瓜迪亚机场跑道上降落发生意外，救援人员需要更长的时间赶过来进行救援。

即使我们能够滑翔到达拉瓜迪亚机场跑道上空，仍然存在着潜在的风险。杰夫将必须停止重启发动机，把注意力集中到做好飞机降落到跑道上的准备，我也必须精准地控制飞机的飞行速度和飞行高度以便飞机在跑道上安全区域着陆。

我们的液压系统仍可以操作飞机的各个飞行控制舵面，但我们不能确定是否能够把起落架放下来并锁定到位，这样就可能需要采用备用程序，其中一个就是利用重力放下起落架，而那需要杰夫来完成另一项检查清单。

我们必须能够在一连串下降航迹控制中精确无误地降落在相对较短的跑道上，接地时的飞机下降率不能大，整个着陆过程要控制好方向，确保飞机不偏出跑道。之后，还要确保刹车工作正常，使飞机在跑道末端前停下来。只要做到这些，就能确保飞机完好无损吗？还可能会发生火灾，有乘客吸入烟气，有人受伤等。

我也知道，如果转回飞拉瓜迪亚机场但又飞不到那里，在飞抵法拉盛湾（Flushing Bay）之前，地面就没有成片开阔的水域了。即使我们别无去处在靠近拉瓜迪亚机场的法拉盛湾的一片水面上迫降，我也担心机上的幸存者遭受灭顶之灾。因为那里的救援仅有几条装有船尾马达的摩托艇，而且等他们接近失事飞机那就太晚了，即使来了也还要一遍又一遍地将幸存者送到岸边。

而哈得孙河，尽管同样有许多内在风险，但看上去更能让人接受。河面够长也够宽，那天的水面平静，可以使一架喷气式客机成功降落并保持机体完整。而且我知道我能够飞到那里。

我熟悉第二次世界大战期间著名的“无畏号”航空母舰，现在是“无畏号”海洋航空航天博物馆（Intrepid Sea-Air-Space Museum）①。它就停靠在哈得孙河北段 86 号码头，靠着曼哈顿西侧的第 46 街街口。几年前我参观博物馆时就注意到它附近有很多水上使用的资源。我看到那里船来船往。我知道如果我们能安全迫降在“无畏号”海洋航空航天博物馆附近的哈得孙河上，附近就会有许多摆渡船和其他的救援船只，更不用说仅仅几个街区之外还有处置突发事件的城市警察和医院救护车队。

对于在哈得孙河上迫降的决定，管制员帕特里克感到不太乐观。他认为这样做飞机上将无一生还。毕竟，训练飞行员的全动模拟机上就没有在水上着陆的选项。我们只在教室里讲解过水上迫降的要领。

帕特里克在与我联络之前，还需指挥另外一架飞机。“杰特林克 2760，”他说，“左转，航向 070。”然后又来与我通话，仍让我尝试降落在拉瓜迪亚机场，他说：“好的，仙人掌 1549，一会儿你可以左航线，使用 31 号跑道。”

我仍然坚持：“办不到。”

从我所看到、知道和感觉到的一切，我已下定决心：不能飞往拉瓜迪亚机场。只有美好的愿望是于事无补的。

在驾驶舱里，我听到飞机防撞系统传出电子合成的语音报警：“飞机。

① 博物馆取名于“无畏号”航空母舰。该舰 1943 年 8 月 16 日服役，1966 年，作为最老且最小的航空母舰参加越南战争。1982 年开放为博物馆。该航空母舰满载排水量 41 200 吨，长 301.5 米、宽 58.5 米，最大吃水深 9.45 米，最高航速 30.2 节，总乘员（含飞机机组）2 128 人。二次大战中曾遭日军一枚鱼雷和五架“神风敢死队”自杀飞机撞击而不沉，被日军惊呼为“鬼船”。在 1962 年和 1965 年，“无畏号”航空母舰曾作为美国国家航空航天局的运输工具，寻找掉落在海里的“水星计划”宇航员斯科特·卡彭特（Scott Carpenter）和“双子星座”宇航员约翰·坎茨·杨。——译者注

飞机。”[①]

帕特里克问：“OK，你要在哪儿着陆？”

我当时正看着舷窗外，还在盘算着我们的选择，而没有理他。因此帕特里克又让我们飞往拉瓜迪亚机场。“仙人掌 1529，4 号跑道可以降落。如果你愿意可以做一个左航线降落 4 号跑道。”

“我感觉我们不可能降落在任何一条跑道上，”我说，“嗯，我们的右边有地方吗？新泽西有吗？或者泰特伯勒（Teterboro）？”

位于新泽西州伯根县的泰特伯勒机场[②]作为“辅助机场”，为许多纽约地区的公司和私人飞机所用。这个机场距离曼哈顿中心 12 英里（19 公里），每天的飞行量超过 500 架次。

“你想尝试去泰特伯勒机场吗？”帕特里克问。

“是的。”我说。这时是 3:29:03，距我向帕特里克报告我们的情况还不到一分钟。

帕特里克立即开始工作。他面前的雷达显示器有一个触摸式搜索屏幕，可呼叫约 40 个不同种类的重要电话。用手指一按，他便接通了泰特伯勒机场的空管塔台。“拉瓜迪亚离场，”他说，这是自报家门，“有一架飞机飞过来紧急降落。”事后，在听对话的录音时，帕特里克能够听出自己声音里夹杂着忧虑，但他仍保持着直白和很专业的指令。

泰特伯勒机场的塔台管制员回应说：“好的，来吧。”

帕特里克通过雷达屏幕能观察到，我大约位于乔治·华盛顿桥[③]上方

---

① 飞机防撞系统的功能为在空中发现自己周围的飞机活动情况，在驾驶舱有显示器及根据搜索区域其他飞机的相对距离发出的语音警告。“飞机”是指在 10 海里左右有相对或交叉飞行的飞机，是最低级别的警告。——译者注

② 泰特伯勒机场在哈得孙河的西岸，两条跑道分别是：02/24 号长 6 013 英尺（1833 米），01/19 号长 7 000 英尺（2 134 米）。——译者注

③ 乔治·华盛顿大桥（非正式的称为 GW 大桥，GWB，GW，或者乔治）是一座横跨哈得孙河的吊桥，将美国纽约华盛顿的曼哈顿地区和新泽西州通过 95 号州际公路连接了起来。——译者注

900 英尺（274 米）处。他说："仙人掌 1529，你正飞越乔治·华盛顿桥，可以马上飞向机场。"

泰特伯勒机场："他想到我们的机场降落。证实。他需要什么帮助？"泰特伯勒机场的塔台管制员是在询问，以便决定消防车和紧急救护人员是否需要立即出动。

帕特里克回答说："嗯，是的，他，嗯，被鸟击。我能指挥他使用 1 号跑道吗？"

泰特伯勒机场："1 号跑道，好的。"

他们为我们安排了进场降落的跑道，因为快速停止其他飞机在 1 号跑道活动相对而言最为简便。

现在回忆起来，为使我们的飞机安全着陆，帕特里克做了几件睿智而且很有帮助的事，一直让我满怀感激。首先，他没有把事情变得更加复杂和困难进而给我们增加工作负担。

在紧急情况下，管制员会向飞行员问一些基本问题："你飞机上还有多少油？""飞机上共有多少人？"这是为确定乘客和机组人数，以便救援人员进行有针对性的准备。

"我不想打扰你，"帕特里克后来告诉我，"我不想问个没完，'怎么样了'，我知道我必须让你专心操纵飞机。"

还有，为了节约几秒钟的时间不必重复说过的话，当帕特里克呼叫别的机场管制员时，他把几条通话线路都置于开位，大家都能够听到他和我之间的对话。这样他自己就不用重复再说了。这个临时应急的办法还是很有创意的。

帕特里克留心地尽力不打扰我，使我能够集中精力驾驶飞机。他看到我们的飞机下降得很快。他知道我没有时间向他通报乘客信息或者回答任何与此相比不是十分重要的问题。

我们的对话记录也显示，帕特里克的遣词用句言简意赅，也帮了我大忙。帕特里克不是命令我必须飞往哪个机场，而是问我想飞往哪个机场。他的话语让我知道，他明白得由我来做出艰难的抉择，而如果他强加给我一个方案的话只会无助于事。

在我所有商用飞机驾驶员生涯中，我从未忘记在军方飞战斗机的日子里对机组紧急状态下弹射逃生的训练和研究。为什么飞机都要坠毁了而飞行员还要等待那么长的时间才从飞机里面弹射出去呢？为什么他们还要花费多余的几秒钟时间来试图解决实际上是无法解决的飞机故障呢？答案是许多飞行员害怕因价值数百万美元的飞机坠毁而受到处罚，因此他们执意要尽力拯救飞机，而这往往带来灾难性的后果。

对那些空军飞行员同行们因尝试修复飞机的故障而遭遇不幸，我始终记忆深刻。这些深深印在脑海里的知识细节，对我迅速做出处置1549航班的决定非常有帮助。飞机刚刚被鸟击，我本应该尽力飞回拉瓜迪亚机场，不要试图降落在其他地方，以保全这架全美航空公司的飞机不损毁。我完全可能会担心由于我决定将飞机迫降在水上而被上级或调查人员质询。而我呢，选择不去管那么多了。

我能够在心里权衡孰轻孰重，来源于我读了大量有关安全和认知理论的书，我深知“**目标舍弃**”这个概念，即当你不再有可能完成所有的目标时，就要舍弃那些不太重要的目标，只有这样做才能履行和实现更高的目标。在我这次所处的情况下，我只有舍弃“保全飞机的目标”（不使价值6 000万美元的飞机受损），才能实现保住大家生命的目标。

我本能地知道，要想保住1549航班上所有的生命，目标舍弃至关重要。

我用了22秒钟的时间先提出而后又否定飞去泰特伯勒机场的决定，因为无法飞到。透过风挡玻璃，我可以看见泰特伯勒机场周围的地面在迎面而来，一个明显的信息，我们飞机的下滑航迹延伸不到那么远。

帕特里克在3点29分21秒指挥我：“仙人掌1529，右转航向280，你可以降落在泰特伯勒机场 1 号跑道。”

“我们飞不到。”我答道。

“好，那你想降落在泰特伯勒机场几号跑道上？”他问道。

“我们只能降落在哈得孙河上。”我说。

帕特里克听清了我说的话，但是他叫我再重复一遍。

“对不起，再说一遍，仙人掌。”他说。

“在我脑子里无法接受这句话，”帕特里克后来在国会做证时解释说，“降落在哈得孙河上的话，没有人会活下来。我认为那就是他自判死刑。那一刻，我感到我将是最后一个与飞机上通话的人了。”

帕特里克和我通话时，爱莫能助的他情不自禁地想起了 1996 年埃塞俄比亚航空公司被劫持的 961 航班。这是一架波音 767-260ER 型飞机，它燃油耗尽并试图降落在距离科摩罗岛国沿海不远的印度洋上。飞机翼尖先撞上了水面，猛烈旋转，随后机体四分五裂。飞机上有 175 人，其中的 125 人由于猛烈撞击致死或溺水而亡。在网上很容易找到关于这架波音 767-260 ER 撞击惨状的图片和视频。“这就是当时我脑子里的画面。”帕特里克说。

帕特里克继续跟我通话，但我已无暇回复。我知道他在竭尽全力地帮助我，但在那个节骨眼上，我必须专心致志于我手上操纵着的飞机，我顾不上应答他的提问。

在我们朝着哈得孙河下降时，到了比纽约的摩天大楼还低的高度，我们的飞机信号从帕特里克的雷达上消失了。地平线上的障碍物阻挡了无线信号的传输。

帕特里克拼命地想找到可以使我们免于落水的办法。3:29:51，“仙人掌，嗯，仙人掌 1549，雷达上看不到你们。你还可以到纽瓦克机场[①]，

① 纽瓦克机场是纽约三个大型民用航班机场之一，共有三条跑道，分别是：04L/22R 号长 11 000 英尺（3 353 米）；04R/22L 号长 10 000 英尺（3 048 米）；11/29 号长 6 800 英尺（2 073 米）。——译者注

在2点钟方位，大约7英里（11公里）。”

3:30:14，“仙人掌1529，嗯，你听得到吗？”

他担心我们的飞机已经坠毁，但我们飞机的信号又闪动在他的雷达荧光屏上。尽管我们的飞行高度低，但是由于又进入了雷达覆盖区域，所以出现在他的雷达上。他心急如焚地抱着一线希望，希望我们一台发动机重新启动成功了。

3:30:22，他说：“仙人掌1529，如果可以，嗯，你可以，嗯，纽瓦克29号跑道可以降落，2点方位，7英里（11公里）。”

我已没办法回答他了。那时离我们降落到河上还有21.7秒。

我们飞机上的两个发动机如果只有一个损毁，杰夫和我就会有更多的时间去与乘务组和乘客进行沟通来分析情况，我们会让乘务员在客舱做好应急准备，我们还会让空中交通管制帮助我们制定最好的返航方案。但对1549航班来说，这一切我们都无能为力，因为时间是如此地紧迫。

许多乘客都感觉到了鸟的撞击。他们听见鸟重重地撞在飞机上的声音，以及发动机在失灵前发出的烦扰噪音。他们看到机舱内有烟雾，像我一样，闻到了鸟被烧焦的糊味。事实上，更准确地说鸟已经被液化成“鸟浆”了。

我后来听到旅客们讲述他们在客舱的经历，而当时我正在驾驶舱忙碌着。很多人后来给我写信，分享他们个人的回忆。还有人接受媒体采访，他们所言让我感动和难以忘怀。

乘客中有前美国陆军上尉安德鲁·格雷（Andrew Gray），他在阿富汗完成过两个任期的任务。他和他的未婚妻史蒂芬妮·金（Stephanie King）搭乘1549航班。当飞机下降时，安德鲁和斯蒂芬妮互相亲吻并告诉彼此“我爱你”。他们形容当时的情景，说他们“情愿死在一起”。

约翰·豪厄尔（John Howell）是来自夏洛特的管理顾问，他想到自己是母亲唯一健在的儿子。他的哥哥是消防员，2001 年 9 月 11 日死于世贸中心。后来约翰告诉记者，1549 航班下降时，“我那时唯一想到的是：如果我死了，我的母亲也活不下去了”。

坐在机翼紧急出口边 12F 座位上的埃里克·史蒂文森（Eric Stevenson）当时 45 岁，他经历过类似糟糕的事件。1987 年 6 月 30 日，他乘坐的达美航空公司 810 航班是一架波音 767 型飞机，从洛杉矶飞往辛辛那提。飞机起飞后不久正在太平洋上空爬升准备向东转弯前，一名飞行员错误地将两个发动机都关停了。他的这个不慎操作其中一个原因是发动机控制面板设计得几乎和发动机控制开关一样。飞机开始从 1 700 英尺（518 米）的高度下降，旅客们快速穿好救生衣，等待最坏的结果。他听见有些乘客在他周围哭喊，埃里克拿出他的名片，并在上面写下“我爱你”给他的父母和姐姐。他把名片塞进衣兜，想着可能在他死后的遗体上找到这张纸片。就在飞机距离水面 500 英尺（152 米）的时候，乘客们感觉到突然间的巨大的推力，飞机在全推力作用下摇晃前行。飞行员重新启动了发动机，航班继续飞向辛辛那提，机舱内到处都是救生用品。那次事件以后，波音重新设计了发动机控制面板以避免再次发生类似事件。

死里逃生的经历促使埃里克决定暂停工作，休假一年，环游世界。自那之后，每年同一天他都会采用某种方式郑重地纪念这件事。他说这一事件为他最终搬家到巴黎埋下了种子。他在巴黎继续担任惠普公司的销售经理。他于 2009 年 1 月出差到美国，坐上了这架 1549 航班。坐在 12F 座位上，遥望着窗外，命运神使鬼差地令他又乘坐了一架发动机不工作的飞机。

于是他又拿出一张名片写道：“妈妈和简，我爱你们。”他把名片塞进右前兜，思忖着：“如果机舱摔得粉碎，名片也许就不在我身上了。”但是做完这些他还是有些宽慰感。“我已经尽我所能了，”后来他告诉我，“我们大家的命运都靠你们两个在驾驶舱的飞行员了。当我们对现状无能为力时，那种感觉真是百般无奈。因此我只做了唯一能做的事情。当飞机下降时，我想让我的家人知道我在生命的最后时刻想着他们。”

飞机下降时，埃里克没有恐惧感，但他感觉到 23 岁时乘坐波音 767 飞越太平洋上空时那种心中隐隐作痛的悲伤今日又重现。坐在我们航班上他又出现了与上次一模一样的念头：“我的命算是到头了，10 秒或 20 秒后我就要到另一个世界去了，不管那边的世界怎么样。”

客舱里死一般的寂静。有几个人给心上人打电话或发短信。后来他们告诉我有的人做祷告。其他一些人说他们平静地面对现实。他们说如果要面对死亡，自己也无能为力，只能接受它了。

后来有些乘客告诉我，他们很高兴我没有告诉他们太多细节，否则会让他们更加恐惧。

当我向乘客通报情况时，距离飞机撞击水面还不到 90 秒钟。

我想直截了当，我不想让乘客听到不安或惊恐，我想让自己的声音很专业。

“我是机长。抱紧，防撞！”

我知道我应该宣布让乘客保持抱紧姿态。我们学过使用这个词。“抱紧！”这么说不仅能帮助保护乘客在飞机着地时避免伤害，同时也是一个信号，告诉乘务员开始喊口令。即使在这种急迫的时刻，我仍要注意自己的措辞。我没时间将所面临的状况很完整地告诉客舱乘务组，所以我的首要任务是防止乘客在撞击情形下受到伤害。当时我还无法知道飞机接水撞击和减速冲击力有多大。我说“抱紧”，然后脱口而出“防撞”，因为我想让乘客做好准备，应对可能出现的重着陆。

客舱乘务组——希拉、唐娜和多琳立即进入她们曾经训练过的应急状态。“9·11”事件后所有飞机上的驾驶舱门都被加固，所以我们很难听到客舱内的情况，但是我仍然可以透过加厚的门听到唐娜和希拉的声音。她们站在客舱前部，喊着口令，回应和传达着我的指令。异口同声地一遍又一遍：“抱紧！抱紧！低头！前趴下！抱紧，抱紧！低头！前趴下！”

我操纵着飞机飞向河面，听到她们的喊话备感欣慰和鼓舞。知道乘务组在丝毫不差地按照要求行事，意味着我们处在同一条战线上。我知道如果我能够将飞机完整无损地降落在水面上，那么唐娜、多琳和希拉将引导乘客从安全门出去，随后开始救援。她们的引导和职业水准对我们的救援生死攸关，我对她们有信心。

来自驾驶舱的话音记录器：

萨伦伯格（3:29:45）："好，我们放襟翼，放襟翼……"

增强型近地警报系统语音警告[①]（3:29:55）："拉起来。拉起来。拉起来。拉起来。拉起来。"

斯基尔斯（3:30:01）："襟翼放下！"

斯基尔斯（3:30:03）："200 英尺（61 米）。"

飞机继续下降，哈得孙河两边就像悬崖峭壁似的，岸两边的摩天大楼迎面而来。正如杰夫后来形容的那样："我们好像要沉入浴缸一样。"飞机下面的哈得孙河看起来冷冰冰的。

近地警报系统语音警告（3:30:04）："太低，地形。"

近地警报系统（3:30:06）："太低，起落架。"

萨伦伯格（3:30:06）："170 海里（315 公里）。"

萨伦伯格（3:30:09）："双发失效。启动另一发。"

来自另一架飞机的无线电发话（3:30:09）："210，嗯，4718，我想他说他要降落到哈得孙河上。"

（3:30:15）："注意地形！"

---

① 增强型近地警报系统语音警告是机载安全系统设备之一，它可以通过地形数据库，仪表着陆系统信号等信息与飞机速度、高度、升降率和无线电探测相对高度以及飞机的形态（起落架，襟翼的位置）等比较后，在计算出不安全因素存在时发出语音警告，并可随着程度的变化而发出不同级别的语音警告，提醒飞行员，有时也直接提出修正动作。——译者注

斯基尔斯(3:30:16):“150 海里(278 公里)。”

斯基尔斯(3:30:17):“放襟翼 2,还需再大些吗?”

萨伦伯格(3:30:19):“不,就保持 2。”

萨伦伯格(3:30:21):“有什么想法吗?”

斯基尔斯(3:30:23):“其实,没有。”

增强型近地警报系统语音警告(3:30:23):“注意地形。”

增强型近地警报系统语音警告(3:30:15):“地形,地形。拉起来。拉起来……”(一直重复到录音结束。)

萨伦伯格(3:30:38):“我们要抱紧!”

我知道我不会死。根据自己的经验,我有信心在水上进行可以获得生存的紧急迫降。相对恐惧而言,我的这种信心要大得多。

洛里、凯特和凯莉并没有出现在我的脑海里,任何一个都没有。我想这样最好不过,生死攸关时刻对我而言集中精力至关重要,我不允许自己有任何分心。我的心中只有一个念头,那就是控制好飞行的航迹。

当我们的飞机在没有推力的情况下迫降时,我只能通过飞机的俯仰角来控制垂直下滑轨迹——抬高机头或降低机头。我的目标就是保持合适的俯仰角,使飞机有最佳的滑翔速度。简而言之,就是利用地球重力使飞机向前飞行,空气流过机翼表面产生升力。

飞机里的仪表还是有电的,我可以看到空速表上显示的速度。如果飞行速度比我需要的小,我就稍微放低一点机头,如果我觉得速度太大,我就抬高些机头。

作为一架电传操纵的飞机,空客飞机带有一些飞行包线保护功能,也就是说飞行员在侧杆上的操作将转变为电信号由飞行控制计算机接收后实施。与传统的飞机不同,空客飞机不会在速度变化时自动地给飞行员提供驾驶杆上的感觉变化,这可以在通常情况下帮助驾驶员保持稳定的速度。电传操纵飞行包线的保护功能之一就是,在低速飞行时,即使飞行员使劲把侧杆拉到底，飞行控制计算机也不会让飞机失速。

与正常的降落相比，因为没有发动机的推力，飞机下降率非常快。我们的起落架在收上位，我尽力让机翼保持水平，防止飞机接触水面时一边机翼先触水造成侧翻。我抬高机头。

随着飞机下降，我的注意力越来越只集中在两个地方：正前方的水面和驾驶舱里的空速表显示。注意力分配是看看外面——看看里面——看看外面——看看里面。

此时距飞机被鸟击后仅仅只有 3 分钟左右，地面和河面向我们扑面而来。我凭目测判断着飞机的下降率和所处的高度。在那一瞬间，我判断到了该拉开的时间了，于是开始拉平准备着水，将侧杆向后拉一点，再向后拉一点，一直拉到最后的位置。我将侧杆一直保持在这个位置直至飞机触水。

我们的飞机着水了，并沿河面滑行，机头微微上翘。飞机后部受到的撞击比前部更猛烈。坐在后面的乘客感到了强烈的撞击。坐在前面的乘客只是感觉比一般重着陆还重了一些。

飞机减速、平浮在水面上，然后慢慢停了下来，河面的水线淹至驾驶舱的风挡玻璃上。后来我了解到我要保持的绝大多数参数我都做到了：迫降时飞机的仰角是 9.8 度，机翼水平没有一度坡度，飞行速度 125.2 海里（232 公里），比当时飞机形态的最小速度略大一点点。下降率，无论如何，在操纵杆完全拉到后位使仰角最大的情况下，还是没有达到我的预期值。

过了一两秒钟，我们飞机的机头又向上抬了一点，飞机漂浮起来了。纽约高楼大厦的轮廓出现在水平面上。

杰夫和我看着对方，几乎异口同声地说出同样的话。

“结果比预料的要好。”

我们知道这起突发事件最难办的事还在后面。飞机上有 155 名乘客和机组人员，而飞机也许很快会沉入水中。

15 ——SULLY
协力齐心 柳暗花明
155人，一个都不少

水上迫降的确比杰夫和我预计的要好。我们在接水时没有发生翻滚，飞机完整无缺，燃油没有起火，当我们确认整体情况良好之后，感到绷得紧紧的状态稍微有些放松。我想这至少表明我们很可能成功地保证了飞机上所有人都还活着。

当然，还没到庆祝的时候。

是的，应该感到宽慰的是我们已解决了那天面临的最大问题：我们把飞机完整地降落并停了下来。但我们仍未摆脱危险，还没取得最后的成功。

我感觉到飞机仍是完整的，尽管触水的刹那间受到了猛烈的冲击，特别是飞机的后半部。我估计旅客可能没事。我后来听说在降落时有的旅客撞掉了眼镜，有些旅客头撞到了前排座椅的后背，但仅有少数旅客撞击时受伤稍微重一点。当飞机停在水面上后，我没有听到客舱里有尖叫或呼喊声。从驾驶舱门外只传来小声的议论。我想这时旅客正望着窗外深绿的河水，有些不知所措。

飞机停下来不到几秒钟，杰夫就开始做紧急撤离检查单。该项检查单包含机长和副驾驶各自的动作，但机长的职责，包括拉起停留刹车，都只是针对在陆地上、发动机还在工作的情况下规定的。我决定不去做那些对迫降在水中而无用的事情。杰夫用了 10 到 15 秒钟做他的检查单项目。他检查了飞机已处于释压状态，发动机和 APU 灭火开关已按下。

当他在做检查单时，我打开驾驶舱门，大声地喊出了一个词："撤离！"

在客舱的前部，唐娜和希拉已分别在左右舱门做好了准备，等着我发出指令。我在降落期间没有时间通知她们飞机将降落在水上，但当她们看到身处何处时，便立即知道该如何行动。她们调整了指令："穿上救生衣！从这边走！"

她们知道要仔细评估出口的状况，必须确认舱门外没有着火，没有尖利的金属碎片。她们知道如果飞机某一部分已没入水里，就不能打开那里的舱门。好消息是从飞机的姿态我们可以判断前舱门还在水面之上，于是她们打开了前舱门。

舱门打开时应急滑梯就会充气，飞机右侧的滑梯正常充气释放了，但左侧的滑梯却没有自动充气，必须靠手动来释放。

一个非常危险的情况是：飞机后部正在迅速涌入冰冷的河水。后来我们了解到，当飞机降落触水时，后部机身底部受强烈冲击而撕裂，一个后舱门也被部分震开，开口不大，但无法关紧了，河水也从这儿灌进来。飞机姿态渐渐地变得前高后低。

多琳处于飞机后部，飞机撞击水面时，下货舱飞出的金属碎片穿透了客舱地板，在她腿上划了一道很深的口子。尽管舱内水面上升很快，她还是穿过水中漂浮着的用过的易拉罐和咖啡壶，催促旅客赶紧往前面可用的出口去。当她登上右前侧滑梯救生筏[①]时，事实上一个充气滑梯相当于几个救生筏大小，旅客中有一位医生和一位护士给她腿上缠上了绷带。

由于河水水面已高过后舱门底部，所以左右后舱门的两个应急滑梯不能用了。这意味着我们必须使用机翼上的两个紧急出口，而飞机落在水

① 救生筏，客机舱门及部分紧急撤离窗口都带有预位后开启时即刻充气的紧急撤离滑梯。这些滑梯在水上迫降时，可用于救生筏。有些客机也有机载专用的救生筏。按航空法规要求，在设计时应确保客机上所有人员在救生筏上都有位置。——译者注

里时一般是不打开这两个出口的。一位旅客吃力地试图向外推开一个翼上出口，另外一位旅客知道这个出口的门应往里拉开，他如此这般便打开了。后面这位旅客正好坐在紧急出口旁，而且幸运的是，当飞机被鸟击后他就十分镇定地阅读了机上安全须知卡。他知道很可能需要他出手协助，便提前做好了准备。

在撤离开始后，旅客们看上去有些可以理解的紧张和严肃，有一些人非常慌乱，急得从座椅上方跨过来，但大部分旅客都很有秩序。有人后来把这称作“有节制的恐慌”。

由于后部出口不能用，很多人聚集在机翼上的紧急出口处。前部的滑梯救生筏还没坐满，于是唐娜、希拉和我就不停地招呼旅客往前走。我那时并没有看到人们急着拿行李，但后来听说还是有人甚至不听其他旅客的劝阻拿上了行李。有位女士带上了她的手提包和行李箱，后来在机翼上滑倒了，行李箱也扔到了河里。还有一位男士站在机翼上时还提着他的西服袋，在这种时候带它又有何用呢。

杰夫看到有些人还待在飞机里，找不到他们的救生衣。救生衣存放在座椅的下面，不太容易看到。杰夫告诉了他们救生衣的位置。有些旅客带着座椅的坐垫来到了机翼上，因为他们不知道还有救生衣可用。

旅客们撤离的时候，杰夫和我，还有一些年轻的男性旅客把救生衣、外套、大衣、毛毯等递给站在机翼上冻得瑟瑟发抖的旅客们。我们不停地往外递，机翼上和救生筏里的人们大声地喊还需要更多。外面的气温是华氏 21 度（摄氏 -6 度），风寒指数（Wind Chill Factor）[①]是 11，河水温度 36 度（摄氏 2 度）。站在机翼上的人们脚踝已浸在水中，而且渐渐地，水漫到有些人的腰部了。在后来的救援中，由于飞机向右倾斜，左翼翘起离开水面，埃里克·史蒂文森不得不跪下来保持平衡。他觉得机翼的表面“就像是溜冰场”。

---

① 风寒效应或风寒指数，是指暴露在风中的皮肤会感受到比当时气温更冷的效应，风速每增加 2.5 公里，温度降低 1 度。——译者注

乘务员受训时要求在90秒内撤离全部旅客，这是联邦航空局的审定标准。但找来150名心情平静的志愿者在机库里训练跟在寒冷的哈得孙河当中完成撤离相比还是有很大差别的。

我感到自豪的是，机组那么迅速地将旅客全部撤离飞机。即使后部的出口不能使用了，水还在源源不断灌入后舱，从开始撤离到最后一名旅客离开飞机只用了3分半钟。

当所有的人全部撤出飞机后，我沿中间过道向后边走边大声喊："还有人吗？到前面来！"

我一直走到机尾后又返回到前舱，然后又如此往返一遍。第二次巡查客舱时飞机后部的水已经很深了，我的腰以下全湿透了，在返回前舱时我不得不踩在座椅上。客舱结构仍然完好，上部的行李架除了后舱少部分，大多仍关着。座椅也都在原处无任何位移。

当我回到前舱时，希拉已在载满旅客的右侧救生筏上了。唐娜、多琳和希拉反应迅速，已经安全地把所有乘客疏散出来。至此我们已经解决了今天的第二个大难题了。

杰夫、唐娜和我，是最后坚守在飞机上的3个人。当我沿过道进行最后一次巡查完后，唐娜以坚决的口气对我说："该撤离了！我们必须离开飞机了！"

"我就来。"我对她说。

按照程序，我从客舱前部取下应急无线电定位仪（ELT）顺手递给左前方救生筏里的一位旅客。唐娜也上了那只救生筏。然后我进到驾驶舱取了我的大衣，我还带上飞机维修记录本，其他东西都没有拿。我穿上了自己的救生衣，又提醒杰夫也穿上。我将自己的大衣递给左前方救生筏上的一位正冻得发抖的男性乘客。

当杰夫离开飞机后，我又最后看了一眼正在下沉着的飞机客舱走廊。我知道旅客都已撤出去了，但又担心会不会有人滑倒在接近冰点的水中了。作为一个机长即将放弃自己的飞机，我该怎样描述自己当时的心情呢？我想当时自己仍然忙着尽力掌控接下来的局面——做出预测、计划下一步工作和检查落实。那会儿没有时间允许考虑自己的感受。机外的154个人仍是我的职责，尽管我知道救援人员将会接走我们大家。

当我登上救生筏时，已经有一些船赶到飞机旁边了。救生筏的设计载客量是44个人，最大可载55人。我们这只飞机左侧的救生筏只装了不到40人，却已感到相当拥挤了。我没有看到任何人痛哭或抽泣，也没有人大喊或尖叫。尽管刚刚受到巨大的惊吓，人们仍相当镇定。虽然我们紧紧地挤在一起，但没有人推搡。人们安静地等待着救援，几乎没有什么交谈。大家都冻得瑟瑟发抖。尽管我在机舱里的水中向后舱走时衣服都湿透了，但我记得救生筏的底部还是相当干燥。

幸运的是我们降落的地点刚好在48街附近，当时几艘高速双体渡轮正准备着运送下午高峰客流。河对岸是新泽西，在纽约港威霍肯帝国车船联运码头，船长和水手们看到我们的飞机溅起水花降落到河面上时顿时惊呆了。他们惊讶地看到旅客们迅速地逃离了飞机。此时，他们并没有得到上面的指令，但已自发地朝我们这边急速赶了过来。最后共有14艘船参加救援，船上的工作人员和旅客们竭尽全力帮助我们脱离险境。

当然，渡船不是设计用于救援的，但船员们勇于面对挑战。他们中好些人多次参加过应急培训和演练，其他的人也根据情况，依靠自己的智慧迅速行动起来。

第一艘船赶到时，我们仅仅在水上迫降飞机停住后3分55秒。它是“托马斯·杰弗逊号”（Thomas Jefferson），由纽约船运公司的文斯·隆巴迪（Vince Lombardi）船长指挥。他开始救援右翼上的旅客。他的船最终救起了56个人，是当天救人最多的一艘船。

“莫伊拉·史密斯号”（Moira Smith）是第二艘赶到的船，船长是曼纽尔·利巴（Manuel Liba）。他们朝我们的救生筏驶来，我对着船上的组员们大喊：“先救机翼上的人！”聚在机翼上的旅客情况显然更危急。当船转向机翼驶去时我们筏上的旅客没有一个表示反对。人们此时此刻真心地顾全着大局，而不是仅仅关心自己的需要，我对旅客们的这种善意充满感激。我们救生筏上那些冻得发抖的旅客十分理解应该先去救机翼上站在河水中的人们。

我想清点一下人头。我知道机上共有150名旅客和5名机组。我们把所有救生筏和两边机翼上的人加起来看是否够155人。

我让我这只救生筏上的人报数："1，2，3，4……"

接着，我大声请站在左机翼上的一位男士清点这边机翼上的人数，他试着清点，但后来发生的事情使清点工作很快进行不下去了。形势很乱，而且，这时不断有人从机翼和救生筏上被救出。我看不见飞机另外一侧的救生筏和机翼，也没法与他们取得联系。所以，待在河中时一直没法点清人数。

我们的救生筏还被系在飞机左侧，杰夫担心飞机一直在进水而不断下沉，最后可能会把救生筏也拽沉下去，把人掀进河里。他用了好几分钟费劲地想把我们同飞机的连接分开。

"我解不开！"杰夫喊道，而飞机在一点点地沉入水中。每个救生筏上都带有一把小刀，但上面挤了这么多人，而且乱糟糟的，我们一时找不到小刀放在哪儿。我知道船员们常常会带着刀子，于是大声叫救生筏上靠近渡船的人问船员要一把刀。他们找到了一把折叠刀，朝我们扔过来（一位妇女接住了），然后杰夫割开了系留绳。

当旅客后来被问到救援船只赶到前他们等了多久，有人估计得有15分钟，或者更长。实际上，第一艘渡船在4分钟之内就赶到了。刚经历了生死攸关的精神创伤，又待在冰冷的河水中，人对时间的感觉会改变。许多站在机翼上的人在河水中待了几分钟便止不住地发抖，必须迅速救援才能避免体温过低。

一位旅客跳入河中朝纽约一侧的河岸游去，但冰冷的河水让他很快改变了主意，又游了回来。其他旅客将他拖上我们的救生筏时，大家看到他不停地发抖。

我们有位旅客叫德里克·奥尔特（Derek Alter），他是科尔根航空公司[①]的副驾驶。他对游回来的男子说："先生，你必须把衣服都脱掉，马上。"德里克脱下自己的副驾驶制服衬衫交给那名男子，然后自己双臂抱住胸保暖。（德里克后来说他是在参加童子军训练时学到的：必须及时脱下湿衣服。）

纽约船运公司的渡船"约吉·贝拉号"（Yogi Berra）是第三艘赶来的船，救了24个人，船长是文森特·卢肯特（Vincent LuCante）。

有位妇女从机翼上滑到河里去了，另外两位旅客冒着也滑下去的危险将她拉了上来。当需要她爬上一个救援梯子时，她的双腿已冻得动不了了，又滑倒了，需要人们再次扶起她。其他一些也掉进水中的人竭力地攀上梯子，那是非常痛苦的过程。后来，当旅客们登上渡船后，终于有了释放情绪的机会，有些人与船员紧紧拥抱在一起。

有位渡船的船长叫布里塔妮·卡坦扎罗（Brittany Catanzaro），只有19岁。她的例行工作就是在新泽西的威霍肯和霍博肯到曼哈顿之间摆渡。她的渡船是"托马斯·基恩号"（Thomas Kean），是第四艘赶到的。我们降落时这艘船正驶向别处，但她掉转了船头向我们驶来。她和她的船员们从机翼上救起了26名旅客。所有的渡船都必须小心地慢慢开，特别是快接近站在机翼上的人们时更是如此。如果渡船激起太大的波浪，旅客们可能会被晃入河中。船在飞机附近行驶很困难，特别是由于水流湍急，需要高超的驾船技术仔细地操纵船只以避免碰撞飞机。

纽约警察局的一架直升机也赶了过来。我看着从飞机上放下一名潜水员到河里。直升机旋翼的下旋气流非常强烈，在河面上激起的水花溅到了我们眼里。河水冰凉，还伴着寒风。潜水员从一侧机翼附近的河水里救

① 科尔根航空公司是品尼高航空公司的子公司，作为美国大陆航空休斯顿和纽瓦克枢纽的一个美国大陆联运合作伙伴运营。科尔根航空公司在航空业拥有40多年经营经验，运营Saab S340和Bombardier Dash-8 Q400型飞机。——译者注

上来一名旅客。

从船上放下一些詹森篮到救生筏上，旅客们开始往上爬。那是一种类似吊床的水上救援设施，是用纺织物结成的网状结构，也带着梯子那样的横档。有一阵儿，由于担心渡船的尾部会刺穿救生筏，渡船必须开远一些重新调整姿态。有位老年妇女没有力气爬上船的甲板，只得使用滑轮用詹森篮类似吊床的那部分将她吊起来，放到船上。

“雅典娜号”（Athena）是纽约航运公司在布洛克岛的渡船，船长是卡莱尔·卢卡斯（Carlisle Lucas）。当这艘船开始救援我们这只救生筏时，我大声喊道：“先救伤员、妇女和儿童！”我们筏上的其他人也一同向船员们喊，看上去大家的想法高度一致。

我并不仅仅是要表现出绅士风度。由于妇女，特别是儿童体重比男人轻，更容易导致体温过低，她们也更容易丧失体力，所以理所当然要尽快让她们先上渡船。

随着救援进展，发现要让妇女和儿童先上也并非逻辑上那么容易。救生筏塞得很满，在里面的人要挪动一下都困难，所以得让那些在救生筏端头最靠近渡船的人们先上船。

在当时那种紧张的情况下，现场依然秩序井然，给我留下了十分深刻的印象。目光所及之处都能看到充满仁爱和善意的场景。当我看到渡船上的水手们纷纷脱下自己身上穿着的衬衣、外套还有棉毛衫扔给旅客保暖时，我被深深感动了。

当我还是个孩子的时候，我就对纽约人基蒂·吉诺维斯的遭遇及那些旁观者的漠然感到愤懑。现在，作为一个成年男人，我看到了许许多多不相关的人奋力救援，带着巨大的同情心、勇气以及责任感。感觉上就像全纽约市和新泽西州都向我们伸出了温暖的臂膀。

·

当我们还待在河里时，那位在长岛指挥我们离场的管制员帕特里克已离开了他的席位，被请进了楼里一间工会的办公室。他和他的上级都知道，他将暂时停止当班工作，不能继续指挥天上的飞机了。在发生严重安全事件后，总是会要求在岗管制员暂停工作，由别人顶替。

可以理解，帕特里克感到惴惴不安。他以为我们已经坠毁了，飞机上的人全完了。他后来告诉我："我从来没有这样沮丧过。我不断问自己：我还漏掉了什么？我还有其他什么不同的处理方法可以指挥你吗？"

他想把情况告诉他妻子，但又怕对上话后自己情感会崩溃，于是他给她发了个短信："发生灾难了。情况不妙。现在不能说话。"他妻子还以为他遇到了车祸。"当时的心情，我就觉得真像是被大巴士车给撞了一样，"他说，"惊吓和难以接受交织在我的心里。"

帕特里克被隔离在那间办公室，一位工会代表陪着他，一直同他说话。房间里没有电视，所以他看不到现场救援的实况。工会的代表认为如果结果很坏的话，没有必要让帕特里克马上就看到这些。

一遍又一遍，帕特里克在脑海里回放着与我的最后通话，他认为那些就是我在人世间的最后遗言了。他以前在指挥一些还不那么严重的紧急情况中，听到过飞行员通话时有些紧张的语音语调。他描述他们的声音"几乎在颤抖"。他回忆了我的声音，觉得"异常地镇定"。

在那个时刻，他不知道我长什么样，一点儿也不了解我。他只知道我们用了短短几分钟进行了全神贯注的通话联络，而如今，他以为我已离开人世了。

他被告知要待在楼里等药检人员来取尿样并做呼吸检验。这是事故调查的一部分，是对相关管制员——也包括飞行员的标准检查程序。

帕特里克坐在工会的房间里，工会代表在一旁安慰他，真是度日如年。这时有一位朋友把头探进屋子说："看来他们问题不大，他们正站在飞机两边的机翼上呢。"

帕特里克后来告诉我他当时那种如释重负的感觉简直无法用语言来形容。

有一位旅客在救生筏里坐在杰夫和我的旁边。像许多人一样，他也精疲力竭，情绪激动。但他想向我表示谢意，感谢机组和我将飞机安全降落下来。

他抓着我的胳膊说："谢谢你。"

"你别客气。"我对他说。

这就是在一个非常特别的时刻两个男人间的只言片语，但我知道他这样说对他意味深长。对我，还有杰夫和坐在边上的唐娜同样也是意味深长的。

冰冷的空气和萧萧的寒风没有一点点减弱，但大家在等待"雅典娜号"渡船的救援时，都顽强地坚持着。好些人止不住地在发抖。

我坚持自己是最后离开救生筏的一个人，就像刚才要求自己是最后一个离开飞机的人一样。我想并没有书面的规定要求机长在紧急情况中必须最后一个离开飞机或任何运载工具。我知道海运界的传统，但我不是因此才这样做。我的职业操守很明确：我必须精心照料我的旅客都得救后，我才能离开。

考虑到当时的各种情况，救援进展十分迅速。渡船的甲板比救生筏高出约 10 英尺（3 米），所以旅客要爬上去还真有些费时耗力。当轮到我登梯子时，我的手已冻僵了，只能靠手臂撑住梯子的横档。我的手指头已抓不住任何东西了。

同包括杰夫在内的 17 名 1549 航班幸存者一起站在渡船甲板上时，我回首望着那架飞机。它还在一点一点地下沉，并向着南边自由女神像的方向漂去，后面拖着一些碎片和泄漏的燃油。

站在那儿的时候，我想起来皮带上还挂着手机。尽管我的裤子已湿透，但手机没打湿，还能用。我给洛里打了第一个电话。

我们家里有两部座机，她还有一部手机，但我拨了所有的电话都找不到她。她正好在其中一部电话上与一个商业伙伴通着话。她在手机上看到了我的来电，但开始没在意。

听到所有电话都响了一遍后，她对电话里的人说："萨利在拨家里的每一部电话，让我看看他有什么事。"

她拿起另一部电话，说："喂。"

我不知道她已知道多少，听到她的声音，我的第一句话主要是要让她放心："我打电话来是想说我没事。"

她以为我的意思是当晚会正点飞回旧金山。

"好啊。"她对我说。她认为我已经驾驶 1549 航班到达夏洛特了。我这时知道需要给她再解释解释了。

"不，"我说，"出了点事。"

她仍然没有听明白。她没有开电视，所以没有看到全美国各家有线电视网在不停地实况转播这次事件。她以为我是在说我的航班延误了，我可能回不了家。

于是我就直截了当地告诉她，说的是要点，简明扼要。"我们遭到了鸟击。我们的两个发动机都失效了。我将飞机迫降在哈得孙河上了。"

这些话让她一时反应不过来。停了一会儿，她问了第一个问题："你还好吗？"

"还好。"我说。

"好，好吗？"她问。显然我是活着的，她想问的是其他方面的情况。

"是的，"我说，"但我现在不能多说。我们正在前往码头，到那儿后我再打给你。"听到她的声音我的心里波浪起伏，安慰的话虽是只言片语，但此时此刻我心境不同。我想跟她说的话也很多，但时间又不允许。我也想让孩子们知道我平安无事。在我回家之前，她们会从电视新闻中看到这一切。但至少我跟家里联系上了。

接到我的电话后，洛里躺在卧室的床上。她没有哭，但颤抖得厉害。

我的电话着实让她受到了惊吓。她打电话给一个密友，说:“萨利的飞机坠毁了，我不知道该怎么办。”她的朋友告诉她:“快去接你的女儿们。”于是她把女儿们从学校接回了家。

在渡轮上，我开始在脑子里盘算还有哪些事要做。我知道全美航空公司通过空管部门应该对这个事件已经了解了，但我想，最好还是要让公司听到我的直接报告。

航空公司对每个航班都有指定的签派员全程监控。全美航空公司运行控制中心位于匹兹堡，在那里的一间很大的没有窗户的屋子里，签派员们坐在电脑前工作，他们每个人都要同时监控几架飞机。

我打电话给鲍勃·黑尼（Bob Haney），他是全美航空当天的运行值班经理。铃声响过几遍后，他拿起了电话。

“我是鲍勃。”他说。他的话语很短促，声音有些紧张。

“我是萨伦伯格机长。”我说。

“现在我没时间说话，”他对我说，“有架飞机掉到哈得孙河里去了！”

“我知道，”我说道，“我就是那个飞行员。”他竟一时说不出话来。他无论如何不敢相信电视上正在播放的哈得孙河上那架飞机的飞行员会把电话打到他的办公桌上。考虑到情况的严重性，我们马上开始讨论接下来要做的工作。我后来回忆起当时的情形就想笑，我把电话打给他，而他居然要挂断我，还告诉我有条突发新闻。“有架飞机掉到哈得孙河里了!”是的，我是身临其境啊。

“雅典娜号”渡船停在了曼哈顿 79 号码头，把我们放下，然后又返回飞机那里以确认没有人被落下了。到下午 6:15 的时候，这艘渡船就得回去执行哈得孙河上的摆渡任务，而船上被 1549 航班上浑身湿透的幸存者们坐过的座椅还是湿漉漉的。

我一走上码头，就遇见了全美航空公司的机长丹·布里特（Dan

Britt），他是在拉瓜迪亚的飞行员工会代表。他在纽约的家中看到了电视转播后，就穿上制服，赶来找我和杰夫。

我请他帮我了解最新情况，然后都开始打电话，以核实伤员是否都得到了医治。我找到多琳，她在一个医院里推送病人用的轮床上接受急诊医疗队（Emergency Medical Team，EMT）的治疗。她的伤最重，腿上伤口很深，需要在医院住几天。我把其余的机组成员召集起来，还包括两个搭飞机的飞行员，美洲航空公司的副驾驶苏珊·奥唐奈（Susan O’Donnell）和科尔根航空公司的德里克·奥尔特，后者把自己的衬衫给了救生筏上的一位旅客。

一些旅客被运到新泽西州一侧岸边，剩下的到了纽约这边，所以很难掌握所有人的情况。我极力想得到被救人员的人数，但一直得不到确切的消息。管理当局一直在问我要旅客名单。在国内航班上，旅客名单是不给机组的。全美航空公司只好花费了些时间，从电子舱单记录上打出一个名单来。

到处都是警察。有一位高级警官告诉我市长迈克尔·布隆伯格（Michael Bloomberg）和警察局长雷蒙德·凯利（Raymond Kelly）想请我到另一个地方见一面。我拒绝了，说："我的责任让我待在这儿。"于是布隆伯格市长和凯利局长最后来到码头，问了我几个问题。我心里太牵挂旅客们的情况了，所以同他们没有多谈，只是简短地介绍了一下最新情况。我告诉他们："我已确认所有旅客都撤离了飞机，我们正设法清点全部人数。"

讨论了好一会儿关于机组和我接下来该去哪儿。最后我们被送到医院接受评估和生命体征检查。整个过程中，我一直都不停地在问："总人数是多少？"

我们在急诊室做完检查后被告知都没问题，之后就站在一旁，等着确认，等着新消息，等着决定接下来我们该去哪儿。检查室没有那么多椅子给我们坐，但实际上我也不想坐。我就在那儿干等着，不知道最终结果，身上的制服和袜子都是湿漉漉的，心里一点儿也不轻松。直到半夜我才有机会换上了干衣服。

在那之后的一两个小时里，又来了三位医生。他们来不是为了看病，可能只是因为好奇来看看我们，因为所有新闻节目都在报道我们的事。有一位 40 多岁的医生走进来，直视着我的眼睛。我看得出他在打量我，想弄清楚是什么能量支撑着我。他一言不发地看了 15 到 20 秒，最后说话了："你太镇定了，简直不可思议。"他说得不对。我一点儿也不觉得自己镇定。那时，我感到有些麻木，十分放心不下。只有我得知总人数是 155 人时我才会放松下来。

终于，在晚上 7:40，我们降落在哈得孙河上 4 个多小时之后，一名工会代表阿尼·金泰尔（Amie Gentil）机长进来告诉我了结果。"数字确认无误。"他说。

我强烈地感受到了一种这辈子从未有过的深切的欣慰。我觉得压在我心上的整个宇宙之重顷刻之间烟消云散。我记得自己长长地出了一口气，记不清笑了没有。我已精疲力竭，实在没有力气欢跃庆祝一下了。

这是我一生中最难熬的一天，但我却对能有这样的结局感到谢天谢地。我们没能挽救那架空客 320 飞机，它已经沉入河底。但飞机上的人们都将与他们的家人团聚。全部，155 人，一个都不少。

16 ——SULLY 险后余生 感触良多

我成了公众人物

我现在对这些都已习惯了。我拆开一封信，从里面掉出 5 张一美元的钞票。“萨伦伯格先生，干得真棒！我想请你喝一杯，虽然这只够买杯便宜的国产啤酒。”

有一份传真这样写道：“很高兴，在这个疯狂的世界上，机会还是青睐那些有准备的人。干得好，机长！”

有一封信里画了个正在欢快跳舞的史努比，标题是“哇，快乐的一天！”信是新泽西州的一位妇女写来的。“我们哈得孙河东岸的人们仍感受着‘9·11’带来的创伤。在这个三州交界的家家户户几乎都失去了或是一位家庭亲人，或是一位朋友，或是一个邻居，或是一名同事。你在河面上迫降飞溅的浪花驱走了这一切，使我们感到欢欣、安宁还有快乐！”

我在 1549 航班事件之后收到了成千上万件这样的信函。我的在线安全咨询业务邮箱收到了上万封电子邮件，个人邮箱还收到了 5 000 封。我不太了解 facebook[①]，但我的孩子们告诉我那上面有 635 000 个我的粉丝。

除了南极洲，各大洲都有人给我打来电话。几乎每次我到超市或餐

① facebook 是一个社交网络服务网站，于 2004 年 2 月 4 日上线。从 2006 年 9 月到 2007 年 9 月间，该网站在全美网站中的排名由第 60 名上升至第 7 名。同时 facebook 是美国排名第一的照片分享站点，每天上传 850 万张照片。——译者注

厅时，都会遇到有陌生人走过来说，他们并不想打搅我，只是想对我说声谢谢。

尽管有部分来信者曾有亲人或朋友在1549航班上，但绝大多数都不认识这班飞机上的任何人。这班飞机上所发生的事是如此深切地打动了他们，他们觉得必须要对我和我的家人说点什么。有人告诉我在听说了我们航班的故事后，他们也开始回忆起自己生命中某些至关重要的时刻，或某个曾让自己得到激励的人。还有人说他们不再执著于对子女的期望，或对某种已失去的东西难以释怀。

我已成为人们倾诉的对象，因为在这次意外事件和之后持续的反响中我已成了一名公众人物。倾听人们的心声，关注他们的故事——这是我新工作的一部分。

我把他们的感激视作丰厚的礼物，我不想拒绝他们那些善意的话语。尽管起初我感到不适应，但后来还是决定坦然接受人们的谢意。同时我并没有把这些感谢都当作给我个人的。我认识到，我只是被给予了一次表演的机会，而且把握好了应该会有不错的结果。

以前我从来没有扮演过这种角色，我一辈子都默默无闻。我对我的妻子十分满意，为女儿也感到自豪，但我的家庭生活很平静。我的职业生活也几乎是不为人知的，总是在关着舱门并锁上的飞机驾驶舱里工作。

但现在，我走到哪儿都会被认出来，人们会含着热泪走上前来。他们也不太清楚为何掉眼泪，应该是对那次航班的深切感受加上偶遇我的惊奇，使得他们情绪激动。当人们对我表示感激时，我的第一感觉是我真的并不值得被这样地关注和这么热情地感谢。我感到自己有点像一个冒名顶替者似的名不副实，但又觉得自己不应该让他们感到失望。我不愿拒绝他们的谢意，让他们不这样去想。

当然，我仍然不习惯自己头上带着所谓“英雄”的光环。正如洛里常说的，英雄是那些冒着生命危险冲入熊熊大火燃烧着的房屋里的人。1549航班的情况不一样，因为我和机组是被迫采取行动的。我们尽了最大努力，我们运用了训练中学到的技能，我们做出了正确的决策；我们没有放弃，我们珍视飞机上的每一个生命——于是最终我们有了一个好的结局。我不知道“英雄”这个词能否描述为上面所说的内容。我认为更确切地说，我们的人生观指引了我们那天以及在那之前的岁岁月月中的行动，成为我们所作所为的铺垫。

在我看来，人们更多的是认同这种人生观，而非英雄主义。

他们对 1549 航班事件反响这样强烈，还因为它刚好发生在人们情绪普遍比较低沉的时候。

2009 年 1 月 15 日，我们执行那次航班的日子，世界也正处于动荡中。美国的新旧总统正准备交接，有些人看到了希望，而有些人却对前途感到忧心忡忡。这个时代前景模糊不清，因为正在进行着两场战争，全球经济也处在衰退中。对很多领域的前景，人们感到困惑和担忧。他们担心我们的整个社会是不是已经迷失了方向，偏离了正轨。有些人甚至开始怀疑我们最基本的能力。

当他们听说1549航班的故事时，感到同媒体上报道的别的事情截然不同，可以说是好戏连台：飞机安全降落了，旅客和救援人员伸出手来互相帮助了，飞机上的人都平安无事了。所有这些都是正面的消息（当然，这不包括那架空客 A320 的所有人或投保人——对他们来说这件事无法令其振奋）。

那些在电视上收看 1549 航班事件报道的人们，对这一点感受尤深。它让他们确信他们所秉持的理念都是正确的，尽管它们并不总能明显地表现出来。他们看到美国品质仍在，我们的立国之本犹存。

在这次事件后，通过与这么多人的交流，我对生活更加充满感激，包括对我的国家，许许多多的人说被我的故事所打动，但我却更多地被他们所打动了。

1549 航班降落在哈得孙河上后，84 岁的赫尔曼·邦泽（Hermen Bomze）在他位于曼哈顿的 30 层楼的公寓里看到了下面的救援情景。

邦泽先生退休前曾做过海军和民用工程师。当看到旅客快速登上救生筏或飞机机翼上时，他被深深打动了。他很关心是否每一位旅客都逃出了机舱，也担心渡船能否及时救上每一个人。他给他的女儿布拉查·内哈玛（Bracha Nechama）打了电话，留了语音信息，告诉她自己的亲眼所见让他感动之至。后来，他的女儿来信讲述了他的故事。

1939年，赫尔曼15岁，他和他的姐姐、父母住在维也纳，正拼命要离开奥地利。由于他们是犹太人，住所被纳粹分子洗劫一空。他们知道犹太人正在被大规模驱逐，也听到了集体屠杀的传说。

赫尔曼一家希望能来美国，在那儿有亲属愿意为他们履行手续提供担保。那时，美国对欧洲移民有严格限额。在维也纳的美国大使馆，他们一家被告知只能得到3个签证——赫尔曼，母亲，姐姐。赫尔曼的父亲持有波兰护照，由于美国对波兰有不同的限额政策，不同意发给他父亲签证。

“求求你了，”赫尔曼的母亲请求道，“别让我们一家分开。”

“如果一家人必须在一起，”大使馆的工作人员说，“你们就留在奥地利；如果想走，就只能走3个人。你们来选择。”

一家人做出了决定。赫尔曼的父亲留了下来，赫尔曼和他的姐姐、母亲逃往美国，那里会更安全。他们3个人在1939年8月到达美国，不久后父亲就被送往布痕瓦尔德集中营，并于1940年2月被杀害。

将近70年后，赫尔曼目睹了1549航班的救援过程开花结果，勾起了他的痛苦回忆，于是他打电话给女儿布拉查。后来，布拉查一直努力帮他的父亲和我取得联系，于是给我写了这封信。

她在信中写到经历了大屠杀，赫尔曼对生命无比珍视。她还说她的父亲很幸运，因为我们的飞机没有撞上曼哈顿的楼房，而是安全地降落在了河面上。

“如果你没有这么高超的技术以及对生命的热爱，”她写道，“我的父亲和其他住在摩天大楼里的人们跟你飞机上的旅客一样恐怕都不能幸免于难。我的父亲作为一名大屠杀的幸存者教导我：拯救生命就是拯救整个世界。”

她解释道，犹太教义认为，当你救一个人时，你不会知道他或她将继续去完成什么事业，他或她的子孙又将对世界的和平与进步做出怎样的贡献。“祝你享受拯救了一代又一代人的快乐，”布拉查写道，“使得他们也将具有你那样的人道和博爱主义。愿主保佑你，萨伦伯格机长。”

她的信打动并一直激励着我。我感到很光荣，因为她认为将飞机成功降落在哈得孙河上是“对生命最高的承诺”。她说得对，我不知道航班上的154个人会继续去完成什么样的善举，我也不能预测到他们的子女、孙子，以及尚未出生的曾孙子们将对这个世界做出怎样的贡献。

还有人来信说他们同意我的观点：我不是一个英雄。我很感谢他们说到这一点。他们说充分准备及勤勉努力同英雄主义不是一回事。

“你在接受采访时，对于被称为英雄好像感到不安。”马萨诸塞州梅德福（Medford，Massachusetts）的保罗·凯伦（Paul Kellen）写道，“我也认为那个头衔对你有些不妥当。我觉得英雄就是为了更高的理想选择直面危险的情势，而你却没有选择。这并不是说你不是一个高尚的人，但我认为你的高尚来自你在其他时候所做出的那些选择。显然你在履行你的职业操守时，是一丝不苟的。显然你在一生中做出的许多选择帮助你做好了准备，来应对发动机发生故障的那一刻。”

“我们周围许许多多的人极富道德感、责任感，勤奋刻苦。我想这样的人有很多。如果不是偶然遇上那群鸟，你可能还在默默无闻地辛劳一生。”

“我希望你的经历能启发许许多多还在普通工作岗位踏实苦干的人们，其实他们的回报会很简单——当考验来临时他们已做好了准备。我并没有贬低你成就的意思，我只是想说，当考验来临时，你已做好了充分的准备。我希望你的经历能激励其他人也来效仿。”

我听到了很多人的经历，他们或者在事故中失去了亲人，或者经历过事故而幸免于难，而这些灾祸中当然也包含空难。

人们讲述了他们是如何找到勇气重新乘坐飞机，大部分都是因为他们还是信任驾驶舱中的那些飞行员们。

明尼苏达州圣保罗的卡伦·凯瑟·克拉克（Karen Kaiser Clark）来信讲述了 1985 年 8 月 2 日发生在达拉斯达美航空公司（Delta Airlines）的 191 航班空难。“夺去了 139 个生命，每个人的背后都有一个家庭、一帮朋友，以及他们自己在世上那个无可替代的位置。事故是由于遭遇风切变，我的母亲凯特是最后 7 个被辨认出来的遇难者之一。她的 15 个朋友也一同遇难。而在 5 个月前我们刚送走了父亲，这次是母亲守寡后第一次远行。”

卡伦说，当她从那场悲剧中清醒过来后，她接受了事实，对生活有了新的理解。她写道：“在佛罗里达办完母亲的葬礼后，我们坐飞机把她和父亲的骨灰带到俄亥俄州的托莱多（Toledo，Ohio）去。飞行中我们遇到了强烈的颠簸，大家都很害怕，但在那时我发誓如果能够安全降落的话，我要努力做到：（1）在这些艰难的时刻中学会成长并且不要心怀抱怨；（2）继续乘坐飞机，因为我要到国外去讲课。”

巴特·西蒙（Bart Simon）在克里夫兰（Cleveland）经营一家毛发制品公司。他告诉我，1992 年 3 月 22 日他乘坐全美航空 405 航班，飞机从拉瓜迪亚机场起飞时坠毁在法拉盛湾（Flushing Bay）。他写道：“我很幸运，头上只有一点划伤。”有 27 名旅客遇难，剩下的 23 名旅客中有 9 人重伤。国家交通安全委员会后来宣布事故原因，可能是由于飞机机翼表面结冰所致，再加上联邦航空管理局和航空公司对于结冰和延误没有完善的处理程序，机组在起飞时没有了解并确认机翼表面的冰是否已清除干净。

“我已经不再去想那天晚上发生的事情，而是继续我的生活，”巴特告诉我，“但上个月你们追降的画面以及极其相似的情景，全美航空、拉瓜迪亚机场、水面，又一下子勾起了我的记忆。”他说，当他在电视上看到我们机组时，感觉到机组身上凝聚着旅客们登机时怀有的期望：这些职业飞行员们“不管情况多危急，都能保持冷静、镇定，最重要的是，一切都在他们掌控之中”。他说他写这封信是“代表成千上万每年都坐飞机并把自己的性命托付给你和你的飞行员同事们的广大旅客”，特意表示感谢。

1992 年那场空难的第二天，一大早他就登上了一架从拉瓜迪亚飞往克里夫兰的飞机。“当我乘坐的飞机在滑行过程中，可以清楚地看见法拉盛湾 405 航班飞机烧焦的残骸，但那个早上我感到很镇定，因为我知道驾驶飞机的是技术娴熟的专业人士，我很快就会回到家了。”

作为飞行员，有时觉得旅客不太注意到我们。他们好像只是匆匆地从驾驶舱边走过，忙着在行李架上找位置。但在 1549 航班事件之后，我了解到了像卡伦·凯瑟·克拉克和巴特·西蒙这些人的想法，其实许多像他们这样的旅客对我们充满信任，我倍感荣幸。

特丽莎·亨西克（Theresa Hunsicker）在路易斯安那开了一家幼儿园，她是在福克斯新闻上看到 1549 航班的事情的。她 43 岁，有一个 9 岁的女儿。她在《60 分钟》(*60 minutes*)[①] 节目中看到了对我的采访，受到深深的触动，觉得必须要写下来。

“我叫特丽莎·亨西克，”她的信这样开头，“我的父亲是理查德·黑增（Richard Hazen），他是瓦鲁航空公司（Valujet）592 航班的副驾驶，这架飞机在 1996 年 5 月 11 日坠入佛罗里达州南部的大沼泽地里，飞机上共有 110 人。”

592 航班从迈阿密国际机场起飞前往亚特兰大，由坎达琳·库贝克

① 《60 分钟》是美国 CBS 电视台的电视新闻节目，由唐·休伊特（Don Hewitt）创建于 1968 年，同年 9 月 24 日 CBS 首播，主要内容有事件调查、人物访谈、特别节目、人物概评等，是有史以来最成功的电视节目，曾 5 次荣获电视排行榜第一名，曾创纪录地连续 23 季高居尼尔森电视节目排行榜前十名，迄今共获得 78 次艾美奖。——译者注

（Candalyn Kubeck）机长驾驶。起飞大约 6 分钟后，她和副驾驶黑增报告说飞机内部起火，驾驶舱内已有烟雾。在舱音记录上，一个女声从客舱传来，大声喊着："火，火，火，火！"

副驾驶黑增呼叫管制员，要求返航。几分钟后，飞机以 500 英里（805 公里）的时速坠毁在大沼泽地。飞机在撞击下解体。

事故调查表明，可能是飞机货舱运载的化学制氧机引发了火灾或起到了助燃的作用。制氧机外标注的是"空瓶"，也没有安装具备防火作用的运输保护套。在 592 航班空难之后，飞机货舱必须安装烟雾探测器和灭火系统，对危险品运输的规定也进行了修订。

在她给我的信中，特丽莎写到她看到 1549 航班的报道时忍不住哭了。她此时多么希望她父亲飞的航班，当初也能有与此相同的好的结局——安全降落在水上。她希望父亲和他的 DC-9-32 飞机[①]上其他 109 人也能爬上飞机机翼，或乘上救生筏漂泊在沼泽地的水上。

"多年以来，我都在想爸爸的最后几分钟是什么样子，"特丽莎写道，"我想他是充满恐惧，痛惜再也见不到他的家人了。一想到他所经历的恐慌和悲伤我就悲痛难忍。"

国家运输安全委员会主持调查工作的格雷格·费斯（Greg Feith）曾告诉她，她父亲在最后一刻仍在全力操纵飞机想方设法着陆。调查员的话让她稍感宽慰，但在之后的 13 年中她一直没能完全相信这个说法，因为调查员可没在发生空难的飞机驾驶舱里，他又怎么知道一个驾驶员在这样恐惧的时刻到底在想什么呢？

所以我在《60 分钟》节目中的出现对特丽莎来说，具有特别的意义。她听我讲到，当飞机发动机在纽约上空发生故障后，我并没有其他的杂念。我只是在想杰夫和我怎么才能保证 1549 航班的安全。我的解释让她有所顿悟，感到些许释然。

① DC-9 飞机是美国道格拉斯公司生产的客机，载客 120 人左右。中国民航曾使用的 MD 型飞机（包括 MD80 和 MD90 型）与其同一厂家，基本构型相同，性能有所提高。——译者注

“听到你说你如何集中注意力于你的工作上……这些话让我感到内心的宁静，因为你有切身的体验。”她写道，“现在我知道格雷格说得对。爸爸在逝去前的那个时刻并没有充满悲伤。他只是在努力完成他的工作。我真的太感谢你了，萨伦伯格机长，能听到你的故事真是太幸运了。”

洛里被特丽莎的信感动得哭了。她一直心怀感念，最后决定给特丽莎打个电话。她们谈了一个小时——一个是飞行员的妻子，另一个是飞行员的女儿，她们分享着彼此的回忆。后来洛里告诉我：“我们的心灵都得到了释放。”

特丽莎谈到一些好心的人们对她讲的话，她认为并不恰当。“人们告诉我父亲离去时是在做着他热爱的事情。”她对洛里说，“这些话对我没什么帮助。如果他在花园中死于心脏病突发，那是另外一种情况，也许去世前他正在做着喜欢的事。但他却死于3 000度高温的大火，那可不是他所喜欢的事。”

对592航班遇难者的搜寻持续了两个月。特丽莎告诉洛里，那个过程对亲人们来说是非常痛苦的。飞机解体支离破碎，要一块一块从污浊的沼泽地里捞出来。当工作人员在带锯齿边的草叶间穿行时，狙击手还要随时准备射杀可能出现的鳄鱼。

有一半遇难者无法辨认。特丽莎记得同一位妇女聊过天儿，她找到了儿子的脚踝，是凭借上面的一个纹身图案辨认出来的。

特丽莎的父亲是通过他的一个手指被辨认出来的，后来手指被装在一个小盒子里送到家里。他曾当过空军，所以留有指纹记录。“验尸官问我们想怎样处理它，”特丽莎说，“我们告诉他，‘我们希望它回到沼泽地与他的身体待在一起’。”

一个心理辅导师和野生动物及渔业管理员陪同她们一家到空难现场参加悼念仪式，将装在一个小信封里的副驾驶黑增的遗物放回到水中。对他们一家来说，这是一个有些超现实而又艰难的时刻，但也让他们得到了一点点的宽慰。

自 1966 年瓦鲁航空公司的这场空难以来，又发生了各种各样的空难，但特丽莎说只有 1549 航班带给她最大的触动。她说 1549 航班和 592 航班非常相似，都是在起飞后几分钟即出现严重问题，都没能降落回跑道上，最后都落在了水中。

特丽莎后来曾有机会可以去听舱音记录，但她没有去。一位乘务员的父亲听过之后便住进了医院。驾驶舱门是开着的，旅客们的惊呼声听得清清楚楚。“让我听那些录音将难以承受。”特丽莎说。

2006 年，那次空难 10 周年时，她鼓起勇气联系到调查员格雷格·费斯，对他说：“我能承受得了。请告诉我：我的父亲尖叫了吗？”他回答道：“绝对没有。你爸爸完成了检查单项目，他和库贝克机长一直尽其所能采取各种措施挽救飞机，直到最后一刻。”

特丽莎告诉洛里，当她在《60 分钟》节目中看到我时，“我多希望那是我爸爸啊，多希望他也能成功迫降，多希望每个人都平安无事，多希望之后他也能成为英雄，接受采访。”

她还告诉洛里：“因为我经历过最坏的结果，我想我更要为 1549 航班欢呼，我比别人为旅客和机组更加感到高兴。”

在她写给我的信中，特丽莎谈到她在过去这些年中花了很多时间思考关于她的爸爸“可能会怎样”。他死时只有 53 岁，4 年后特丽莎的女儿彭顿（Penton）出生。她写道：“父亲一生最大的遗憾，就是他永远见不到他的外孙女了。”

在她的信中，特丽莎还特意附上一张她和丈夫、女儿的合影——“你可以看见被你感动的人”。她们是非常迷人的一家，紧紧靠在一起，大家一起微笑着。她对洛里说，现在在她的心里把她父亲和我联系在一起了：两名飞行员都是在尽全力拯救生命。尽管她的父亲再也看不到他的外孙女了，但她感到欣慰的是我看到了。

我庄重地拿起了照片，漂亮的孩子，9 岁的彭顿在我手中，我心中默念着副驾驶黑增的名字，浮想联翩他逝去的如烟往事。

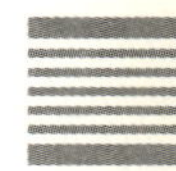

17 ——SULLY 盛名之下 如梦如幻

我不是英雄

在1549 航班事件刚过去的那些天里，我一次只能睡几个小时。我不断地追问自己。在事件发生的第一天晚上我对洛里说："我希望他们理解我已经尽力了。"这个念头一直萦绕在我的脑海。

整整好几个月的时间，我都在思考所发生的事情，并逐步释放那种受创后的压力。我们的飞行员工会有一个义务的危机事件应对项目小组，他们在我们迫降到哈得孙河上第二天就开始给我和机组提供帮助。我问过他们接下来我会经历哪些反应，他们说我的睡眠会减少，会心烦意乱，会没有食欲，还会不断地回忆，对发生的事情做许多另外的假设，总想"如果这样又会怎样"。

他们都说对了。在头几个星期里，我拿起书本或报纸看不了几秒钟就会不由自主地去想 1549 航班的事。

人们告诉我："你会发现很难让你的脑子停下来。"实际上我确实是这样的。我会在半夜醒来，大脑快速运转：我当时是否还有别的选择？别的飞行员对我所做的一切会如何评价？我是不是可以挤出点时间通知乘务组我们将在水上迫降？当我最后使用机上广播时为何没有说"抱紧！准备水上迫降！"我是否还可以做些别的，做得更好些？

渐渐地，我在心理上与这些问题妥协了，开始睡得着觉了。我详细地回顾了每一段情节。例如，如果我喊了“抱紧！准备水上迫降”，旅客们可能反倒会惊慌失措，四下里拼命寻找救生衣，而没有保持迫降姿势。他们可能更恐慌。后来的调查显示，150 位旅客中只有 12 位在起飞前阅读了前排座椅后背口袋里的安全须知卡。

最后，调查人员认定杰夫和我在每个步骤都做出了正确的选择，这让我振作起来。但是尽管我对 1 月 15 号那天做出的正确决策感到宽慰，我还是渴望事故发生前的生活。

在那几个月里，如果我能咔的一声双脚并拢做个立正姿势就能忘却整个事情，我早就这样做了。洛里和女儿们也希望再也不要发生这样的事了。尽管我并没有担心过会丢掉性命，但她们确实感觉 1 月 15 号那天几乎失去了我。她们那种恐惧感很难摆脱。

很快，无论如何，全家人还是看到我们面对的现实是可以掌控的，我们努力去发掘新的生活中那些积极方面的东西。同事们也劝说我要去发现生活中的积极因素。大家还请我出面作为飞行员行业和航空公司安全的公众代言人，我觉得这是一项崇高的荣誉。在国会做证词陈述时，我有了机会坦陈关于航空业的一些重要问题。我知道，现在我具有在航空业有关问题上发挥影响力的能力，而且我也将深思远虑地运用好这种影响力。

与此同时，我因 1549 航班事件变得名声远扬而让我们家获得了许多以前几乎没有过的难忘经历和我们以往根本不可能参加的社交活动。

我们突然成了名人之家，每天都不断有电话打来邀请我们参加各种从未经历过的活动：白金汉宫、乔纳斯兄弟乐队[①]的音乐会和宴会，这些活动的举办者在以前是根本不会理睬我们的。我们慢慢也适应了，但洛里和我还是会彼此望着对方，说：“我们怎么会来这儿？”

---

① 乔纳斯兄弟来自美国的新泽西的威科夫（Wyckoff），是借迪士尼频道走红的流行摇滚乐队。成员包括兄弟三人：凯文·乔纳斯（Kevin Jonas），乔·乔纳斯（Joe Jonas）和尼克·乔纳斯（Nick Jonas）。——译者注

在那个星期四的下午，当世界了解到1549航班事件后几分钟，我们的生活开始变得相当梦幻了。

我那身被哈得孙河水浸湿的制服还没干，洛里和我便开始接到各种人的电话，高官显贵、政治家以及新闻媒体界的大腕人物。不光是节目制作人打来电话，还有那些广播电视上的名嘴也亲自打来电话：黛安·索耶（Diane Sawyer）①、凯蒂·库里克（Katie Couric）②、马特·洛埃（Matt Lauer）③等。当我踩着泡了水的鞋子在码头上吧唧吧唧四处奔忙时，家里的传真机、两部电话，还有洛里的手机铃声响成一片。有家报纸的记者甚至找到了我女儿凯特的手机号，打到她那儿要找我。

事情发生的第二天早上，我还被暂时留在纽约，数十名记者和卫星转播车便聚集于我们在丹维尔的家外面。他们有些人将会在那儿坚守上10天。

洛里带着姑娘们星期五早上出来向媒体发表声明时，她保持镇定，但还是不免有些可以理解的激动。她说："他们要求我们——现在我要哭了，我一直都在哭，"她停了停又开始说，"全美航空公司要求我们什么都别说，所以我们不会做出什么陈述。但我们想说的是，非常高兴看到每个人都安全地离开了那架飞机，这也是我丈夫真诚地想转达给大家的。"

一名记者问我的情况怎么样，洛里回答说："他今天感觉好些了。你知道，他是个飞行员，很有控制力，也很职业……我一直都这样说，他只是众多飞行员中的一名，他把驾驶飞机当作一项艺术，他热爱它。"

---

① 黛安·索耶，美国电视新闻记者，担任美国广播公司早间新闻节目《早安美国》（*Good Morning America*）主播、《ABC世界新闻》（*ABC World News*）主播。2001年，她被《妇女家庭杂志》（*Ladies Home Journal*）评选为美国30位最有影响女性之一。2007年，她在《福布斯》杂志评选的"世界百位最有影响女性"中排名第62位。——译者注

② 凯蒂·库里克，美国哥伦比亚广播公司首位晚间新闻女主播，新闻界打工皇后。凯蒂·库里克独霸全球最高薪主播宝座。她原是美国全国广播公司的王牌女主播，2006年，美国哥伦比亚广播公司（CBS）用高薪把她挖来。——译者注

③ 马特·洛埃，美国全国广播公司《今天》（*Today show*）栏目主播。毕业于美国俄亥俄大学传播系（1979年辍学差4个学分没有毕业，1997年论文通过获得学位）。1998年，曾采访希拉里。——译者注

媒体摘出这些话予以描述，在后来的几百个报道中反复引用。朋友们以及根本不认识的人们都告诉我说，洛里不仅仅是一个漂亮可爱的妻子，在当时那种情形下，她还摇身一变又成了一位相当出色的发言人。

洛里还被问到全家是怎么看待越来越多的人把我称为国家英雄这种说法的。她回答说："那有点不可思议——我们也无以言表，"她回答说，"我的意思是，昨晚女儿们去睡觉时，我在卧室里听她们谈道：'是不是命运都是不可思议的，或者还有别的解释吗？'"

我没能看到有关洛里在我家房子外的即席新闻发布会的报道，实际上，我忙得根本顾不上看任何媒体的报道。

迫降的当晚，我只睡了两个小时。当天晚上和第二天有太多的事情要做。我必须保持头脑冷静去接受国家运输安全委员会的询问。他们问了大量的问题：星期三晚上（即迫降的前一天晚上）我睡了多长时间？早餐、午餐、晚餐都吃了什么？我是否疲劳？是否心烦意乱？距最后一次饮用含酒精饮料有多少天？我最近一次喝酒是一个多星期前的事了，喝的是一杯啤酒。

也有些比较轻松的时刻。当我们在事情发生的当晚住进酒店时，我们还穿着湿衣服。当然，我们所有的行李也都留在那架飞机上了。一位过来帮忙的飞行员同事跑到一家便利店给我们买来了洗漱用品。由于我们没有干衣服，他还给杰夫和我买了同样的两套衣服：黑色运动服，黑色袜子，黑色的 34 号低腰三角裤。一个星期后我告诉他："我妻子喜欢那些低腰三角裤，比我平时穿的白色高腰平腿内裤更性感。"杰夫回应道："你妻子可能喜欢你这样穿，可我腰围比你粗多了。看起来他们给我们买的是同样的尺寸，穿在我身上，简直就像是一条皮带。"

星期五我整整开了一天会，感到压力很大。我已精疲力竭。我仍在努力回顾过程中每个情节，我想清晰地回忆起驾驶舱里发生的一切，这样可以帮助调查人员理清所有细节。

接着有人告诉我，5 天后即将卸任的乔治·布什总统想跟我通话，这时他拨通了已陪伴我 20 个小时的飞行员工会副主席迈克·克利里（Mike Cleary）的手机。迈克把手机递给了我。

“萨伦伯格机长吗？”

“是的，总统先生。”我说。

他从一开始就很友善。“你知道，”他说，“劳拉、我的工作人员，还有我正在吃饭，我们谈起了你。我很敬佩你的飞行才能。”

我对他表示感谢。然后他问了一个重要的问题：

“你不会是得克萨斯人吧？”

“我是，总统先生。”我说。

他像一个地道的得克萨斯人那样说道：“哦，怪不得呢。”

我忍不住笑了。

然后他又问了一个问题：“你飞过战斗机吗？”

“是的。”我告诉他，“F-4 鬼怪式。”

“我就猜到你飞过战斗机，”他说，“我看得出来。”

我没有问他怎么猜得这么准，但我喜欢他这种轻松自然的方式，以及他那种只要是得克萨斯的，那就什么都好的看问题方式。这是一次愉快友好的交谈，我明确告诉他这次飞行和救援是集体努力的结果。我提到了杰夫、唐娜、希拉、多琳以及渡船上的工作人员，他也对他们表示了感谢。

尽管前一天晚上哈得孙河上发生了这么多的事情，但是，当我挂上电话后，不禁惊叹在美国能有这样的事发生。20 小时前，我还是一个默默无闻的飞行员，只希望执行完四天飞行任务中的最后一个航班，然后平静地返回家中。而现在，我却跟总统通了话，

就像两个得克萨斯的老伙伴聊天似的。

一个半小时后，我又接到另一个电话，是新当选的总统巴拉克·奥巴

马打来的。他也很友善，尽管他的评论和提问要稍微正式一些。他邀请我去参加总统就职仪式，我马上就想到了应该如何回答。我说："候任总统先生，我感到很荣幸，但如果我能去的话，我是否可以斗胆请求也能让所有机组成员和他们的家人与我一同参加呢？"

他说可以。

于是我们都去了，最后在就职仪式的一个舞会上受到新总统单独接见。尽管那个夜晚对他特别重要，但他十分宽厚和慷慨地把一部分时间分给我们。他对洛里开玩笑说："你不会让这些事冲昏你丈夫的头脑吧？"

洛里回答说："人们也许认为他是一个英雄，但他睡觉还是会打呼噜的。"

奥巴马总统大笑起来，说："你得把这个给我妻子讲讲，她也是这么说我的。"奥巴马夫人就在10英尺开外，总统喊她："嗨，米歇尔，过来一下，你应该听听这个。"

他让洛里重讲了一遍我打呼噜的习惯，然后两个女士对总统和我这个飞行员好好取笑了一番。

1549航班事件后，我们接连不断地收到各种各样的邀请，我们接受了其中的一部分。是啊，这些是人生一辈子只有一次的经历，我们怎么能拒绝呢？在超级碗的比赛上，我们1549航班的机组被当众介绍给大家，然后坐在最佳的位子上观看了球赛。洛里和我出席了奥斯卡（美国电影艺术金奖）的颁奖典礼，她旁边坐的是迈克尔·道格拉斯（Michael Douglas）[①]，而我则同西德尼·波蒂埃（Sidney Poitier）[②]聊了好一会儿。

---

① 迈克尔·道格拉斯，美国好莱坞著名电影演员，1976年因担任《飞越疯人院》制片人获奥斯卡最佳影片奖，1987年凭借电影《华尔街》（*Wall Street*）获得奥斯卡最佳男主角奖。——译者注

② 西德尼·波蒂埃，美国佛罗里达州迈阿密人，1945年首次在影片中亮相，1958年以影片《挣脱锁链》赢得柏林影帝头衔，迅速成为好莱坞头号黑人演员。1964年再以《田野里的百合花》勇夺奥斯卡最佳男主角奖，成为美国影史第一位黑人影帝。20世纪80年代执导了多部优秀喜剧片。2002年，美国电影艺术与科学学院为他颁发了奥斯卡荣誉奖。——译者注

我被邀请在新的扬基体育场举行的第二场棒球比赛上投出第一个球——我做了充分准备。我可不想在52 000名扬基队球迷面前丢脸——所以之前有一个多月的时间，我每星期都抽几天在我家附近的一个棒球场练习投球。我有一个邻居叫鲍尔·祖维拉（Poul Zuvella），曾是职业棒球守垒员，在大联盟的四个球队打过球，其中包括扬基队。他十分热心地教我。我以为我练得不错了，但当我真的投球时，却有一点偏了，还好至少没投飞。在西海岸，我还被邀请在旧金山巨人队比赛和奥克兰比赛上开球。

尽管我因为是那次航班的机长而受到最多关注，我还是很高兴看到大家也赞赏杰夫、唐娜、希拉和多琳所做的一切。一开始他（她）们不大愿意走进媒体的闪光灯下，但后来认识到他（她）们这样做可以帮助外界更好地解民航业内部的运作情况。杰夫也得到了他的荣耀，他在密尔沃基酿酒人（Milwaukee Brewers）[①]本土公开赛上开球，而且他在接受采访时表现得很棒。人们也了解到我们的三位乘务员们经验丰富、训练有素。她们1月15日的努力挽救了许多生命。她们的事例向大家表明乘务员并非只是在飞机上提供咖啡和花生米。她们站在旅客的面前，当飞行员将身后的驾驶舱门关闭锁好后，是她们站在一线确保旅客们的安全。尽管最初她们刻意保持低调，但多琳、希拉和唐娜渐渐认识到她们也有责任发挥作用，便尽其可能像女发言人一样宣传她们的职业。她们总是表现得很优雅，我为她们感到非常骄傲。

在我的家乡丹维尔为我举办了一场温馨的欢迎仪式，有数千名位居民参加。之后我又应邀回到母校，在得克萨斯州丹尼森中学的毕业典礼上讲话。在那里我见到了91岁的依芙琳·库克（Evelyn Cook）——库克先生的遗孀，这令我激动不已，感慨万分。当年是库克先生在他的草地机场手把手教我飞行，非常荣幸能在这么多家乡的父老乡亲面前向大家讲述库

① 密尔沃基酿酒人棒球队，1969年成立于西雅图，一年后即迁到了密尔沃基。原本属于美联的酿酒人队，20世纪90年代末一跃成为美联赛劲旅，更于1982年夺下队史第一座分区冠军（当时属于美联东区）。——译者注

克先生对我一生的影响。同样有趣的是，能在得州州长、昔日同窗和镇上的达官显贵面前调侃说："我在上中学时，你们怎么不对我也这样好呢？"

如果1549航班上哪怕只有一个人遇难，我想我是不会接受任何一个这样的邀请。如果是那样，人们对整个事件的感受就会沉重得多。而事实是飞机上的所有人都幸免于难，所以人们都愿意为之庆祝，人们参加这些活动本身就意味深长——同时对我也一样。

而且这样的结局也使得人们可以拿这次飞行开开玩笑。喜剧演员斯蒂夫·马丁（Steve Martin）在《大卫·莱特曼脱口秀》中，声称他当时也在那班飞机上和我们在一起。演莱特曼的斯蒂夫·马丁使用虚构的镜头表演在机翼上走动，为了登上专为重要客人服务的救援船，不惜把其他旅客推进哈得孙河里。他的表演滑稽有趣，连我们这些亲身经历过迫降事件的人也都捧腹大笑。

当看到商业界也开始利用这次航班闹哄哄地炒作时，我感到很搞笑。有几个企业家制作了印着"萨利是我的飞行员"的棒球帽和"萨利是我的副驾驶"的T恤衫，有一位还解释说他之所以这样做是"因为这次飞行表明世界上终有好事发生的"。这些T恤衫让我有点尴尬，但还能接受。但不管发生什么，我真正的副驾驶——洛里，总是能防止我被冲昏头脑。

有一天在洛杉矶，我们走进电梯时人们认出了我。我们出电梯后，一个年轻女子拿出她的手机打电话，听得出是打给一个朋友："太酷了！我碰到萨利了，就是那个飞行员！"

当她在电话里激动地描述遇见我的时候，洛里就在她的前面，当听到别人提到我的名字时，她忍不住转回头。

年轻女子以为洛里只是电梯上另一位过客，她对洛里说："能遇到萨利不是一件最酷的事吗？"

洛里回答道："是啊，我就是他的妻子。"

年轻女子有点儿不好意思。"噢，抱歉。主要是萨利的故事让大家都感觉很棒。他在那次飞行中的表现太令人难忘了。”

洛里笑了笑，带安慰的口气告诉她，我是一个普通人——并不总是那样令人难忘。“给你讲啊，”她说，“今天早上我还看见他穿着内衣在酒店房间里走来走去呢。”

女子走开了，边走边打电话。我猜她正在跟朋友们讲述洛里透露的关于我们在酒店房间里的情况。

1549 航班事件之后的几个星期里，我读了一些报纸的文章，也看了一些电视报道。总的来说，媒体做得很不错。

在一家报纸的报道中对我有个不准确的描述，后来传得沸沸扬扬。他们引用了一个“警方消息来源”说：“在飞机迫降后，萨伦伯格先生戴着大盖帽坐在码头上，饮着咖啡，就像什么也没发生过似的。”又引用一位救援者的话说：“他表现得绝对完美无瑕。他看上去像穿着飞行员制服的戴维·尼文（David Niven）①——他看上去沉着冷静。他的制服笔挺。”

是的，我是穿着制服，但我们公司现在并不要求一定要戴帽子。好些年都不这样要求了。我也不太爱戴帽子，实际上，1 月 15 日那天，我的帽子放在加州家中卧室的衣橱里。我也对提到我像衣冠楚楚的戴维·尼文不敢苟同，实际上我浑身湿透，乱七八糟，而且有点儿迷惘不安。（我确实很感激拿我和戴维·尼文进行比较，而且，特别是他在第二次世界大战期间参加过诺曼底登陆。）

由于记者们兴趣浓厚——迫降事件发生后头一个星期里，我们每天会收到 350 个媒体采访请求，我最终同意接受几家采访。我不大擅长上电视，

① 戴维·尼文，第 31 届奥斯卡影帝。生于伦敦一个贵族家庭，少年时期就读于桑赫斯特军事学校，从事记者等多种职业。后到好莱坞当临时演员，因出众的才华和优雅的风度，逐渐升至一号主角。20 世纪 50 年代是他艺术生涯的鼎盛时期，其中以《环游世界八十天》最为出名。1958 年以《分离的桌子》荣获奥斯卡最佳男主角金像奖和纽约电影评论奖的最佳男演员奖，共拍有影片 100 余部。——译者注

现在仍是这样，我会感到不自然。但我觉得现在我已掌握了些上电视的窍门。

事到临头时，尽管开始时面对镜头有些紧张，但最后完成得还不错。是有很多事我不了解，但有些事我很清楚，包括许多同航空有关的问题。媒体问我的很多都是我知道的内容，所以我没有经常感觉很为难。

我从一开始就下决心，对媒体不必有什么担忧，因为他们问的是关于我的问题，而我当然比任何人都更了解自己。人们很少问到专门的技术问题，我也注意少用些太专业化的术语。

很多出版商要求第一个对我进行书面采访。想想如果我没有选《华尔街日报》《华盛顿邮报》《纽约时报》，而是选择《野猫论坛报》的话，那会是多么有趣。后面这份报纸是凯特所在的多尔蒂谷高中的学生报。报纸头版编辑、二年级的杰加·桑穆伽姆（Jega Sanmugam）采访了我。他有备而来，思路敏锐。他问了许多问题，但没有让我感到紧张。

我还是希望能出现在凯特喜欢读的报纸上。如果我出现在《野猫论坛报》上的话，也许她会觉得她老爸很酷。

在纽约接受一次采访时，洛里、两个女儿和我中间抽空儿去林肯艺术中心看了音乐剧《南太平洋》（*South Pacific*）。我们坐在观众席上，在演员谢幕时，女主角凯利·奥哈拉（Kelli O'Hara）提到了 1549 航班，并宣布我也在观众席中。聚光灯照在我们 4 个人身上，然后全剧院的观众们起立为我们鼓掌 90 秒钟。洛里流下了热泪，这个场景让她切身感受到了 1549 航班事件的巨大影响。

她被深深地打动了，因为她感觉到人们不仅仅是为我和机组而起立鼓掌。她认为，人们起立欢呼是因为 1549 航班的成功迫降让他们对生活有了乐观的期待，特别是在这样艰难的时势下更是如此。

很多人丢了工作，抵押贷款的房屋被收走的越来越多，一生的积蓄大幅缩水。许多人感觉在人生前进的道路上仿佛遭到了双倍的鸟击。但 1549 航班向人们表明你总是可以做更多的努力。天无绝人之路，不论作为个人还是作为社会，我们都会找到走出困境的道路。

所以在《南太平洋》的演出现场，洛里认为观众们站起来不是为了赞颂 1549 航班，而是向它所代表的东西致意，那就是希望。

当我在人群中向大家挥手致意时，洛里轻轻擦着她的眼睛。我拥抱了她，并再次向大家挥手。

哈得孙河上迫降后不久，在夏洛特举办了一次团圆聚会，杰夫、多琳、唐娜、希拉和我见到了许多位 1549 航班的旅客和他们的家属。你可以想象得到，这一天所有参加聚会的人都很激动——机组、旅客以及陪伴他们而来的家属。一位妇女对我说："谢谢你没有让我变成一名寡妇。"另外一位说："谢谢你让我 3 岁的儿子仍然拥有父亲。"一位当时在飞机上的年轻妇女走过来对我说："我准备怀孩子了。"

一些旅客抓住时间把他们带来的每一个人逐一介绍给我。"这是我母亲，这是我父亲，这是我兄弟，这是我姐妹……"

这样的情形持续了近两个小时。

抽象地说，155 只是一个数字。但是所有险后余生的旅客脸上的表情——以及所有亲人脸上的表情使我的心灵感到了震撼，1549 航班能有这样一个圆满的结局是多么美好啊。

在聚会结束时，我对大家的到来表示感谢。我说："我想今天对我和机组跟对你们一样重要和有意义。在心中，在脑海里，我们因为 1 月 15 日的事情将永远连接在一起。"

在那之前的几天，我收到了一位叫大卫·桑塔格（David Sontag）的旅客的来信。大卫 74 岁，作家、电影制片人，做过电影制片厂经理，目前在位于查普尔希尔的北卡罗来纳大学传播系任教授。那时他刚参加完他哥哥的葬礼，乘坐 1549 航班回家。他坐 23F，看到了发动机冒出的火焰。在飞机下降时他开始祈祷："上帝啊，不能让我们家在一周内失去两位亲人啊。”

他写信来感谢我和机组，还引用了他在他哥哥葬礼上的话共勉：“我们把自己很小的部分留给了与我们生前相关的每一个人。”他还告诉我，机组将永远活在“那次航班上的所有人——以及和我们一生中认识的每一个人之中”。

我谦逊真诚地同那架飞机上的每位旅客、他们的配偶和他们的孩子保持着联系。我很荣幸能和他们所有人共度一段共同的时光。

因为那次 1549 航班事件，那么多的人进入了我的生活——渡船船员、警察、调查人员、记者、旁观者和目击者。

我一次又一次地回想起 84 岁高龄的大屠杀幸存者赫尔曼·邦泽，他坐在高楼上俯瞰着哈得孙河，心中坚信拯救一个生命就是拯救世界。我又想到了在那架飞机上的旅客，如大卫·桑塔格等，他们已决心在余下的生命中始终秉承那些可爱可敬的想法。

大卫给我的信非常感人，让人难以忘怀。后来我给他回了一封信，感谢他所写的那些亲切的话语。我对他说：“就像我会活在你们的生命中一样，你也将活在我的生命中。”

18 ——SULLY

感今怀昔 温暖家庭

亲人间的相互支撑

对我们大家来说，都是如此。我们所认识和爱着的每个人，我们的每一段经历，我们做出的每一个决定，我们不得不面对和接受的每一次遗憾——这一切都是让我们之所以成为自己的现实生活的组成部分。我长大成人后所经历的风风雨雨都是如此。经历了 1549 航班幸免遇难后，我更深刻地理解了我们生命的真谛。

在经历了那次航班之后，我反复回顾了自己所有最亲近的人——我妈妈、我爸爸、我妹妹、洛里、孩子们以及亲朋好友。

特别是对我的父亲，他一直萦绕于我的心间。

我从他那里学到了很多，如言行一致做守信的人，如要服务于集体，如重视家庭，如把宝贵的时间留下同你的子女在一起。每当回忆起一些最温暖的时刻，总能让我的脸上挂着笑容，像他把他的牙科诊所关上一天，带着我们旷课去达拉斯玩海盗探险游戏的那些日子。

我感谢他给予我的那种信任感。我 12 岁时，他就让我带上来福枪到树林里去练习枪法。他知道培养责任心的最佳之路就是提供担负责任的机会，而且从年龄越小开始越好。

在生活中，爸爸在很多方面都是一位知足常乐者。他知足普通的收入，知足得克萨斯的乡村生活，知足住在很不完美的房子而且还很愉快，因为它是我们用自己的双手修建起来的。当我听谢里尔·克罗（Sheryl Crow）唱的歌曲《沐浴阳光》时，我就会想到父亲。他的生活基线就像歌中所唱的：“不要总想着得到什么，多想想你已拥有的。”

回想父亲的时候，有些关于他的记忆却是黯淡的。他并没有过多谈论他的抑郁症——他自己轻描淡写地称作“十分忧虑”。家里人也从不知道他内心的病魔让他深陷困境。

在20世纪90年代中期，我父亲得了胆囊疾病，但他一直没有去看医生，直到疼得非常厉害。后来胆囊破裂，必须做手术。他在重症监护室里住了几个星期，使用了大量抗生素。他的一些器官开始衰竭。我的爸爸忍受着病痛，他知道需要数月才能恢复他生活自理的能力，但大家知道他能够完全康复。

1995年12月7号，他终于从医院出来回到了家中，我的妈妈把他安顿在了他们的卧室里。然后妈妈去房子另一头的厨房给他弄些果汁，把他一人留在卧室里。不一会儿，妈妈听到了沉闷的“砰”的一声。她感觉这声响有点熟，之后突然反应过来那是什么声音了。手上盛着果汁的杯子掉在地板上，摔得粉碎，她穿过房间向卧室跑过去。

她一边跑，一边希望只是听岔了。可当她跑进卧室时，便呼号起来：“噢，不！噢，不！”但这一切已经为时太晚。

爸爸用手枪自杀了。

他那年78岁，之前看不出他有任何迹象会走到这一步。他也没有留下遗书。

令人非常痛心的是，家中只有妈妈，她看到了他的状况并拨了911。妈妈自己一个人，自己清洗床单，自己清除地毯上的污渍，她自己请工人修理被子弹打碎了的玻璃。

我始终体会不到父亲有多痛苦，为何做出这样的决定。我猜想就像许多抑郁症患者一样，他得不到治疗而内心越来越钻牛角尖。他对外界的看法已经扭曲，他或许视野狭窄，只看到自己的问题，而无法看得开一些。我想父亲精神上的巨大痛苦压垮了他。

他可能觉得这是为了保护妈妈，以免她不得不长期照看一个生病的老人。也许他觉得让母亲卸下那些负担是一种高尚的举动。他还是一个自尊心很重的人，他难以接受生活不能自理的现实。

在他自杀的时候，我已 43 岁了。自然地，我感到烦恼，对自己感到生气和怨恨。我觉得我本应该多关心他一些。但从理性的角度看，我的妈妈、我的妹妹和我也都明白，与其他许多自杀的情形一样，我认为我们这些爱着他的人是很难有办法阻止他那样做的。

我母亲决定不为爸爸举行葬礼。她可能担心朋友们和邻居们会怎么看，也羞于提及他所选择的方式。我努力柔和地去劝她改变主意，但我后来认识到还是应该由她做主。于是洛里、我、我的妹妹、妹夫一起陪着妈妈和一位年轻牧师一道，把爸爸的骨灰撒在了特克索马湖（Lake Texoma）边，我家的土地上。

那是寒冷、凄凉、阴沉的一天。在得克萨斯州的冬天，草都枯了，黄了。一切都令人感觉是那么孤独。

我讲了几句，妹妹也说了一些，然后是从坐落在丹尼森的维珀利斯联合卫理会教堂开车赶来的牧师。轮到了我妈妈，她的话比较简单："在他活着的时候我已对他讲了所有该说的话，没有需要再说的了。"我的母亲看上去显得情绪还好，坚强、克制。

我们都没有说太多。我想大家站在那里时心灵都是震撼的，对父亲做出那样的选择感到心里不是滋味。我特别想不通的是他竟然丢下他的孙女们，我难以相信他会那样做。

1549 航班迫降之后，人们来信告诉我他们从中能感受到我是多么地尊重生命。非常坦率地说，我之所以如此至高地看重生命的价值，其中一个原因就是父亲的离世。

当我坐在1549航班的驾驶舱里时，并没有想到父亲的自杀，一点儿也没有。但他的去世确实对我的生活和我对外界的看法产生了影响。它使我更加努力珍惜生命。我在自己的职业生涯中付出了更多的爱心。我愿意努力工作以保证人们的生命安全，做一个乐善好施的人，而不要做一个袖手旁观者，这样做的部分原因是我没能挽救我父亲的生命。

父亲去世后，当母亲渐渐从悲痛和内疚中走出来后，她又重塑了自我。我挺为她感到自豪的。她到处旅行，几年之后，她甚至遇到了一个不错的男人，开始同他真诚地约会了。她真的焕发了青春。

我想，如果不是在1998年12月被诊断出结肠癌的话，我母亲会一直过得充实而又忙碌。

我得知她患癌症的那天，正好飞MD-80执行完匹兹堡的航班，我立即赶航班飞回达拉斯。我的母亲已经知道剩下的时间不多了，并且也这样告诉了别人。对此我们都感到震惊。她只有71岁，一生中从未得过大病。她的家族历史上一直都很长寿。她的父亲活了94岁，她的母亲活了102岁。

但我们只能面对现实，在她生命最后的几个星期里，我有机会同她谈了许多我们的生活，她谈了对凯特和凯莉的希望。她说她没有多少遗憾。不像父亲走的时候那样，这次我可以有机会跟她做最后的告别。我的妈妈在确诊之后只活了一个月。于是在短短几年之中，我们又一次痛失亲人。这一次，我所有的感受跟失去父亲时一样，但没有怨恨。

家里的生活对我而言是一堂持续的课程。

从父亲自杀到母亲去世的3年间，母亲经受了严峻的考验。曾当过教师的她教会自己怎样最大限度地享受生活，怎样尽可能地过得快乐。她寡居后的生活使我对妈妈更加佩服了。

当我坐在1549航班驾驶舱里时，我并没有想到她，但她热爱生活的精神一直支持鼓舞着我。

洛里和我都希望我的父母能活着看到1549航班所发生的一切。这次事件可能会让母亲感到惊恐，情绪受到很大刺激。当然，最后结果又会让她喜出望外。妈妈会喜极而泣，而我的爸爸会感到自豪。

在我刚当上一名飞行员的时候，我的妈妈总是提醒我要注意安全。她会嘱咐我说："飞得低一点儿，飞得慢一点儿。"我则会眨眨眼睛。妈妈和孩子之间的交流就像一幕喜剧似的不断上演。

我会告诉妈妈飞低点儿、飞慢点儿并不比飞得高点儿、飞一个适合的速度更安全。对此她能理解，但"飞低一点儿，飞慢一点儿"成了她提醒我多加小心的方式。她喜欢用这样简便的方式对孩子提出忠告。

1月15日那天我们在哈得孙河面上，飞机拉平时确实飞得很低。失去发动机的动力，我们飞的速度也很慢。如果妈妈活到这一天，我可以想象会得到妈妈这样的评论："低一点儿慢一点儿使你终得善果了吧，不是吗？"妈妈在天之灵保佑着我。

我想象父亲会这样对我总结1549航班："看样子你学得不错。你专注于干某件事，对它得心应手，你也得到了它的回报。你的确与众不同。"

我不知道他是否会给予我诸如英雄一般的赞誉。在他们那一代，人们处于艰难的境地，都能承担起相应的责任。他的同辈们打赢了第二次世界大战，其中大多数人都默默无闻，没有太多宣扬自己。我想爸爸对我的成就会感到自豪，但他会这样看待所发生的事：我很好地完成了我的工作，在我之前有很多人也是这样做的。

父亲和我感情很深，在有一点儿直来直去的脾气方面我们又很相似。我真希望我们父子二人能更亲近些，但这跟他的脾气和我的脾气都有关。我们话都不多，自我控制力强，从没有充分交流过个人感受，都不善于表达，许多话闷在心里。

在我们家从来听不到大喊大叫，大家都非常有礼貌和含蓄。这样的环境使得童年时代很平静，但这也有另外的一面。尽管我们享受着相互陪伴的温暖，但没有太多的感情交流，不大谈论个人的事。当我长大一些后，有点儿羡慕和嫉妒那些普通而传统的大家族，他们总在争论，仿佛是一种爱的表达方式。我生活的家庭中人们很少发火，或是说出些漂亮的令人激动的言辞。别误会我，生活在一个平和的家庭中非常好，只是有时会感到一点点冷清。

我想我骨子里是追求平稳的家庭模式的。我尝试着让自己更开放，改变与女儿们的关系模式，更外向一些。现在我仍在努力中。

父母过世时凯特和凯莉还在蹒跚学步，现在我多希望爸爸妈妈还活着，亲眼看看亭亭玉立的两个可爱姑娘。我努力将我父母的价值观传递给她们，而且看到她们已经继承了很多。

姑娘们也有她们自己的特质和天赋。这些不是洛里和我教给她们的，或是言传身教给她们的。在发生 1549 航班事件后，我对她们的一些特质看得更清楚些了。

比如,凯特超级自信。当洛里和我谈起凯特对她自己总是感觉良好时，有时会说我们也像她那样多好啊。现在凯特 16 岁了，她仍然很执着，很有趣，同时也是个十分勤奋的学生。她一直想成为一名兽医，这个愿望从没有动摇过。

她的朋友说她可能是他们见过的最自信的人。他们可以讲出故事来证明这一点。一次，在中学里，有个女孩不喜欢凯特的裙子并告诉了她。“我很遗憾你不喜欢，”凯特回答道，“但是我非常喜欢。”

洛里说许多女孩听到同伴们对其服装的贬低后都会深受打击，但凯特不会。

她在男孩面前也很自信。她 9 岁的时候，有一次我们到一个滑雪场度假，她看见一帮大男孩在堆雪人，便对我们说:“我要去跟他们一起玩。”

我们叫她小心点。那些男孩她一个也不认识，比她大好几岁。但她大胆地径直走到那帮男孩中间说她也要一起玩儿。她明确地提出了她的要求，一开始男孩们有些吃惊，然而看到她是如此自信，也就让她一同玩了一下午。洛里和我对她这种自信感到很惊讶。

1549 航班事件发生几个星期后，在她参加加州汽车管理局的驾照考试时，我又一次见识了她的自信。洛里和我陪着去了，都为她捏着把汗。她准备充分，我对坐在方向盘之后的她也抱有信心，但你很难保证一个孩子在首次上考场那种紧张的时刻会有怎样的表现。

当凯特参加路考时，洛里和我站在车辆管理局（DMV）①等待区域后面。那 25 分钟显得十分漫长，她回来了，脸上带着灿烂的笑容。她通过了考试。

我忍不住问她："难不难？有没有担心过不了？"

她回答说："我知道我能成功。"

凯特的意思是，她的自信来自充分的准备。她努力学习了，认真练习了。

她说这话的时候，让我想起了当 1549 航班发动机停车时我的感受。实际上，在凯蒂·库里克问我朝着哈得孙河下滑降落的过程中是否有信心时，我也用了和凯特一模一样的话。凯特不记得那些是我在电视上说的话。她只是通过她的准备获得了同样的信心。

凯特看事情总是黑白分明，只有对或不对，是或不是。洛里说在这方面她很像我。她总是善于控制情绪，非常理智。我很理解她，尽管我们很相似，但我们却不容易在情感上紧密相通。

有几年了，凯特越来越强的独立性曾让我很头疼。她长到十几岁时，变得不大愿意跟我说心里话了。她仍会跟洛里说，这让我有时感觉像一个局外人。可我是她的老爸啊。

---

① DMV 是 Department of Motor Vehicles（美国车辆管理局）的缩写。美国车辆管理局是办理美国一切有关民用汽车的问题的机构，如：机动车辆的登记、更新和事故处理，负责驾驶执照的发放、更新等。美国的 ID 卡也由美国车辆管理局办理。每个 18 周岁以上的美国公民或合法的外籍人士都可以随时去美国车辆管理局申请驾驶执照。——译者注

1549 航班事件稍微改变了一下这种状态。现在她更愿意在动作上流露出情感。我们之间的爱很少用语言表达出来，但彼此都能感觉到强烈的感情依托。

与凯特不同，14 岁大的凯莉非常敏感，感情丰富。还在蹒跚学步时，凯莉就爱依偎着我们——洛里把她叫作“我们爱抱抱的小兔兔”——这种感觉妙极了。当我外出飞行离开时她总会哭。她三四岁时，只要看到我穿上制服就会掉眼泪。

凯莉具有与生俱来的同情心。如果学校来了新的女同学，或者哪个小孩有残疾，她会第一个去陪他们玩，或者会说：“午餐时我们坐一块儿，好吗？”她总是觉得需要帮助这些孩子，她的心思太重了。

她对每一件事的心思都很重，对一些刺耳的话会很敏感。十几岁孩子们之间常有的一些争吵她会感觉受不了。她说话小心翼翼，即使有反对意见也会用柔和的语言委婉地表达。她不想伤害别人的感情。

我记得在她小学 3 年级或 4 年级时，当她从学校回家时，洛里和我会问她：“今天怎么样啊？”

每次都一样，她会告诉我们哪个同学在学校又过得很糟糕了。她能感受到别人的麻烦，并觉得需要自己给予帮助。我知道这是她心很重的一种表现。

1549 航班事件发生的当天，凯莉的心完全随着事件起伏。当洛里告诉她所发生的事后，她便哭起来了，尽管她知道我平安无事。她的这种表现部分是源自于她认为我生命曾经面临危险。但我还认为她能深切地体会到我经历的所有感受，对我充满了同情。听到一个个细节让她非常不安。

在 1549 航班事件后的一段时间，凯莉和凯特的学习成绩都有所下降，甚至凯特的成绩再也没有完全回升到原来的水平。开始的时候，我们的压力都很大。她俩缺了一些课，返校后碰上几次考试都没来得及准备。一旦成绩掉下来，很难使平均分数得到回升。有几个星期我们的正常生活被打乱了，我们在生活中新的“公众形象”——当我们出现在公众面前时要刻意保持的——让她俩很不适应。

在事件发生后，我们全家坐在一起阅读从世界各地寄来的一堆堆信件。这帮助我们一起应对这次事件，看到人们是如何在情感上与它联系在一起的。这也提醒我们要珍视彼此之间的紧密联系，因为任何事都会有变化。我想女儿们对这一点的理解更深了。

作为十多岁的孩子，凯特和凯莉再也不像以前那样经常依偎到洛里和我的怀里。我们怀念已逝的时光。有时当她们情绪低落时，她们会像小时候那样依偎在我们身旁。在1549航班事件之后，我们互相拥抱得多了一些。我离开家的时候会更多地去看看女儿们，即使一大早，她们还在床上睡着。

1549航班事件几个星期后，洛里写信向所有对她表达过关心的朋友和陌生人表示感谢。她写道：

现在我仍很难平静下来。1月15日的事件就像一个洋葱，一层又一层，要把它剥开来已经费了不少时间，而且还需要更多的时间。对于我来说，既要面对事件本身，还要面对媒体的巨大关注，以及大量的邮件。

很有趣的是我们的大脑会保护我们免受创伤，因为当萨利告诉我那个消息后，我并没有感到恐慌。我只是觉得不可思议，有一种超凡脱俗般的神灵感觉，自己都不敢相信那是真的。我的心跟随着整个事件的进程，但没法相信在电视上看到的就是我丈夫驾驶的飞机。

我从理智上知道并在心里坚信商业航空是最安全的交通方式，所以我从没有为萨利的职业担心过。我的丈夫怎么可能遇到飞行事故呢？不可能，也从来没有。

1549 航班事件使我们的婚姻生活也出现了一些碰撞。我们的情绪都因这次事件的起伏而变化着，很难自控，有时会感到困惑，而且也不能随时都进行充分的沟通。

事件发生 5 个月后的一天早上，洛里对我说："整个早上我都想哭。"于是她自己去了附近我们最喜欢爬的一座山——"一切皆有可能"之山。她独自一人在山顶站立一会儿，哭了。她为何而哭呢?

"这次事故，事故后发生的一切，对我而言仍觉得想不通。"她对我说，"我感觉自己还没有能够完全从中自拔。"

并不只是这次 1549 航班事件猛然让她意识到可能会失去我。"我一直都认为可能会失去你。"她说，"我们每个人都一样，你的安全在高速路上时寄托在周围开车的人身上，在餐馆时寄托在食物的卫生上，也可能得上我们从不知道的什么疾病。所以我并不只在你每次飞行时才担心你的安全。"

实际上，洛里只是觉得哈得孙河上的事件和此后的影响搅乱了她的脑子。这些对我们家庭生活也产生了影响。

在我们的整个婚姻生活中，很长一段时间洛里都像一个单亲妈妈。我外出飞行，她得一个人应付家里所有的事。好像是我一走，家里的东西每样都会出麻烦——汽车、洗衣机、烤箱。有一次，我在飞机上做准备，飞机即将从停机门推出，这时我的手机响了。是洛里打来的，她显得有些惊慌。水从我家房子的侧窗顺流而下。开始时她以为是下暴雨了，后来才明白是游泳池水泵的密封裂了，水喷向空中，就像一根消防栓打开似的。

"噢，天哪！"洛里说，"游泳池裂了！有 1/4 的水都喷出来了，有几百加仑的水正浇到我们的窗户上！"

"我的飞机快推出了。"我对她说，意味着我得关手机了，"把过滤泵关掉，打电话叫管游泳池的工人来。我得走了，抱歉。"于是我关掉了电话，向跑道滑去，留下她独自处理这场水灾。

没有一个女人在面对这样的紧急情况时会愿意自己的丈夫挂断她的电话。一次又一次，这是我为我的飞行职业付出的代价。

1549 航班事件之后我更是忙得不可开交。我被安排出席各种场合，提供证词，回答媒体提问，作为飞行员行业的代言人四处旅行。在哈得孙河上迫降后的 7 个月，我甚至没有机会为全美航空公司飞过一班飞机。有几个星期，我离开家的时间比过去飞航班时还多。

“你不可能与女儿们再重新生活一遍。”洛里一直跟我说，“你如果总是年复一年地没有时间和家人在一起生活，明日复明日，明日何其多，你会错过太多太多。流走的时间是永远回不来的。”

对此我也清楚，也在努力对我的生活做出些调整。

1549 航班这样的事件带来的压力会让一对夫妇的关系要么更紧密，要么更疏远。洛里和我两种情形都遇到了。开始时，我们彼此支撑，突然得到外界的高度关注，我们拼命互相依靠着。

现在洛里有时会对我的“公众形象人物萨利”感到厌倦。几乎我到的每个地方都会有人认出我，希望交流，让我签名，或者讲一些他们自己生活中的故事。我对每个人都会很亲切、热诚，对他们的故事真心地倾听。而有时我回到家中后，会感到疲惫不堪、精疲力竭，容易脾气急躁，对女儿们也缺乏耐心。

“你把轻重缓急颠倒了，萨利。”洛里很严肃地告诫我，“你对陌生人很和善，对我和女儿们也应该同样如此。”

她说得完全对，我很庆幸有这样一个妻子真心爱我，能对我坦率地讲出这些。

1549 航班几个月之后的一天早上，大约 8 点钟，洛里和我站在我们的车库里，向着外面的街道望去。凯特刚从车库倒车到马路上，准备去学校。这是个阳光明媚的早晨，但我们是站在车库的阳光阴影中。洛里和我手拉着手，看着凯特把车开走。

凯特做了个两退两进3点式拐弯把车倒出院子，然后停了一下，从倒车挡改为前行挡。当她扭过头时，她的马尾辫左右跳动着。她看上去真的长大了，就像20多岁的大姑娘了。看到这儿我们很是吃惊。

就在那一刹那，我的脑海突然涌出了很多画面：她渐渐长大，长成现在这个坚强自信的年轻女士。这天早上，她仿佛是要开车踏上自己的成年人生。站在那儿，我记起来当我们第一天带她去丹维尔的圣蒂莫西圣公会教堂的学前班的时候，那儿有很多孩子哭喊着不愿与大人分离，而她却独自愉快地走了进去。她道了声再见，便头也不回地走了。

同时，我还想到了凯莉3年级时写的一篇作文。在2002年春天，全美航空公司停飞了MD-80机型，飞行员改飞空客飞机。我在接受空客飞机训练之前，有几个月的时间我不用飞行，在家里与孩子们开心地待在一起。那是2002年的秋天，凯莉的作文题目是描写生活中最快乐的时光。她写道："我生活中最快乐的时光是爸爸在家的时候。"读到这些话的刹那间甜酸苦辣一起涌进我的心里，我的心都快碎了。

而现在，女儿可以自己倒车开出家门了。仿佛就在一眨眼的工夫，所有都改变了：我的父母早已过世，孩子们长大了，我的生活也不一样了。洛里是对的，我需要每天都记住同女儿们在一起的时光都是多么的宝贵。

由于安全迫降，1549航班的旅客和机组得以回到亲人的怀抱。我们都获得了重生，重新体会到被爱的感觉，也才有机会向所关爱的人表达我们的爱。那架飞机上有155个人都回到了自己的家中，我再也不能忽略这样的事实，我自己也是其中一员。

19 ——SULLY
善始善终 返璞归真
生命中的最高职责

5月初的一天，大约在1549航班迫降在哈得孙河上4个月后，三个大纸盒子被送到了我在丹维尔的家门前。纸盒里是我留在那架飞机驾驶舱里的物品，被很好地保存和包装着。所有东西都在，除了我花8美元买的那块金枪鱼三明治，起飞前我还没顾上吃一口。

清理我的物品时我有一种庄重严肃的感觉。我知道在空难后，都会有这样的盒子交给遇难者的亲属。或者，飞机坠毁后的大火会烧掉一切，或者遇难者的行李摔得粉碎，找不到什么东西可以送回去。亲属也许只能拿到某人的结婚戒指。通常亲人们几乎得不到什么。

而在1549航班事件后，这些盒子都是直接寄给我们这些“幸存者”本人的。我们能亲自在联邦快递的单据上签字。有些退回来的东西已经损坏不能用了，但大部分都还好好的，可以重新回到我们的生活中。旅客们拿回了他们喜爱的牛仔裤、外衣、汽车钥匙、手包。我能想象得到，遍布全国各地的旅客打开他们的盒子时，仿佛又回到了2009年1月15日。我们可以专心看看被水泡坏的东西，也可以满心欢喜地清点个人的物品。

在我们获救后，那架飞机沉入了哈得孙河。设在加州埃尔塞贡多（EI Seegundo）的道格拉斯私人物品管理公司（Douglass Personal Effects Administrators）负责整理回收从河里打捞上来的行李物品，并尽力归还给他们的主人。让我十分感动的是他们把众多的行李与我们每个人连在一起，进而物归原主。他们仔细清点了飞机货舱里的每个行李箱以及客舱行李架上的每件行李。

让人觉得神奇和惊讶的是，这么多淹没在混浊冰冷的河水里的东西能够起死回生。这家公司用了很多柔软的织物材料将所有的衣物与其他物品分开。我们打开那些纸盒时，干燥剂的味道非常浓。

我的飞行箱在其中一个纸盒里，里面的物品已晾干，按照清单用薄纸分门别类包好。我的 iPod、便携式电脑和闹钟都已报废了，但手机充电器和 iPod 充电器，以及用来从手机向计算机传输照片的数据线都还能用，我的迷你手电筒也还能用。我的跑步鞋看上去就像新的一样，而我在飞机上穿的那双鞋，1 月份被我带回了家，整个被水泡坏了。我真想把它们补好，因为那被我们称为“机场友好鞋”：不含金属成分，过安检时不必脱下来。我把鞋拿给丹维尔购物中心我常找的一位补鞋匠补。他干得很棒，把鞋子补好了，又做了清洁。现在我仍穿着这双。

1 月 15 日那天，我带了 4 本从图书馆借的书，包括《文化：平衡安全性与责任》，是关于安全问题的书。后来我打电话给当地的图书馆，表示抱歉把书留在那架飞机上了，他们同意不要我赔偿。

无论如何，我很高兴在一个装着我的物品的纸盒中找到了这 4 本借的书。那家清理公司用了一种干燥方法试图把书恢复过来，但没有完全成功。虽然还能读，但纸张已经很皱了，已经不适合图书馆再出借。但我还是把书还了，图书馆还专门给这几本书找了个地方放着展示。

1549 航班是我 4 天飞行中的最后一班，我的飞行箱中装的大多是脏衣服。等送回来的时候，所有的衣服都清洗干净，马上可以穿，还散发着浓浓的柔顺剂的气味。

我很高兴能拿回我的杰普森航图手册，里面有我们所飞的全部机场的图表资料。手册里面仍整整齐齐地夹着一张纸条，它经过风干处理，但还能读。它是 20 世纪 80 年代末我在加州圣马特奥（San Mateo）一家中餐馆吃幸运甜点时装在里面的我留下来的幸运纸条。

那幸运纸条上写着：**“宁可延误，不要事故。”**

那时我觉得这是个很在理的忠告，于是就一直把它夹在手册里。

那张纸条让我回想起凯特 9 岁时问了我一个意想不到的问题。当时我正开车送她去学校，突然她问道：“爸爸，正直是什么意思？”

略微思考了一下，我给了她一个现在回想起来很不错的回答。我说：“正直意味着即使不那么方便，也要做正确的事。”

正直是我的职业之核心要求。一名航空公司的飞行员必须时时都要做正确的事，即使因为维修或其他问题需要延误或取消航班，即使让急着赶回家的 183 人都感到不便，也包括飞行员自己。延误航班，恰恰是为了保证他们能够安全地回到家中。

我接受的训练使我不能容忍任何低于职业最高标准的事。我相信航空旅行是最安全的，因为成千上万的航空公司和航空界的工作者们都有一个共同的责任，致力于保证每一天的安全。我把这称为对职责的日日专心致志。这是一个超越自我的目标。

所以我经常想起那个幸运纸条，它在那架歪斜在哈得孙河里灌满水的空客 320 飞机驾驶舱里待了好一段时间，上面写着：“宁可延误，不要事故。”

很高兴又找回了那张幸运纸条。它一定会在将来的飞行中陪伴着我。

收到遗留在飞机上的物品几天后，我飞往华盛顿特区，在国家运输安全委员会总部我和杰夫·斯基尔斯见了面。我们被邀请来听驾驶舱语音记录，并讲讲我们的想法和记忆。

以前，只有联邦航空局掌握着唯一的磁带，上面记录着包括我们同空管的无线电通话的语言记录。这次来国家运输安全委员会我们将第一次有机会听驾驶舱语音记录。我们将确切听到那次飞行中我们在驾驶舱里的对话。在 5 月这次见面之前的 4 个月里，我们两人只有靠记忆来回忆曾说过些什么。现在，我们终于能知道真相了。

当时房间里共有 6 个人：杰夫·斯基尔斯，杰夫·迪克斯梅尔，一名全美航空公司飞行员协会事故调查委员会的成员，3 个国家运输安全委员会官员（两个调查员，一名记录部门的专家），还有我。调查人员很高兴杰夫和我能同他们在一起。很多航空公司的空难发生后，当回顾分析录音时，当事机组都无法在场。通常，舱音记录中的飞行员已经罹难，因此调查员们没法来解释当时机组是怎么想的，为什么要做出那样的决定，或者某句话的确切含义是什么。

听这个磁带时我们心潮起伏。它把我们又一同带回到驾驶舱中，仿佛我们再次实时地身临其境。

我们待在一间亮着荧光灯的小办公室里，围着一张桌子坐在椅子上，戴着耳机。杰夫和我没怎么多看对方，对录音的大部分段落，我们专心地听着，常常闭上双眼，努力想听清驾驶舱里的每一个语音以及杂声。

舱音记录从 1549 航班即将从廊桥推出开始一直到我们飞机在哈得孙河上第一次接水。磁带上记录的有些话我都不记得说过了。在鸟击发生前 33 秒钟时，我对杰夫说："今天哈得孙河的景色真美啊！"他看了一下也说："是啊！"

磁带记录的鸟击声很清楚。先是砰砰的撞击声，接着是鸟吸进发动机后产生的不正常噪声。你能听出发动机所受到的损坏，它们发出一种抗拒鸟的阻力而产生的、从未听过的令人不舒服的声响。我们清晰地听到发动机像一台绕了乱线的纺纱机似的呜……呜……地响着，转速慢了下来，同时发动机部件断裂后产生了震动声。听着录音磁带，又一次听到两台发动机停下来的声音心情很不平静，要知道当时我们就在那架飞机的驾驶舱里。

听磁带时，最让我惊讶的是一切都发生得这样快。整个飞行持续了 5 分零 8 秒。前 1 分 40 秒很正常。然后从我喊"鸟群！"那一刻到我们快迫降时我喊"我们抱紧防撞！"只有 3 分 28 秒。这还没有我刷牙和刮胡子时间长。

在我的记忆中整个事件好像要长一点点。是的，我知道也感觉得到事情发生得很快。但在我的回忆里，仿佛我还用了多一点点时间去思考、去决定、去行动——尽管都是一闪而过。

然而，在听磁带的时候，我意识到所有的事确实都发生在那高度压缩的208秒之内。坦率地说，这令人难以置信。超水平发挥，有点令人惊叹。录音一下子又把我带回了那个瞬间。听着录音，我并没有情绪紧张得受不了，但能感觉到在听的过程里，自己脸上肌肉的变化。听录音同样使杰夫感到吃惊和激动。

不知道为什么，在那天我头脑中的时间肯定变慢了。不是说所有事都变慢了，只是说在我的记忆中，时间好像没有磁带中那样显而易见、难以置信地快。

驾驶舱里装有若干个麦克风，能收集到语音、杂音、警告声音以及无线电通话，包括其他飞机在相同频道上的无线电通话。国家运输安全委员会能逐个回放每个麦克风所收集到的任何声音，所以我们能够分辨出某个特定的声音，听出当初被其他更大的声音掩盖的东西。调查员请我们对一些听不太清楚的声音或对话片段进行解释。

我觉得录音中杰夫和我的声音，以及我们各自的操作和作为一个团队的协作都是令人满意的。我们没有显得不知所措或者惊慌。我们听上去很忙碌。在过去30年中，我读过许多事故记录，就这一次来看我们的反应能力是相当不错的。

在1549航班的3天前，杰夫和我仅仅才第一次见面。然而在这一次生死攸关极端紧迫的情况下——没有时间讲述每个行动，讨论我们的处境——我们沟通得格外地好。一切归功于我们受到的培训，归功于我们即刻地识别了危机情况，我们俩都有很强的情景意识，知道该做什么，并立刻开始以既紧张又有效的协作方式执行各自的任务。

离场管制员（3:28:31）："好的，仙人掌 1549，你左边有一架飞机，是降落 31 号跑道。"

萨伦伯格的无线电通话（3:28:35）："办不到。"

驾驶舱里防撞系统——电子合成语音报警（3:28:36）："飞机！飞机！"

离场管制员（3:28:36）："OK，你准备在哪儿着陆？"

风切变探测系统电子合成告警（3:28:45）："复飞。前方风切变。"

斯基尔斯（3:28:45）："FAC-1［飞行方向舵增稳计算机］，关闭然后打开。"

斯基尔斯（3:29:00）："30 秒后没有重新点火，1 号和 2 号发动机主电门证实关位。"

萨伦伯格（3:29:11）："我是机长。抱紧防撞！"

在之后的 44 秒，杰夫和我全力忙碌着一要求一应答地完成检查单各项，与此同时听着管制员帕特里克的声音和耳边不断重复着的飞行警告计算机的谐音警告。

增强型近地报警系统电子合成告警（3:29:55）："拉起来。拉起来。拉起来。拉起来。拉起来。"

斯基尔斯（3:30:01）："襟翼放下！"

斯基尔斯（3:30:03）："高度 250 英尺（76 米）。"

在听录音的时候，我清楚地意识到杰夫完全在非常正确的时间做了非常正确的事。他凭直觉知道离我们迫降在水面上的时间很紧迫了，他需要调整操作顺序。没等我要求，他就开始向我报距离地面（水面）的高度和当时的空速。

增强型近地警报系统电子合成告警（3:30:24）："地形，

地形，拉起来，拉起来。拉起来。拉起来。拉起来。拉起来……”

萨伦伯格（3:30:38）：“抱紧！防撞！”

这是一个既如临深渊又精彩纷呈的时刻。

杰夫和我像放在热锅里烤一样经受着严峻考验，四周满是刺耳的自动报警声、电子合成告警声、不停的谐音告警声、无线电呼叫声、防撞系统报警声，以及近地告警声。在这样错综复杂的情况下，我们必须保持好飞机的状态，分析形势，有条不紊地一步一步采取行动，既不心烦意乱又不惊慌失措地做出临界的决断。这么多警告声听起来好像我们的世界即将结束，而机组的配合堪称完美无缺。我真为我们所能完成的感到骄傲。

杰夫和我同国家运输安全委员会的调查员们一起听完第一次录音后，我们请求去趟卫生间。我们当天还要听好几遍录音，但我觉得我们俩都需要稍歇一会儿。

我们走在这栋年代久远的政府大楼走廊里时，我转过身对杰夫说：“你觉得怎么样？”

没等他回答，我就感到自己有话想说。“我告诉你我在想什么，”我对他说，“我为你感到非常骄傲。在我发出做检查单的要求后，几秒钟内你就取出了检查单，找到了正确的页码，开始读检查单。你和我一起，一步一步地，一要求一应答，排除干扰，从容应对。这是我们共同努力的结果。”

在媒体报道上，因为1549航班迫降成功我获得了大多数的荣誉。“我不在乎任何人说什么，”我告诉杰夫，“我们是一个团队。”

他看着我，我看见他眼里含着泪水。“谢谢你。”他说。我自己也有点哽咽。我们拥抱了一下，然后在走廊上站了一会儿，都没有说话。我们俩一起经历了那场惊心动魄的事情，但现在完全没法用语言来表达。

过了相当一段时间，我们又回到了舱音记录分析室，同调查员一道一遍又一遍地听舱音记录。

凯莉很小的时候曾问我："世界上最好的工作是什么？"我给她的回答是："就是你心甘情愿去做的工作。"对人们来说，找到适合他们能力和爱好的工作非常重要。对于自己喜爱的工作人们会更加投入，更善于处理工作中复杂棘手的情况，更好地服务社会。

2009年1月14日之前，我的生活在一连串关怀、机遇下走过来，尽我所能让自己成为最好的飞行员、领导和团队成员。我是一个默默无闻循规蹈矩的普通人——一个丈夫、一个父亲、一名全美航空公司的飞行员。1月15日，所有事情都被改变了，这告诉人们我们谁也不知道明天将会发生什么。

在过去的42年中，我飞过成千上万个航班，但我其中一次的表现却决定了人们如何对我整个飞行生涯做出评价。这一点告诉我：我们必须尽力每时、每次、每件事都要做对，还要努力做到最好，因为我们不知道生命中的哪一个瞬间会决定对我们一生的评价。机遇总是留给那些有准备的人。

我告诉我的两个女儿凯特和凯莉，我们每个人都有责任做好准备。我希望她们充实自己、不断学习，不管是专业知识还是个人品行。当她们和我们所有人一样走到生命尽头的时候，我希望她们会问自己一个简单的问题：我是否做得与众不同？我期望她们的回答是肯定的。

至于我，回顾自己经历的所有事情时，仍然感到上天很照顾我。我很早就发现了自己的理想。5岁的时候，我就知道会用一生来飞行。16岁的时候，我已独自飞上蓝天，一个起落航线一个起落航线地在库克先生的草地机场上空快乐地飞着、练习着。

在随后的岁月里，我与飞行的不解之缘一直鼓舞支持着我。24岁的时候我成为一名战斗机飞行员，学会了对所有的事都要保持高度的注意力，因为生死就在几秒钟或几英尺之间。57岁时，头发灰白的我双手操纵着空客320飞机飞越曼哈顿上空，用一生所积累的知识追寻着通往安全之路。

经历了所有这些之后，我对飞行的热爱依然如故。我仍是那个 11 岁的男孩，脸蛋儿紧贴在那架康威尔 440 飞机的舷窗上，准备第一次乘飞机离开达拉斯。我仍是那个充满热情的少年，驾驶飞机掠过我家在汉纳路的房子，朝地面上的妈妈和妹妹挥手。我仍是那个严肃认真的空军学员，对前来给予指正的、比我早一期的战斗机飞行员们充满敬畏。

就像我深爱着洛里、凯特、凯莉一样，我对飞行的热爱永远不会改变。永远。

此时此刻，我还不太确定下一步的人生会怎样走。飞行将把我带向何方？将会遇到什么样的考验？会有什么样的机遇？但我能肯定的是我仍将是一名航空公司的飞行员。这是我与生俱来的一部分，是与我生命同在的重要组成部分。

我肯定将来会有不少旅客在全美航空公司的飞机上，向前望着紧闭的驾驶舱门想：今天谁在驾驶飞机呢？很有可能，机长就是萨伦伯格机长的某位同事，一位接受了严格良好的训练，将其职责看得重于泰山和非常热爱飞行的飞行员。

当然极有可能，在驾驶舱门后面的就是我。当飞机起飞后，我的机长广播会报一下今天的巡航高度、飞行时间和天气状况。我会提醒旅客们系好安全带，因为可能遇到难以预测的紊流颠簸。然后我会关上旅客广播系统，一心一意地操做好飞机。

——SULLY

致谢

没有家人的支持，我不可能写完这本书。凯莉、凯特和洛里一直对我十分支持，她们很体贴，我能感受到她们对我的爱和善意。我知道我写作的时候不能够陪伴她们，这也让写书变得更为困难。谢谢你们的理解，给了我写书的时间。

这次航班最终平安降落，最好的铺路人，是我的最佳生活伴侣。我希望每个人都能找到一个像洛里·萨伦伯格一样的人。她既聪明又懂得关心人，独立、谈吐高雅又很坚强。洛里，如果没有你在我身边，在我的心里，我是不能熬过 1 月 15 日之后的那段时光的。

我父母教导我努力工作、拥有正直的品格并且要终生学习。我十分感谢他们教给我的一整套价值观。在我的生活中，这些价值观一直指引着我。我的妹妹玛丽也很爱我，对我很支持，我也感谢她。

2009 年 1 月 15 日，副驾驶杰夫·斯基尔斯和我经历了严酷的考验，我们在为保全我们的生命以及乘客和其他机组人员的生命奋力战斗。从始至终，杰夫和我都在一起，我们有效的协同努力对最后的成功起到了至关重要的作用。杰夫，你技术过硬，十分勇敢，我永远感谢你。

同杰夫和我一起执行 1549 航班任务的，有机组乘务员唐娜·登特、多琳·威尔士和希拉·戴尔。在危急时刻，她们出自直觉地迅速共同努力，使乘客保持冷静，帮助我们克服挑战。我对你们表现出来的力量和坚定意志一直十分钦佩。

我还要感谢得克萨斯州丹尼森的人们，他们在我年轻的时候对我产生了很大的影响，还有加利福尼亚州丹维尔的那些邻居和朋友们。我还要感谢纽约和新泽西的人们，尤其是纽约水上管理局、纽约警察局、联邦海岸警卫队、纽约消防局、联邦调查局、纽约和新泽西港务局和纽约市应急管理办公室的同事们、朋友们。我感谢他们，在 1 月 15 日挽救了我们的生命，他们都起到了重要作用。

在此还要感谢洛里的朋友塔玛拉·惠勒（Tamara Wheeler）、玛格丽特·库姆斯（Margaret Combs）、邦妮·马丁、凯西·吉热（Kathy Giger）和希瑟·希尔德布兰特（Heather Hildebrand）。在哈得孙河紧急降落之后，我在纽约履行我的职责，不能陪伴我的妻子和孩子，是这些朋友帮助她们应对突然的、大量的媒体关注。

我这些年读了很多书，但是从没想过自己写书。杰夫·扎斯洛是我写书过程中了不起的伙伴，我很感谢他的帮助。他有很强的调查能力，是位经验丰富的记者，总能给我明智的建议。

哈珀·柯林斯出版公司的团队也给我这个第一次写书的人很多指导。我在此感谢大卫·海菲尔（David Highfill）、西尔·巴林杰（Seale Ballinger）、舍润·罗森布拉姆（Sharyn Rosenblum）以及整个团队。他们帮助我启动并完成了这项工程，最终把书放到了书架上。

我的文学指导，简·米勒（Jan Miller）和她的助理香农·马文（Shannon Marven）给予了我很多建议和指导。他们在杜普雷米勒公司的同事帮助我联系哈珀柯林斯出版公司，在我把一个想法付诸实践并完成的这个过程中，给予了热情的指导。

那次事件后，艾利克斯·克莱门斯（Alex Clemens）、利比·斯迈里（Libby Smiley）和他们在芭芭丽科斯特咨询公司的同事们对我的家庭给予了很多支持，他们孜孜不倦的努力和明智的建议帮助我们涉足这个不熟悉的领域。

我要感谢加里·莫瑞斯（Gary Morris）、詹姆斯·海赫斯特（James Hayhurst）机长、阿利克斯·金（Alex King）、阿尔·海恩斯机长、海伦·奥特、布拉查·内哈玛（Bracha Nechama）、赫尔曼·邦泽、帕特里克·哈尔滕、埃里克·史蒂文森、康拉德·米勒（Conrad Mueller）、保罗·凯伦、卡伦·凯瑟·克拉克、巴特·西蒙、特丽莎·亨西克和大卫·桑塔格以及波音公司测试与评估部门首度飞行研究员威廉·罗伯森（William C. Roberson）。

我在工会的同事们在2009年1月15日和之后的一段时间里，给予了我很多支持。尤其要感谢拉里·鲁尼（Larry Rooney）机长、丹·西基奥（Dan Sicchio）机长，他们从我在美国运输安全委员会提供证据到写这本书的每一个环节，都给予了帮助。还要感谢副驾驶加里·鲍函（Gary Bauhan）、机长肯·布里钦顿（Ken Blitchinton）、机长史蒂夫·布拉德福德（Steve Bradford）、机长丹·布里特、机长约翰·凯里（John Carey）、机长卡尔·克拉克（Carl Clarke）、机长迈克·克利里、副驾驶杰夫·迪克斯迈尔（Jeff Diercksmeier）、机长彼得·多夫（Peter Dolf）、机长大卫·道格拉斯（David Douglas）、机长皮特·格里菲斯（Pete Griffith）、机长乔纳森·霍布斯（Jonathan Hobbs）、机长马克·金（Mark King）、机长提姆·科比（Tim Kirby）、机长汤姆·库比克（Tom Kubik）、皮特·朗布鲁（Pete Lambrou）博士、机长简·兰德尔（Jan Randle）、机长詹姆斯·拉伊（James Ray）、机长约翰·萨贝尔（John Sabel）、李·塞汉姆（Lee Seham）、副驾驶卡罗尔·斯通（Carol Stone）、机长加里·凡·托格（Gary Van Hartogh）、机长瓦莱丽·威尔斯（Valerie Wells）、机长露西·杨（Lucy Young）、机长威廉·罗伯逊（William Roberson）。他们每个人在我需要的时候都伸出了援助之手。我感谢你们，感谢美国民航飞行员协会的所有兄弟姐妹们。

我感谢全美航空公司的所有同事们。你们一直以来勇敢地应对我们这个职业面临的挑战，你们非常有风度，非常优秀，我以有你们这样的同事感到骄傲。所有航空公司雇员的工作都很重要，尽管这个行业在改变，但是大家一直都做得很好。读者们，我希望你们下次乘飞机的时候，抽出一点时间感谢你们的空中乘务员们，感谢他们为了你们的安全时刻准备着，还要感谢你们的飞行员们，他们每一次航班都谨慎飞行，勤勤恳恳。

还要感谢我美国空军学院的同学、现西北航空公司退休机长麦克·海（Mike Hay），以及我当年的战斗机飞行员同行、现在西南航空公司机长吉姆·莱斯利，感谢他们帮助我在书中回顾那次事件，对我的记忆进行了补充。虽然他们的帮助在我写作的过程中十分宝贵，但我个人对此书的全部内容负责，任何错误或遗漏都是我的疏忽。

最终，我想感谢库克先生，是他发现了我的潜力，帮助我梦想成真。

附录 A

2009 年 1 月 15 日 1549 号班机航迹

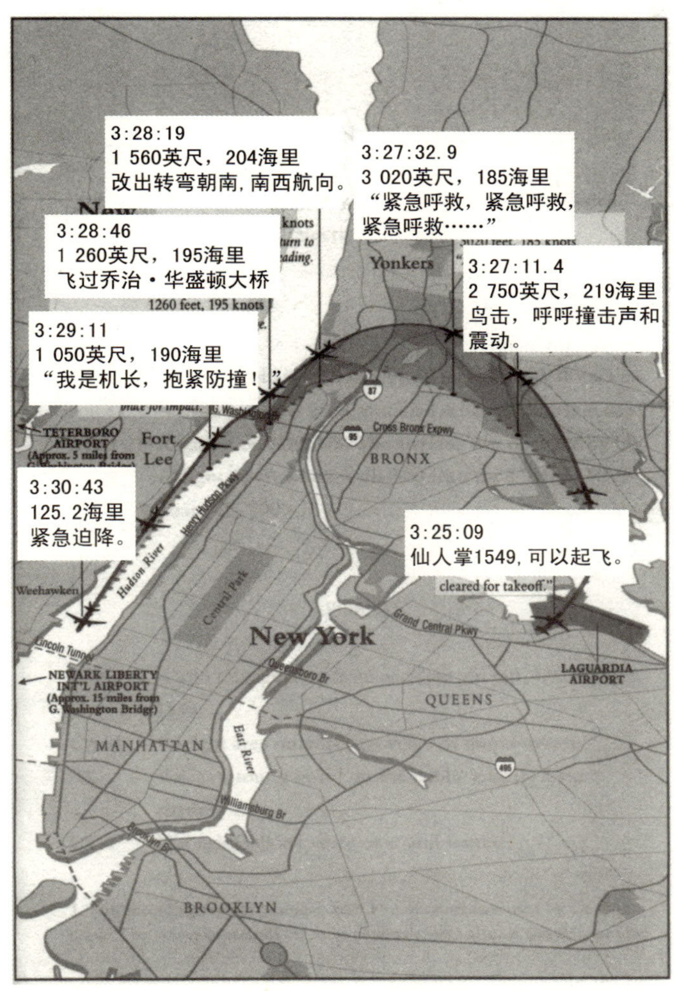

附录 B

美国运输安全委员会飞机驾驶舱语音记录仪记录摘录

联合讯号（Allied Signal）和霍尼韦尔公司（Honeywell）SSCVR 型号驾驶舱语音记录仪，生产序号 2878，安装在空中客车 A320-214 飞机上，飞机注册号 N106US。飞机由全美航空公司运行，航班号 1549，于 2009 年 1 月 15 日水上迫降在纽约的哈得孙河上。

缩写说明

RDO 无线电发送的语音。来自事故飞机，全美航空公司 1549 航班

CAM 驾驶舱区域内的麦克风收集的语音或声音

PA 来自机上广播系统频道的语音或声音

HOT 来自吊挂式话筒的语音或声音（这些包含了飞行机组使用的吊挂式话筒记录的声音。在这些通路上的语音和声音讯号有时候被驾驶舱中不同区域的麦克风接收。在这些情况下，通常会加注解注明来源，或者 HOT，或者 CAM，指出哪一个最容易听出和辨别）

TOGA 起飞 / 复飞推力

INTR 内话系统与地面人员的双向通话，包括 RDO, CAM, PA, HOT 和 INTR 加数字注释：

–1 机长的声音（热线 -1 ：萨伦伯格机长）

–2 副驾驶的声音（热线 -2 ：斯基尔斯副驾驶）

–3 客舱机组成员的声音

–4 地面人员的声音

–？ 没有被证实的声音

FWC 来自飞行警告计算机系统的自动喊话或声音

TCAS 来自飞行防撞系统的自动喊话或声音

PWS 来自风切变预警系统的自动喊话或声音

GPWS 来自近地警告系统的自动喊话或声音

EGPWS 来自增强型近地警告系统的自动喊话或声音

TWR 来自拉瓜迪亚机场管制塔台的无线电发话

DEP 来自拉瓜迪亚离场管制中心的无线电发话（空中交通管制专家哈尔滕）

CH【1234】 CVR 频道标识：1 = 机长，2 = 副驾驶，3 = 旅客广播，4 = 驾驶舱区域麦克风

***** 无法理解的话

@ 不相干的话

& 第三方个人的名字（看下面的注解 5）

咒骂语

=，— 连续打断或插话解释

( ) 有疑问的插入

[ ] 编辑插入

… 暂停

注 1： 时间是东部标准时间，基于来自纽瓦克 ASR-9 号机场对空监视雷达记录数据上时间戳的时钟。

注 2： 通常，仅来自事故飞机的无线电传输被转录。

注 3： 以多余的元音、字母或分开的音节表示的话语作为口语表达的代表。

注 4： 如果注明是一句不相关的话，则表示与飞机操作、控制或状况不直接相关。

注 5： 未包括在对话中的第三方个人名字通常没有被转录。

驾驶舱内的语音信息 **空地通话信息**

时间和来源	内容	时间和来源	内容
		15:24:54 TWR	仙人掌 1549，4 号跑道可以起飞。
		15:24:56.7 RDO-1	仙人掌 1549 可以起飞了。
15:25:06 CAM	[类似发动机噪音 / 转速增加的声音]		
15:25:09 CAM-2	起飞复飞位。		

续表

时间和来源	内容	时间和来源	内容
15:25:10 HOT-1	起飞复飞位调定。		
15:25:20 HOT-1	80 海里。		
15:25:21 HOT-2	检查。		
15:25:33 HOT-1	V1，抬前轮。		
15:25:38 HOT-1	正上升率。		
15:25:39 HOT-2	请收上起落架。		
15:25:39 HOT-1	起落架收上。		
		15:25:45 TWR	仙人掌 1549 联系纽约离场，再见。
		15:25:48 RDO-1	再见。
15:25:49 HOT-2	航向选择。		
		15:25:51.2 RDO-1	仙人掌 1549，700 [i]，爬升 5 000。
		15:26:00 DEP	仙人掌 1549，这是纽约离场，雷达看到你，爬升并保持 15 000 [ii]。
15:26:02 CAM	【类似发动机噪音/速度减少的声音】		
		15:26:03.9 RDO-1	仙人掌 1549 保持 15 000。
15:26:07 HOT-1	15 [iii]。		

续表

时间和来源	内容	时间和来源	内容
15:26:08 HOT-2	15。爬升。[iv]		
15:26:10 HOT-1	爬升设置。		
15:26:16 HOT-2	收襟翼 1。[v]		
15:26:17 HOT-1	襟翼 1。		
15:26:37 HOT-1	哦，今天哈得孙河的景色真美啊。		
15:26:42 HOT-2	是啊。		
15:26:52 HOT-2	襟翼收上，起飞后检查单。		
15:26:54 HOT-1	襟翼收上。		
15:27:07 HOT-1	起飞后检查单完成。		
15:27:10.4 HOT-1	鸟群！		
15:27:11 HOT-2	啊哦！		
15:27:11.4 CAM	[砰砰撞击声，接着震动声。]		
15:27:12 HOT-2	哦！		
15:27:13 HOT-1	噢，是啊。		
15:27:13 CAM	声音听起来类似发动机噪音 / 转速声开始有点减弱。		

续表

时间和来源	内容	时间和来源	内容
15:27:14 HOT-2	嗯，噢。		
15:27:15 HOT-1	我们还有一个发动机在转——两个都不转了。		
15:27:18 CAM	[辘辘声开始，直到大约15：28：08]		
15:27:18.5 HOT-1	点火开关，开位。		
15:27:21.3 HOT-1	启动APU（辅助动力装置）。		
15:27:22.4 FWC	[叮当]		
15:27:23.2 HOT-1	我操纵飞机。		
15:27:24 HOT-2	你操纵飞机。		
15:27:24.4 FWC	[叮当][vi]		
15:27:25 CAM	[由于发动机开始点火而产生的类似电子噪音的声音]		
15:27:26.5 FWC	左座优先操纵。[来自FWC（飞行告警计算机）的自动告警，这是左座机长按下其侧杆上的优先按钮时产生的。][vii]		
15:27:26.5 FWC	[叮当]		
15:27:28 CAM	[由于发动机点火结束而产生的类似电子噪音的声音]		

续表

时间和来源	内容	时间和来源	内容
15:27:28 HOT-1	拿出检查单……双发停车检查单。		
15:27:30 FWC	[叮当声开始，而且5.7秒间隔重复直到15:27:59] [viii]		
		15:27:32.9 RDO-1	紧急呼救，紧急呼救，紧急呼救。哦，这里是仙人掌1539，鸟击。我们双发失去推力，我们正转向拉瓜迪亚。
		15:27:42 DEP	好的，哦，你要返回拉瓜迪亚？左转航向，嗯，220度。
15:27:43 CAM	[类似发动机开始点火而发出的电子噪音]		
15:27:44 FWC	[叮当，叮当声间隔5.7秒] [ix]		
		15:27:46 RDO-1	220度。
15:27:50 HOT-2	如果还有油量，发动机方式选择开关[x]，点火位。点火位。		
15:27:54 HOT-1	点火位。		
15:27:55 HOT-2	推力手柄[ix]，确认慢车位。		
15:27:58 HOT-1	慢车位。		
15:28:02 HOT-2	重新点火最佳速度，300海里。我们没有。		

续表

时间和来源	内容	时间和来源	内容
15:28:03 FWC	[叮当]		
15:28:05 HOT-1	我们没有。		
		15:28:05 DEP	仙人掌 1529，如果我们引导你，你想试着降落在 13 号跑道吗?
15:28:05 CAM-2	如果 319-		
		15:28:10.6 RDO-1	我们办不到。我们可能要迫降在哈得孙河上。
15:28:14 HOT-2	应急电源……应急发电机未接通。		
15:28:18 CAM	[类似发动机点火结束的声音]		
15:28:19 HOT-1	(它) 接通。		
15:28:21 HOT-2	ATC (空中交通管制) 通知。应答机 7700。[xii]		
15:28:25 HOT-1	是的。左边恢复了一点点。		
15:28:30 HOT-2	遇险信息发送。我们已完成。		
		15:28:31 DEP	好的，仙人掌 1549，可以左航线，使用 31 号跑道的。
		15:28:35 RDO-1	办不到。

续表

时间和来源	内容	时间和来源	内容
15:28:36 TCAS	飞机，飞机。[xiii]		
		15:28:36 DEP	OK，你准备在哪儿着陆?
15:28:37 HOT-2	（他希望我们）进入并降落在13……或其他什么地方。		
15:28:45 PWS	复飞。前面风切变。[xiv]		
15:28:45 HOT-2	FAC1，关再打开。[xv]		
		15:28:46 DEP	仙人掌1529，4号跑道可以降落，如果你愿意做一个左航线降落4号跑道。
		15:28:49.9 RDO-1	我感觉我们不可能降落在任何一条跑道上，嗯，我们的右边有地方吗? 新泽西有吗? 或者泰特伯勒?
		15:28:55 DEP	OK，哦，你右侧是泰特伯勒机场。
15:28:59 TCAS	监控垂直速度。[xvi]		
15:29:00 HOT-2	30秒后没有重新点火，发动机主电门[xvii]1号和2号证实 -		
		15:29:02 DEP	你想尝试去泰特伯勒机场吗?
		15:29:03 RDO-1	是的。

续表

时间和来源	内容	时间和来源	内容
15:29:05 TCAS	冲突解除。[xviii]		
15:29:07 HOT-2	- 关。[xix]		
15:29:07 HOT-1	关。		
15:29:10 HOT-2	等待 30 秒。[xx]		
15:29:11 PA-1	我是机长，抱紧，防撞！		
15:29:14.9 GPWS	1000 英尺。[xxi]		
15:29:16 HOT-2	发动机主电门 2 号，再开。[xxii]		
15:29:18 HOT-1	再开。		
15:29:19 HOT-2	开。		
		15:29:21 DEP	仙人掌 1529，右转航向 280，你可以降落在泰特伯勒机场 1 号跑道。
15:29:21 CAM-2	你希望所有发动机都打开？ 1 号发动机？或者我们启动 1 发。		
		15:29:25 RDO-1	我们飞不到。
15:29:26 HOT-1	来吧，试试 1 发。		
		15:29:27 DEP	好，那你想在降落泰特伯勒机场几号跑道上？

续表

时间和来源	内容	时间和来源	内容
15:29:27 FWC	[连续重复的叮当声，持续 9.6 秒][xxiii]		
		15:29:28 RDO-1	我们要降落在哈得孙河上。
		15:29:33 DEP	对不起，再说一遍，仙人掌?
15:29:36 HOT-2	我把它重开。[xxiv]		
15:29:37 FWC	[连续重复的叮当声，持续 37.4 秒][xxv]		
15:29:37 HOT-1	好的，重开…重开。		
15:29:37 GPWS	太低。地形。[xxvi]		
15:29:41 GPWS	太低。地形。		
15:29:43 GPWS	太低。地形。		
15:29:44 HOT-2	重新点火失败。		
15:29:45.4 HOT-1	好，我们放襟翼，放襟翼。		
15:29:45 EGPWS	注意地形。		
15:29:43 HOT-2	放襟翼?		
15:29:43 EGPWS	地形,地形。拉起来。拉起来。		
		15:29:51 DEP	仙人掌，嗯……

续表

时间和来源	内容	时间和来源	内容
		15:29:53 DEP	仙人掌 1549，雷达看不到你们。你还可以到纽瓦克机场，在 2 点钟方位，大约 7 英里。
15:29:55 EGPWS	拉起来。拉起来。拉起来。拉起来。拉起来。拉起来……		
15:30:01 HOT-2	襟翼放下。		
15:30:03 HOT-2	25 英尺。[xxvii]		
15:30:04 GPWS	太低。地形。		
15:30:06 GPWS	太低，起落架。		
15:30:06 CAM-2	170 海里。[xxviii]		
15:30:09 CAM-2	双发失效。启动另一发。		
		15:30:09 4718	210，嗯，4718。我想他说他要降落在哈得孙河上。[xxix]
15:30:11 HOT-1	启动另一发。		
15:30:13 EGPWS	注意地形。		
		15:30:14 DEP	仙人掌 1529，嗯，你还在听吗？
15:30:15 FWC	[连续重复的叮当声开始，持续到录音结束]		

续表

时间和来源	内容	时间和来源	内容
15:30:15 EGPWS	注意地形。		
15:30:16 HOT-2	150 海里。		
15:30:17 HOT-2	放襟翼 2，还需再大些吗？		
15:30:19 HOT-1	不，就保持 2。		
15:30:21 HOT-1	有什么想法吗？		
		15:30:22 DEP	仙人掌 1529，如果可以，嗯，你可以，嗯，纽瓦克 29 号跑道可以降落，2 点方位，7 英里。
15:30:23 EGPWS	注意地形。		
15:30:23 CAM-2	其实，没有。		
15:30:24 EGPWS	地形。地形。拉起来。拉起来。［“拉起来”重复直到录音结束］		
15:30:38 HOT-1	我们抱紧。		
15:30:38 HOT-2	开关？		
15:30:40 HOT-1	是的。		
15:30:41.1 GPWS	（50 或 30）		

续表

时间和来源	内容	时间和来源	内容
15:30:42 FWC	推力慢。		
15:30:43.7	[录音结束]		
15:30:43.7	[记录结束]		

i 表明飞机当时高度 700 英尺(213 米),正在爬升到给定的指令高度 5 000 英尺(1 524 米)。

ii 表明管制员在雷达荧光屏上看到 1549 航班飞机应答机编码，知道其位置，重新给出指令爬升到 15 000 英尺（4 572 米）。

iii 表明机长(不操纵飞机的飞行员)将自动驾驶方式面板上高度窗由 5 000 英尺(1 524 米)调整至 15 000 英尺（4 572 米）的简语。

iv 表明副驾驶（操纵飞机的飞行员）证实高度窗高度的简语，要求将自动驾驶调整到爬升方式。

v 表明将襟翼收到 1 位。空客 320 飞机襟翼有 5 个位置，由襟翼收放手柄的 5 个卡槽控制，分别是 0、1、2、3、全放。

vi 表明探测到一个发动机失效时出现的单谐音警告。

vii 空客 320 飞机左、右座飞行员各自有侧杠操纵飞机，为防止交叉、重复操纵，一般用口令明确。非正常情况下也可按下侧杆上的红色按钮，另一方的侧杆此时操纵飞机无效。

viii 表明探测到两个发动机失效出现的连续单谐音警告。

ix 同上，直到 15:27:29。

x 该开关控制两个发动机上的点火器。点火位表示强制发动机点火器开始工作。一般而言，此位置在启动发动机时使用。发动机的点火器还在下列情况下自动开启：发动机防冰开启；飞机在起飞阶段；空中探测到发动机喘震时。

xi 控制发动机推力大小的手柄。通俗讲像汽车的油门。空客飞机上的推力手柄设计与其他飞机不同，有两种形态。一种是卡槽限制位，分为：起飞 / 复飞；最大连续推力；爬升；慢车；反推位。另一种是人工位，与其他飞机相同，前推增加供油加大推力，后拉反之。

xii 应答机为机载向空中管制二次雷达发出信号的设备。7700 为特殊编码，表明飞机有故障，情况紧急。管制员收到此信号后，会采取指挥其他飞机避让等措施。

xiii 表明机载防撞系统传出的电子合成语音报警。见本书第 14 章关于防撞系统的译注。

xiv 表明机载风切变预警系统传出的电子合成语音报警。

xv FAC 指飞机增益计算机，属于空客 320 飞机自动飞行系统，对飞机的偏航方向舵、最大最小速度飞行包线、风切变探测等进行自动控制。空客 320 飞机上装有两部 FAC。

xvi 来自机载飞行防撞系统传出的电子合成语音报警。

xvii 该电门控制向发动机供油的低压、高压燃油阀门的开与关。即在发动机灭火电门没有拉出情况下，电门开时向发动机供油，电门关则关断供油。

xviii 同 xvi，表明相遇的其他飞机已飞出 TCAS 警戒安全范围。

xix 表明副驾驶按检查单操作关闭发动机主电门，下面的“关”为机长证实。

xx 检查单中“空中启动发动机”中的内容。

xxi 来自近地警告系统的自动喊语，表明飞机距地面（水面）高度是 1000 英尺（304 米）。

xxii 同 xx 。

xxiii 双发失效警告。

xxiv 指发动机主电门，同注 xx 。

xxv 同注 xxiii。

xxvi 来自近地警告系统传出的电子合成语音报警。表明探测到飞机高度太低，前方有障碍物。

xxvii 副驾驶的标准喊话，报告机长飞机距地面（水面）的高度。

xxviii 同 xxvii 。

xxix 这是另一架飞机在无线电同频率中的报告。

附录 C

事故调查报告

编号：NTSB/AAR-10/03

PB2010-910403

国家运输安全委员会

2009 年 1 月 15 日全美航空公司 1549 航班，A320-214 型飞机，注册编号 N106US，遭遇群鸟击，双发失效，迫降新泽西州威霍肯镇哈得孙河。

2009 年 1 月 15 日，美国东部标准时间约 15:27，一架全美航空公司空客公司 A320-214 飞机，注册编号 N106US，执行 1549 航班，在遭遇一群鸟类的撞击后，两个发动机推力几乎完全丧失，随后在距离纽约州纽约市拉瓜迪亚机场（LGA）8.5 英里的哈得孙河上迫降。航班是飞往北卡罗来纳州夏洛特道格拉斯国际机场，从拉瓜迪亚机场起飞后约两分钟的飞行中事件发生。包括一个怀抱婴儿在内的 150 名乘客和 5 名机组成员都通过客舱前端和机翼上的紧急出口撤离，一名乘务员和四名乘客重伤，飞机严重损坏。这次国内定期客运航班是按照《联邦法典》第 14 卷 121 部仪表飞行规则飞行计划，在事故发生时天气为目视气象标准。

国家运输安全委员会确定，造成这起事故可能的原因是每个发动机都吸入了大型鸟类，导致双发几乎完全失去推力，随后迫降在哈得孙河上。导致机身损毁以及尾部滑梯和救生筏不能使用的原因是：（1）联邦航空管理局批准的水上迫降资格审定，没有考虑飞行员是否能够在没有发动机推力的情况下满足水上迫降相关要素；（2）行业上缺乏对机组水上迫降技术方面的培训和指导；（3）由于情况紧急引起的机长任务饱和造成了他在最后进近阶段难以保持预定空速。

为事故生存性做出贡献的是：（1）在事故发生期间，飞行机组人员的决策和他们的机组资源管理；（2）幸运的是这架飞机配置了延伸跨水飞行的设备，包括可用的前置紧急滑梯和救生筏，尽管并未要求必须如此装备；（3）在迅速撤离飞机期间客舱机组人员的履职表现；（4）应急救援人员在事故现场附近，他们对事故做出及时恰当的响应。

本报告中论述的安全事项与以下内容相关：飞行中发动机诊断、发动机吸入鸟的测试验证、紧急和非正常检查单的设计、双发失效和水上迫降训练、处于飞行包线限制作用时，飞机对飞行员操纵驾驶杆输入后响应的训练、运行程序的批准和飞机水上迫降的需求验证、野生动物风险控制。本报告也论述有关生存率事项，包括乘客抱紧姿势、滑梯和救生筏装载量、乘客浸水保护、应急救生索的使用、救生衣的储存位置、取出以及穿戴、起飞前安全演示以及乘客教育。与这些事项相关的安全建议已经提交给联邦航空管理局、美国农业部以及欧洲航空安全局。

1. 实际信息（略）

2. 分析（略）

3. 结论

3.1 事故调查认定：

（1） 飞行和客舱机组成员具有符合联邦法规要求的证书和资格。没有证据表明在这次事故飞行期间存在对飞行机组人员表现产生不利影响的先前存在的药理或生理状况。

（2） 事故飞机的装备、签派放行及维护均符合联邦法规的要求。

（3） 拉瓜迪亚机场离场管制员决定在其雷达显示屏上只显示相关一次雷达目标是适当的。

（4） 对复原的组件检查显示，没有任何事先存在的发动机、系统或结构失效的证据。该飞机符合在它适航取证时生效的水上迫降结构适航标准。发动机符合在它适航取证时生效的吸入鸟击适航标准，也符合当时还没有生效的预期要增加的条款。

（5） 后机身的高能量撞击以及飞机随后在水中向前的滑动造成了机

身损坏。

（6） 两个发动机工作正常，直到它们每个吸入至少两只大型鸟（每只重8磅左右），每一发动机的核心机吸入了其中的一只，造成机械损毁，使得两个发动机无法提供足够的推力以维持飞行。

（7） 如果事故发动机的电子控制系统有功能告知飞行机组人员每台发动机接下来的运行状态，他们就会意识到推力已经不可能恢复，也就不会花费宝贵的时间来设法重新启动发动机。发动机损坏严重，飞行员的任何努力都不会使它们工作起来。

（8） 两台事故发动机吸入的鸟的大小和数量远超出了目前的鸟吸入合格审定的标准。

（9） 如果采用对应最小爬升率的最低预期风扇转速代替100%风扇转速，目前《联邦法典》第14卷33.76（c）中要求的小型和中型飞翔的鸟类吸入测试，将提供涡扇发动机核心机抵御鸟击的更严格的测试，因为这将使大部分鸟的质量被吸入核心机。

（10）其他需要考虑的因素与目前《联邦法典》第14卷33.76（d）大型飞翔鸟类合格审定测试标准有关，因为法规不要求针对较小型运输类飞机的发动机进行大型飞翔鸟类测试，或对发动机核心机进行测试，如这次事故的发动机。事故发生的情况表明大型鸟类能够被吸入这类发动机的核心机并造成严重损毁。

（11）作为防止鸟吸入的手段，尽管改变发动机设计和保护筛帘已经在一些发动机和飞机设计中采用或者考虑采用，但是，这两种方法都还不能证明在类似事故飞机的涡轮风扇发动机上是有效的。

（12）虽然双发失效检查单并不完全适用于事故情形，但它是包含在解决事件的快速检查单手册中最实用的检查单。飞行机组人员决定使用该项检查单的决定是符合全美航空公司程序的。

（13）如果为飞行机组成员提供一个在低高度发生双发失效事件的检查单，他们会更加有可能完成这个检查单。

（14）尽管无法完成双发失效检查单，但是机长启动了辅助动力装置

APU，通过确保飞机主电源以及使飞机继续处于正常操纵规则并保持飞行包线保护，其中的一项是失速保护，从而改善了水上迫降的结果。

（15）机长选择在哈得孙河上迫降而不是试图降落在某个机场的决定，提供了最高的事故可能生存概率。

（16）机长难以在最后进近阶段维持预定空速造成了大迎角，这导致了飞机难以拉平、接触水面时下降率大以及机身损毁。

（17）机长难以在最后进近阶段维持预定空速，一部分原因是高工作负荷、压力和任务饱和。

（18）根据其经验和对情景的意识，机长决定使用 2 档襟翼进行水上迫降是合理的，这和有限可用的民航界与军航关于大型航空器无动力迫降的指导材料相一致。

（19）在事故期间，飞行机组人员的专业水准和他们优秀的机组资源管理，使得他们对飞机的控制达到在这种情况下最优良的性能，操纵飞机做了一次具有撞击后生存率增加值的进近。

（20）以最佳途径设计并修订紧急和非正常情况检查单，并以此为包容性指导，将促进操纵标准化，并提高这类事件圆满结果的可能性。

（21）训练飞行员如何应对在低高度发生的双发失效情况，将激发他们利用临界思考和锻炼任务分流技巧、决策，以及恰当的工作负荷管理，从而达到圆满的结果。

（22）如果他们接受过训练和指导，了解在水上着陆、近进时会发生视错觉，以及在有发动机动力和无发动机动力情况下水上迫降的接地技术，该飞行机组人员将会对飞机水上迫降做更好的准备。

（23）发动机双发失效检查单水上迫降部分的指导与单独的水上迫降检查单不一致，它包含抑制近地警告系统和地形警告的步骤。

（24）训练飞行员当飞机处于迎角保护模式下侧操纵杆的输入可能被削弱，这将使他们更好地了解进入迎角保护模式会对飞机的俯仰响应造成怎样的影响。

（25）在对A320飞机水上迫降合格审定过程中，对空客操作程序的审核和验证，并没有评估飞行员是否能够达到所有空客水上迫降要素，空客也没有被要求实施这种评估。

（26）在实际水上迫降过程中，飞行员实现所有空客水上迫降要素是可能的，但这种可能性是很小的，因为当无可用发动机推力时要求飞行员保持如此精确的标准是极其困难的，而这种困难则会导致机身损毁。

（27）这次事故不是一个典型的鸟击事件，因此，这次事故表明，并不是只有典型的鸟击事件才是危险的。

（28）这起鸟击事故发生的距离和高度超出了拉瓜迪亚机场野生动物风险责任范围，因此，鸟击的风险不会因拉瓜迪亚机场对野生动物管理的加强而缓解。

（29）与通常的等待严重事件发生再开展野生动物风险评估的策略相比，《联邦法典》第14卷139部，认证机场采用的前置性野生动物风险缓解方法将提供更大的安全利益。

（30）虽然目前没有关于野生动物风险缓解的任何技术、规章或操作上的改变，包括鸟类探测雷达的使用，能够使得类似鸟击事件的发生概率减少，但是在这个领域有相当多的研究正在开展。

（31）研究使用飞机上的系统，诸如脉冲灯、激光、气象雷达，可能找到阻止鸟类进入飞机航迹的有效方法，从而减少鸟击事件发生的可能性。

（32）由于应急人员就在事故地点附近，他们立即对事故做出响应，并且在事故发生前，他们接受过培训，因此应急反应是及时有效的。

（33）乘务员B由于在撞击中框架65部分的纵梁刺穿座舱地板而受伤，并且由于纵梁的位置在后舱乘务员的下方，正对着乘务员座椅，在水上迫降或起落架收上迫降着陆过程中，任何人坐在这个位置上，都会由于飞机结构的挤压和/或倒塌而有受到严重伤害的风险。

（34）FAA 目前建议的抱紧姿势没有考虑最近新设计的座椅，新座椅不具有过力折断特性，并且在这次事故中，FAA 建议的抱紧姿势可能造成两名乘客肩部骨折。

（35）乘务员开展撤离迅速，尽管她们在各自的安全通道处都遇到了困难，但她们仍组织了及时有效的撤离。

（36）尽管 FAA 条例并未要求该型号飞机的这次事故航班配备延伸跨水运行设备，但这架飞机如此设备的事实，包括前置紧急滑梯和救生筏的可用性，使得这次事故没有造成死亡，并且只有少数人受到严重冷水浸泡伤害，因为在水上迫降后约 64 名乘客使用了前置紧急滑梯和救生筏。

（37）A320 飞机上客舱安全设备位置的确定，没有考虑在水上迫降期间可能遭受的结构损坏和泄漏，其中包括机身尾部严重破裂以及随后水进入飞机尾部区域，这使得尾部紧急滑梯和救生筏在撤离时无法使用。

（38）鉴于这次事故的情形，并且大量机场临水以及航班跨水飞行的情况，在实施非延伸跨水飞行时需要像实施延伸跨水飞行一样考虑乘客浸水保护。

（39）如果应急救生绳索被找到，他们可以用来援助两个机翼上的乘客，可能会防止乘客落水。

（40）无论航路如何，为所有航班的飞机座椅配置浮力坐垫和救生衣，将在落水事故中为乘客提供浮水救生的可靠性。

（41）无论航路如何，对乘客口述讲解并演示所有飞机上配备的浮力装置的用法，这在落水事故中将提高这些装备有效使用的机会。

（42）乘客在飞行事故中的行为表明，大多数乘客不会等待 7 到 8 秒，即报告的救生衣平均寻找时间，就会放弃寻找的尝试而不带救生衣撤离。

（43）目前技术标准指令 TSO-C13f 要求的救生衣设计标准，并不能确保乘客能迅速或正确地穿上救生衣。

（44）在这起飞行事故之前，大多数乘客没有注意起飞前的口头安全演示或阅读机上安全须知卡，这表明，由于乘客不知道相关风险与安全设备之关联，需要更有创意和有效地给旅客传递所需安全信息的方法。

3.2 可能的原因

国家运输安全委员会确定，这次事故的可能原因是两台发动机都吸入了大型鸟类，这导致两个发动机的推力几乎完全失去并随即在哈得孙河上迫降。造成机身损毁以及由此造成的尾部紧急滑梯和救生筏失效的因素包括：

（1）联邦航空局的水上迫降合格审定没有考虑飞行员是否能够在没有发动机推力的情况下达到水上迫降相关要求，（2）行业上缺乏对机组水上迫降技术方面的培训和指导，和（3）由于情况紧急引起的机长任务饱和，造成了他在最后进近阶段难以保持预定空速。

为事故生存性做出贡献的是：（1）在事故发生期间，飞行机组人员的决策和他们的机组资源管理；（2）这架飞机幸运地配置了延伸跨水飞行的设备，包括可用的前置紧急滑梯和救生筏，尽管并未要求这架飞机必须如此装备；（3）在迅速完成撤离飞机期间客舱机组人员的履职表现；以及（4）应急救援人员在事故现场附近，以及他们对事故的及时恰当的响应。

4. 新发布的安全建议

国家运输安全委员会给联邦航空局如下建议：

- 与军方、制造商和国家航空航天局合作，共同完成能够告知飞行员发动机可持续运行状态技术的开发。（A-10-62）
- 一旦完成如安全建议 A-10-62 所要求的发动机技术的开发，就要求在装备全数字化发动机控制的运输类飞机上应用。（A-10-63）
- 将《联邦法典》第 14 卷 33.76（c）小型和中型飞翔鸟类吸入的合

格审定测试标准修改为，要求用最小爬升率的最低预期风扇转速代替 100% 风扇转速来测试。（A-10-64）

- 在鸟吸入规则制定数据库（BRDB）工作组对现有发动机鸟吸入合格审定规章的重新评估过程中，特别制定要重新评估联邦法典第 14 卷 33.76（d）大型飞翔鸟类合格审定测试标准来确定它们是否（1）适用于进气道面积小于 3.785 平方英寸的发动机，和（2）包括对发动机核心机鸟吸入的要求。如果 BRDB 工作组的重新评估认为需要这样的要求，应将其纳入联邦法典第 14 卷 33.76（d），并要求新通过合格审定的发动机按照这些要求进行设计和测试。（A-10-65）
- 要求涡轮动力航空器制造厂商开发在低高度发生双发失效的检查单和操作程序。（A-10-66）
- 一旦安全建议 A-10-66 要求的在低高度发生双发失效的检查单和操作程序的制定完成，要求按照《联邦法典》第 14 卷 121 部、135 部和 91 部 K 分部运行的涡轮动力航空器运营人实施该检查单和操作程序。（A-10-67）
- 制定并验证对紧急和非正常情况检查单的设计和开发的包容性指导材料。这个指导材料应该考虑检查单中关键条目的次序（如启动辅助动力装置），通过选择跳出或直入来最小化机组人员陷入不恰当的检查单或检查单列项的风险，检查单的长度、检查单的详细程度、完成检查单所需的时间，适应飞行机组的精力工作负荷。（A-10-68）
- 要求按照《联邦法典》第 14 卷 121 部、135 部和 91 部 K 分部运行的运营人，将低高度双发失效的情形列入到飞行员的初始训练和复训中，包括地面训练和模拟机训练，以提高飞行员的临界思考、任务分流、决策制定和工作负荷管理的技能。（A-10-69）
- 要求按照《联邦法典》第 14 卷 121 部、135 部和 91 部 K 分部运行的运营人为飞行员提供训练和指导，告知他们在水上降落时可能出现的视错觉，以及在有发动机动力和无发动机动力的情况下，在水上迫降时采用的进近和接地技术。（A-10-70）
- 与航空业界共同工作，确定是否需要为飞行员提供关于无动力水上

或陆上紧急迫降的推荐操作规程和程序。（A-10-71）

- 要求航空器合格审定申请人演示在无发动机动力的情况下，飞行员无需额外的技巧或实力就可达到水上迫降要素。（A-10-72）
- 要求空客飞机的运营人，修改发动机双发失效检查单和其他适用检查单的水上迫降部分，使其包括在最后下降阶段选择近地告警系统和地型警告关闭的步骤。（A-10-73）
- 要求空客飞机运营人，拓展迎角包线保护限制的地面培训课程，使飞行员明确迎角保护模式的特性和在正常操纵规则时它对飞机俯仰响应的影响。（A-10-74）
- 要求所有通过《联邦法典》第14卷139部合格审定的机场实施野生动物风险评估（WHA）以主动评估野生动物撞击的可能性，如果WHA表明需要野生动物风险管理计划（WHMP），则要求机场在其机场合格审定手册中纳入WHMP。（A-10-75）
- 与美国农业部合作，开发和推广能够安装在飞机上的减少鸟类撞击可能性的创新型技术。（A-10-76）
- 要求空客公司重新设计A318、A319、A320和A321型飞机的框架65部分的纵梁，以减少它在水上迫降或起落架收上着陆过程中刺入客舱的可能性，并要求空客飞机运营人在其飞机上落实这些改进。（A-10-77）
- 进行研究以确定配置非过力折断座椅的飞机上最有利的乘客抱紧姿势。如果研究认为有必要的话，则应对乘客抱紧姿势发布新的指导材料。（A-10-78）
- 要求所有新的和正在服役的运输类飞机的座舱安全设备安装在合适的位置，以确保在水上迫降后，救生筏或滑梯容易获取，并且足够容纳所有乘客。（A-10-79）
- 要求所有撤离滑梯和舷梯/滑梯组合，配备可快速断开的连接绳和操作手柄。（A-10-80）
- 要求按照《联邦法典》第14卷121部、135部和91部K分部运行的运营人在装配了救生绳索的飞机上应为乘客提供救生绳索的信

息，以确保救生绳索能够被快速有效地获取和使用。（A-10-81）

- 要求按照《联邦法典》第 14 卷 121 部、135 部和 91 部 K 分部运行的运营人的飞机，无论航路如何，都要为所有航班的每位旅客配备浮力坐垫和救生衣。（A-10-82）
- 要求按照《联邦法典》第 14 卷 121 部、135 部和 91 部 K 分部运行的运营人在飞行前，无论航路如何，都要向乘客口述讲解飞机上配置的飘浮设备，包括正确取出和穿戴救生衣过程的完整演示。（A-10-83）
- 要求修改救生衣的存放方式或存放的位置，以改善所有乘客获取救生衣的能力。（A-10-84）
- 修订技术标准程序 TSO-C13f 中的救生衣性能标准，以确保救生衣能够被乘客迅速正确地穿上。（A-10-85）
- 在研究的基础上，要求按照《联邦法典》第 14 卷 121 部、135 部和 91 部 K 分部运行的运营人应用有创意和有效的方法为乘客传递安全信息。（A-10-86）

国家运输安全委员会给美国农业部如下建议：

- 与联邦航空局合作，开发和推广能够安装在飞机上的减少鸟类撞击的可能性的新型技术。（A-10-87）

国家运输安全委员会给欧洲航空安全局如下建议：

- 修订联合航空条例中发动机部分对于小型和中型飞翔鸟类吸入合格审定测试标准，要求用最小爬升率的最低预期的风扇转速代替 100% 风扇转速进行测试。（A-10-88）
- 在鸟吸入规则制定数据库工作组对现有发动机鸟吸入合格审定规章的重新评估过程中，特别制定要重新评估联合航空条例中发动机部分大型鸟群合格审定测试标准来确定：（1）是否适用于进气道面积小于 3.785 平方英寸的发动机，（2）是否包括对发动机核心机鸟吸入的要求。如果 BRDB 工作组的重新评估认为需要这样的要求，将其纳入联合航空条例中发动机部分，并要求新通过合格审定的发动机按照这些要求进行设计和测试。（A-10-89）

- 要求涡轮动力航空器制造商开发在低高度发生双发失效的检查单和程序。（A-10-90）
- 要求航空器合格审定申请人演示在无发动机动力的情况下，飞行员无需额外的技巧或实力就可达到其水上迫降要求。（A-10-91）
- 要求空客公司重新设计 A318、A319、A320 和 A321 型飞机的框架 65 部分的纵梁，以减少它在水上迫降或起落架收上着陆过程中刺入客舱的可能性，并要求空客飞机运营人在其飞机上落实这些改进。（A-10-92）
- 要求所有新的和正在服役的运输类飞机的座舱安全设备安装在合适的位置，以确保在水上迫降后，滑梯和救生筏容易获取，并且足够容纳所有乘客。（A-10-93）
- 要求所有撤离舷梯和滑梯配备可快速断开的连接绳和操作手柄。（A-10-94）
- 要求修改救生衣的存放方式或存放的位置，以改善所有乘客获取救生衣的能力。（A-10-95）

以前发布的关于这起事故的安全建议：

2009 年 10 月 7 日，作为这起事故调查的一个结果，国家运输安全委员会向联邦航空局发布了以下安全建议：

- 修订联邦航空局雷达数据处理系统，以使空中交通管制员能够指令该系统将航空器遇到紧急情况时离散的应答代码作为紧急应答代码处理。（A-09-112）

未来，属于终身学习者

我这辈子遇到的聪明人（来自各行各业的聪明人）没有不每天阅读的——没有，一个都没有。巴菲特读书之多，我读书之多，可能会让你感到吃惊。孩子们都笑话我。他们觉得我是一本长了两条腿的书。

——查理·芒格

互联网改变了信息连接的方式；指数型技术在迅速颠覆着现有的商业世界；人工智能已经开始抢占人类的工作岗位……

未来，到底需要什么样的人才？

改变命运唯一的策略是你要变成终身学习者。未来世界将不再需要单一的技能型人才，而是需要具备完善的知识结构、极强逻辑思考力和高感知力的复合型人才。优秀的人往往通过阅读建立足够强大的抽象思维能力，获得异于众人的思考和整合能力。未来，将属于终身学习者！而阅读必定和终身学习形影不离。

很多人读书，追求的是干货，寻求的是立刻行之有效的解决方案。其实这是一种留在舒适区的阅读方法。在这个充满不确定性的年代，答案不会简单地出现在书里，因为生活根本就没有标准确切的答案，你也不能期望过去的经验能解决未来的问题。

而真正的阅读，应该在书中与智者同行思考，借他们的视角看到世界的多元性，提出比答案更重要的好问题，在不确定的时代中领先起跑。

湛庐阅读 App：与最聪明的人共同进化

有人常常把成本支出的焦点放在书价上，把读完一本书当作阅读的终结。其实不然。

时间是读者付出的最大阅读成本

怎么读是读者面临的最大阅读障碍

“读书破万卷”不仅仅在“万”，更重要的是在“破”！

现在，我们构建了全新的“湛庐阅读”App。它将成为你“破万卷”的新居所。在这里：

- 不用考虑读什么，你可以便捷找到纸书、电子书、有声书和各种声音产品；
- 你可以学会怎么读，你将发现集泛读、通读、精读于一体的阅读解决方案；
- 你会与作者、译者、专家、推荐人和阅读教练相遇，他们是优质思想的发源地；
- 你会与优秀的读者和终身学习者为伍，他们对阅读和学习有着持久的热情和源源不绝的内驱力。

下载湛庐阅读 App，
坚持亲自阅读，
有声书、电子书、阅读服务，
一站获得。

CHEERS

本书阅读资料包

给你便捷、高效、全面的阅读体验

本书参考资料

湛庐独家策划

- 参考文献
  为了环保、节约纸张，部分图书的参考文献以电子版方式提供
- 主题书单
  编辑精心推荐的延伸阅读书单，助你开启主题式阅读
- 图片资料
  提供部分图片的高清彩色原版大图，方便保存和分享

相关阅读服务

终身学习者必备

- 电子书
  便捷、高效，方便检索，易于携带，随时更新
- 有声书
  保护视力，随时随地，有温度、有情感地听本书
- 精读班
  2~4周，最懂这本书的人带你读完、读懂、读透这本好书
- 课　程
  课程权威专家给你开书单，带你快速浏览一个领域的知识概貌
- 讲　书
  30分钟，大咖给你讲本书，让你挑书不费劲

湛庐编辑为你独家呈现
助你更好获得书里和书外的思想和智慧，请扫码查收！

（阅读资料包的内容因书而异，最终以湛庐阅读App页面为准）

倡导亲自阅读

> 不逐高效，提倡大家亲自阅读，通过独立思考领悟一本书的妙趣，把思想变为己有。

阅读体验一站满足

> 不只是提供纸质书、电子书、有声书，更为读者打造了满足泛读、通读、精读需求的全方位阅读服务产品 —— 讲书、课程、精读班等。

以阅读之名汇聪明人之力

> 第一类是作者，他们是思想的发源地；第二类是译者、专家、推荐人和教练，他们是思想的代言人和诠释者；第三类是读者和学习者，他们对阅读和学习有着持久的热情和源源不绝的内驱力。

CHEERS

以一本书为核心

遇见书里书外，更大的世界

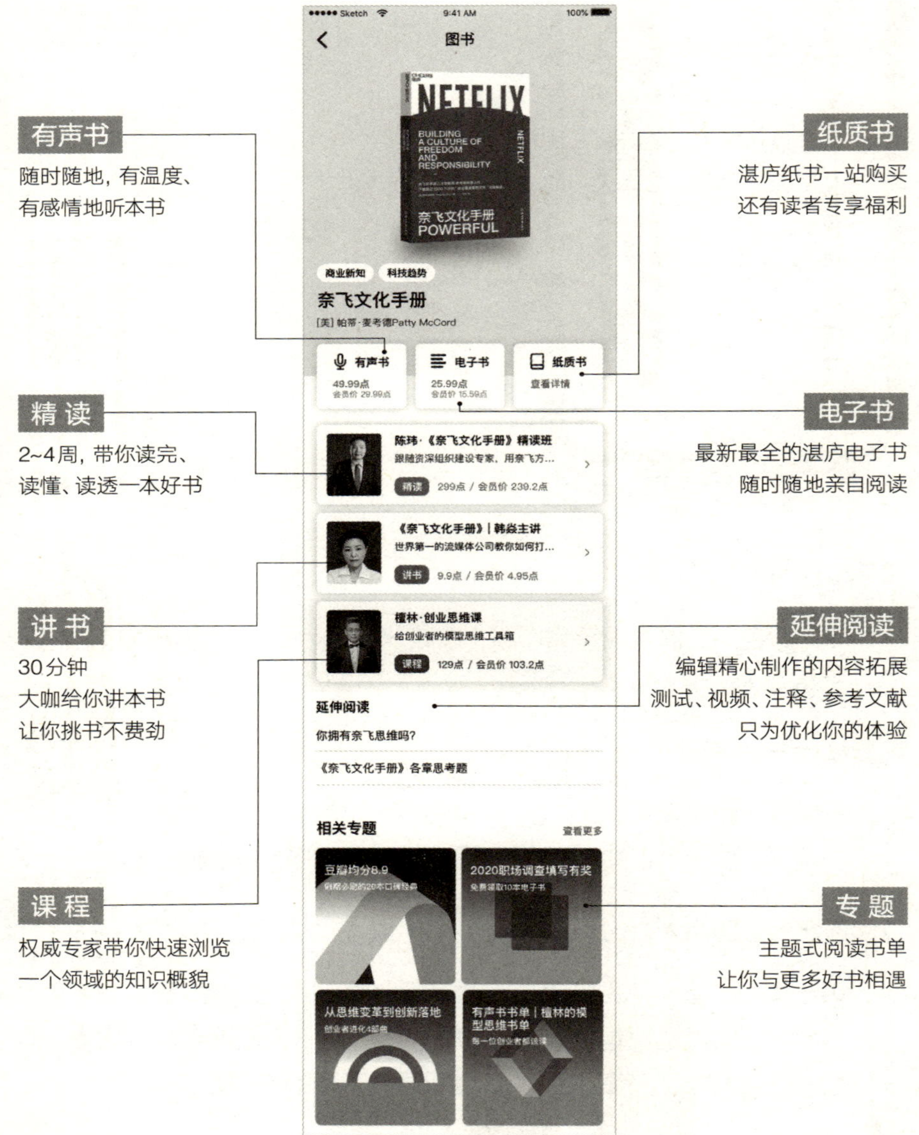

有声书

随时随地，有温度、
有感情地听本书

精 读

2~4周，带你读完、
读懂、读透一本好书

讲 书

30分钟
大咖给你讲本书
让你挑书不费劲

课 程

权威专家带你快速浏览
一个领域的知识概貌

纸质书

湛庐纸书一站购买
还有读者专享福利

电子书

最新最全的湛庐电子书
随时随地亲自阅读

延伸阅读

编辑精心制作的内容拓展
测试、视频、注释、参考文献
只为优化你的体验

专 题

主题式阅读书单
让你与更多好书相遇

湛庐CHEERS

湛庐文化获奖书目

《爱哭鬼小隼》
国家图书馆"第九届文津奖"十本获奖图书之一
《新京报》2013年度童书
《中国教育报》2013年度教师推荐的10大童书
新阅读研究所"2013年度最佳童书"

《群体性孤独》
国家图书馆"第十届文津奖"十本获奖图书之一
2014"腾讯网·啖书局"TMT十大最佳图书

《用心教养》
国家新闻出版广电总局2014年度"大众喜爱的50种图书"生活与科普类TOP6

《正能量》
《新智囊》2012年经管类十大图书，京东2012好书榜年度新书

《正义之心》
《第一财经周刊》2014年度商业图书TOP10

《神话的力量》
《心理月刊》2011年度最佳图书奖

《当音乐停止之后》
《中欧商业评论》2014年度经管好书榜·经济金融类

《富足》
《哈佛商业评论》2015年最值得读的八本好书
2014"腾讯网·啖书局"TMT十大最佳图书

《稀缺》
《第一财经周刊》2014年度商业图书TOP10
《中欧商业评论》2014年度经管好书榜·企业管理类

《大爆炸式创新》
《中欧商业评论》2014年度经管好书榜·企业管理类

《技术的本质》
2014"腾讯网·啖书局"TMT十大最佳图书

《社交网络改变世界》
新华网、中国出版传媒2013年度中国影响力图书

《孵化Twitter》
2013年11月亚马逊(美国)月度最佳图书
《第一财经周刊》2014年度商业图书TOP10

《谁是谷歌想要的人才？》
《出版商务周报》2013年度风云图书·励志类上榜书籍

《卡普新生儿安抚法》《最快乐的宝宝1·0~1岁》
2013新浪"养育有道"年度论坛养育类图书推荐奖

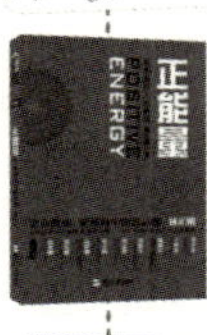

Published by arrangement with William Morrow, an imprint of HarperCollins Publisher.

封底照片经版权方授权使用，来源如下：

Photo of young Sully on plane (top): author’s colletion

Photo of plane on the Hudson (bottom left): Associated Press

Photo of Sully in Jet (bottom right): Air Force photo/ Dave Ahlschwede, DenMar Services Inc.

图书在版编目（CIP）数据

最高职责 /（美）切斯利·萨伦伯格，（美）杰夫·扎斯洛著；杨元元译 . —北京：北京联合出版公司，2016.9（2024.4 重印）
ISBN 978-7-5502-8445-6

Ⅰ . ①最… Ⅱ . ①切… ②杰… ③杨… Ⅲ . ①民用航空—飞行驾驶员—生平事迹—美国—现代 Ⅳ . ① K837.128.9

中国版本图书馆 CIP 数据核字（2016）第 192604 号
著作权合同登记号
图字：01-2016-6472

上架指导：个人传记 / 企业管理

最高职责

作　　者：［美］切斯利·萨伦伯格　杰夫·扎斯洛
译　　者：杨元元
选题策划：湛庐文化 CheersPublishing
责任编辑：徐　鹏
封面设计：湛庐文化 CheersPublishing 蒋碧君
版式设计：湛庐文化 CheersPublishing 尹秋羡

北京联合出版公司出版
（北京市西城区德外大街 83 号楼 9 层　100088）
石家庄继文印刷有限公司印刷　　新华书店经销
字数 264 千字　710 毫米 ×965 毫米　1/16　19.75 印张　17 插页
2016 年 9 月第 1 版　2024 年 4 月第 9 次印刷
ISBN 978-7-5502-8445-6
定价：62.90 元
